和戰之際

的

中外博奕

應俊豪、陳立樵 主編

政大人文中心

政大出版社
Chengchi University Press

國家圖書館出版品預行編目（CIP）資料

和戰之際的中外博奕 / 楊子震, 應俊豪, 呂慎華, 蔡振豐,
任天豪, 朝野嵩史, 尤淑君, 陳立樵, 黃家廉, 王文隆著；
應俊豪, 陳立樵主編. -- 初版. -- 臺北市：國立政治大學
政大出版社, 國立政治大學人文中心出版：國立政治大
學發行, 2023.12
　　面；　公分. --（政大人文系列叢書）
　　ISBN　978-626-97668-5-7（精裝）

1.CST: 國際政治 2.CST: 國際關係 3.CST: 文集

578.07　　　　　　　　　　　　　　112020700

政大人文系列叢書

和戰之際的中外博奕

主　　　編	應俊豪、陳立樵
著　　　者	楊子震、應俊豪、呂慎華、蔡振豐、任天豪、 朝野嵩史、尤淑君、陳立樵、黃家廉、王文隆

發 行 人	李蔡彥
發 行 所	國立政治大學
出 版 者	國立政治大學政大出版社
合作出版	國立政治大學人文中心
總 編 輯	廖棟樑
執行編輯	朱星芸、蕭淑慧、石翊君、黃瑜平
封面設計	談明軒
地　　址	116011臺北市文山區指南路二段64號
電　　話	886-2-82375671
傳　　真	886-2-82375663
網　　址	http://nccupress.nccu.edu.tw

經　　銷	元照出版公司
地　　址	100007臺北市中正區館前路28號7樓
網　　址	http://www.angle.com.tw
電　　話	886-2-23756688
傳　　真	886-2-23318496
郵撥帳號	19246890
戶　　名	元照出版有限公司

法律顧問	黃旭田律師
電　　話	886-2-23913808

排　　版	弘道實業有限公司
印　　製	雨果廣告設計有限公司

初版一刷	2023年12月
定　　價	400元
I S B N	9786269766857
G P N	1011201836

政府出版品展售處
• 國家書店松江門市：104472臺北市中山區松江路209號1樓
　電話：886-2-25180207
• 五南文化廣場臺中總店：400002臺中市中區中山路6號
　電話：886-4-22260330

目　次

和平狀態下的危機潛伏

東亞秩序與國際博弈

序

　　國立政治大學人文中心「中外關係與近現代中國的形塑」研究團隊（以下簡稱本研究群），乃是臺灣一群有志於從事外交史研究的青壯年學者自發性籌組的研究社群。本研究群成立之初，即感嘆國內外交史研究者往往只關注自己有興趣的主題，較缺乏同儕間討論對話的機會，故在經過多次的聚會討論，決定嘗試跳脫各自原本專注的研究範疇，或是設定某一個主題，讓成員從不同的歷史場景來切入此議題，或是挑選近代中國外交史中的某個時期，大家集中探究此時期的外交往來。至於學術交流的表現形式，乃是透過每年舉辦一次外交史研討會，來進行議題的辯難與討論。

　　過去十餘年來，本研究群已陸續召開過各種類型主題的研討會，諸如「多元視角」、「國際法的詮釋與運用」、「衝突與糾紛」、「國際合作」、「政權交替與外交轉型」、「和戰之際」、「不安與恐慌」、「海權與陸權」、「舊外交與新外交」等。在焦點各異且時代不同的多元化主題研討會刺激下，促使成員們逐漸跨出了自己原本的研究範疇，嘗試對過去不熟悉的時空，尋得適切的研究材料，並提出精闢的歷史解釋。此外，每年會議時，除了成員間的學術交流外，亦會邀請知名的外交史前輩學者發表主題演講，傳授知識與啟迪見解，以收承先啟後之效。

　　本專書乃是上述研討會的部分成果，從 2018 年的「和戰之際的清末外交」以及 2020 年「近代亞太地區的張力：海權、陸權與國際互動」兩次研討會中，挑選出 8 篇論文，通過匿名審查，集結成專書。專書主題則兼採兩次會議的宗旨的精髓，設定為「和戰之際的中外博奕」，著重探究

近代以來國際間的「和」與「戰」，以及其背後所牽涉的大國互動與外交角力。

專書論文又可細分為戰爭、和平以及博奕三大範疇。

範疇一是「戰爭背後的宣傳互動與角力」，探究戰爭前後國際間的輿論宣傳與外交談判。包括應俊豪的〈戰時宣傳：甲午戰爭期間日本外務省操控英文新聞輿論的嘗試〉，以及呂慎華的〈無聲的戰場：庚子事變後北京使館區重建問題初探〉。

範疇二是「和平狀態下的危機潛伏」，著重分析和平時期背後隱藏的衝突陰影。包括蔡振豐的〈1919 年中日交涉「寬城子事件」之研究〉、任天豪的〈1920 年代的胡惟德使日與中日關係〉，以及朝野嵩史的〈1923 年長沙案與保護日本僑民〉。

範疇三是「東亞秩序與國際博奕」，從秩序轉型與大國博奕反思國際互動的底蘊。包括尤淑君的〈從華夷變態到東亞聯盟：近代日本型華夷秩序的形成與轉型〉、陳立樵的〈英俄大博奕與回民事變中的阿古柏政權〉，以及黃家廉的〈1945 年中蘇莫斯科談判：國家尊嚴與國家安全的張力平衡〉。

最後，為了統整全書，並收提綱挈領之效，本書還特定商請楊子震與王文隆兩位學者，分別為本書撰寫導論與餘論，以便讓讀者可以掌握各範疇論文想要表達的重要宗旨與核心關懷。

國立臺灣海洋大學海洋文化研究所教授

應俊豪

天主教輔仁大學歷史學系副教授

陳立樵

導論：
「戰爭」與「和平」間交織的外交張力

楊子震

南臺科技大學通識教育中心助理教授

> 聚在一起、成型、扭曲、纏繞，有時又還原、斷裂，再次連
> 接，這就是「結」，這就是時間。
> ——《你的名字》（君の名は。，新海誠，2016）

「中外關係與近現代中國的形塑」研究團隊（以下簡稱「外交史研究群」）在政治大學人文中心的協助及支持下，於 2018 年 2 月以及 2020 年 1 月，分別舉辦了「和戰之際的清末外交」與「近代亞太地區的張力：海權、陸權與國際互動」兩場學術研討會。本論文集即是此兩研討會的成果彙整。各篇論文皆交付雙向匿名的同儕審查，執筆者並就審查意見或說明、或辯駁、或修改。研究群於 2012 年首度出版研究專書以來，10 年的時光已然飛逝，本論文集亦可視為外交史研究群持續成長發展的里程標誌。[1]

在著手規劃本論文集時，外交史研究群決定以「和戰之際的中外博奕」作為共通主題。「戰爭」的起因儘管往往相異，但「和平」的再來往往涉及資源或利益的重新分配。各當事國於其間的合縱連橫，便宛若棋盤上的博奕較量，在在呈現外交張力的交織纏繞。

---

[1]　外交史研究群的發起契機和成立經緯，可參見任天豪，〈「中外關係與近現代中國的形塑」研究團隊的研究理念與發展〉，《國史研究通訊》，第 10 期（2016 年 6 月），頁 172-179。研究群的歷年出版專書，可參見陳立樵，〈「政權交替與外交轉型」學術研討會紀實〉，《國史研究通訊》，第 12 期（2017 年 6 月），頁 68-73。

　　武裝衝突乃至戰爭的相關法規是早期國際法發展較為發達的領域。傳統國際法學者常將國際關係分為「平時的」和「戰時的」，並將國際法一分為二，成為《平時國際法》、《戰時國際法》。近代的戰爭及武裝衝突關連法規，主要可用《海牙公約》、《日內瓦公約》兩體系來理解，皆以條約和習慣的形式，用以調整各交戰國或衝突各方、交戰國與中立國家之間的關係，並作為規範交戰行為的原則、規則乃至制度。[2]

　　而戰時國際法的重要內容之一，即含括如何終止戰爭。至於戰爭終止的方式，則有：敵對行為的停止、片面宣告、征服，以及締結和約等等。而作為「和平」的象徵，和約意指交戰當事方同意放下武器與停止武力對抗，並商討恢復和平的條件，以及制定彼此願意遵守的條款。

　　和約簽署的目的，即是用白紙黑字的明文約束，規範交戰各方於結束戰鬥後的往來相處方式，故往往涉及對於戰爭處置。而和戰交際的博奕競逐，又經常衍生新的課題，進而影響戰後的秩序形成或強權間的張力平衡。頗存爭論的「臺灣地位未定論」，未嘗不是一個因「和戰之際的中外博奕」而衍生的重要事例？[3]

　　「戰爭」、「和平」以及環繞兩者的交涉折衝，一直是國際政治、外交史等相關學門研究者的學術興趣所在。美國知名的公共政策智庫胡佛研究所（The Hoover Institution on War, Revolution, and Peace），於機構全稱上即明白宣示其研究對象為「戰爭、革命與和平」。本外交史研究群自不例外，本論文集即為研究群成員由各自的專攻領域出發，就「戰爭」與「和平」間的合縱連橫加以思索及考察的心得。

2　陳治世，《國際法》（臺北：臺灣商務印書館，1990），頁 565；蔡育岱、宇智波、熊武、熊美合編，《國際法之延續與變遷 II：當代公法》（臺北：鼎茂圖書出版股份有限公司，2009），頁 2-8。

3　蔡育岱、宇智波、熊武、熊美合編，《國際法之延續與變遷 II：當代公法》，頁 14。事實上，在臺灣出版的戰時國際法專書甚少，筆者管見僅：魏靜芬，《戰爭法學》（臺北：社團法人臺灣海洋事務策進會，2005）；魏靜芬、徐克銘、魏銘俊、簡朝興合編，《戰爭法條約集》（臺北：社團法人臺灣海洋事務策進會，2005）兩冊。

一、戰爭背後的宣傳互動與角力

　　戰爭並非僅限於戰場上直接的兵戎相見、捉對廝殺，戰線後方或塵埃未定時的外交折衝，激烈程度有時毫不遜色。於本論文集，首先，應俊豪〈戰時宣傳：甲午戰爭期間日本外務省操控英文新聞輿論的嘗試〉以日本「外務省記錄」為主要史料，比對同時代的英文報紙《泰晤士報》（*The Times*），以及「路透社」（Reuter's Telegram Company）、「中央通訊社」（Central News Agency）等新聞通訊社的相關報導，探究日本政府於甲午戰爭期間嘗試影響英文新聞輿論的企圖。著者自首部專著出版以來，持續關注外交決策及大眾輿論的相互作用。本文亦基於相同的問題意識，可謂同一研究關心的延長。[4]

　　應俊豪論文整理當時的實際案例，加以分類為「強化己方的正面宣傳」、「消除己方的負面報導」、「策動對華的負面報導」，除分析日本政府對英文輿論的介入干預手法，並梳理外交人員從旁協助戰事的進展歷程，嘗試刻劃出日本外務省於其時制訂的輿論攻勢策略。著者於結論中提及：相較於投入的龐大戰費，區區數字的宣傳費用亦能獲得可觀比例的效益，認為日本外交官在戰時宣傳的第二戰場開闢上確實有所表現。思及近年因社群網站蓬勃發展而開始為人所注目的「假新聞」、「認知戰」等當今現象，本論文實為重要的課題提示。

　　其次，呂慎華〈無聲的戰場：庚子事變後北京使館區重建問題初探〉主要以中英美日四國的外交檔案，以及英國的陸軍部檔案（Records of the War Office）等官方文書為基礎，並輔以同時代見聞者的書信、日記、回

4　專書著有：應俊豪，《歐戰後美國視野下的中國：現況、海盜與長江航行安全問題》（臺北：民國歷史文化學社有限公司，2022）；應俊豪，《英國與廣東海盜的較量：一九二〇年代英國政府的海盜剿防對策》（臺北：臺灣學生書局，2015）；應俊豪，《外交與砲艦的迷思：1920 年代前期長江上游航行安全問題與列強的因應之道》（臺北：臺灣學生書局，2010）；應俊豪，《公眾輿論與北洋外交：以巴黎和會山東問題為中心的研究》（臺北：國立政治大學歷史學系，2001）。

憶錄等資料，就庚子事變後的北京使館區重建問題加以討論。庚子事變相關研究，歷來或關注事前的義和團問題，或聚焦於懲凶、賠償兩大善後問題。著者立足其既有研究成果，著眼這一為《辛丑和約》遮蔽的「無聲戰場」，希能藉此填補現存的研究空白。[5]

呂慎華論文考察使館界址的擴充談判過程，確認關係各國於北京使館受圍期間的出力有無，深切影響到事變善後處理上的發言權多寡。而對於使館區的範圍、緩衝區的設定、軍事化的程度等問題，各國各有盤算，利害關係亦相互矛盾，主導談判走向的實為英俄兩國。另一方面，著者認為中國儘管因為戰敗，不得不簽訂城下之盟，但並非由外國予取予求，而是利用各國無法對華採取一致步調，於設定目標後努力周旋，放棄業已無法掌握的權益，將損害控制到最小。筆者則期待著者持續深化相關研究，進一步檢證本案是否確為一外交史的「成功事例」（success story）。

二、和平狀態下的危機潛伏

兩次世界大戰之間的國際局勢，英國歷史學家、國際關係學者愛德華・卡爾（E. H. Carr）嘗以「危機的二十年」（The Twenty Years' Crisis, 1919-1939）來加以說明。於本論文集，先是由蔡振豐〈1919 年中日交涉「寬城子事件」之研究〉利用公刊的《日本外交文書》（日本外務省）、典藏於中央研究院近代史研究所檔案館的《北洋政府外交部》檔案等外交文書，並佐以《東京朝日新聞》等同時代史料，審視「寬城子事件」的發生原因，梳理交涉過程及談判結果，並嘗試剖析中日雙方的談判考量。

所謂「寬城子事件」係指 1919 年 7 月，中國及日本的軍隊在吉林省寬城子一帶爆發的武裝衝突。著者承接其研究關心，認為其時正值五四運

5　專書著有：呂慎華，《中日二十一條交涉在中國》（臺北：翰蘆圖書出版有限公司，2021）；呂慎華，《袁世凱政府與中日二十一條交涉》（新北：花木蘭出版社，2011）；呂慎華，《清季袁世凱外交策略之研究》，上、下冊（新北：花木蘭出版社，2011）。

動後中國排日氛圍瀰漫之際，此案為民國以來中日衝突之最，爬梳該案對研究第一次世界大戰後的中日外交，以及北京與地方的外交權限分際，實頗具意義。[6]

　　蔡振豐論文重建「寬城子事件」的衝突原因、事發經過、談判過程後，認為張作霖利用本案的交涉機會，確認東三省巡閱史的官制及職權，得以從此全方位統轄東三省。而中日雙方均將本案定調為軍人私鬥的地方事件，乃因不欲再升高兩國對立，均有所節制。中國外交部與張作霖主導的中央及地方談判，不僅能設法爭取平等地位，更將對日的道歉賠償降到合理程度，可謂已盡力維護中國的體面及權益。同樣的，本案是否又為一外交史的「成功事例」，尚待著者持續相關研究，進一步深化檢證。

　　接著，任天豪〈1920年代的胡惟德使日與中日關係〉著眼日本於1920年代的中國諸外交事務中實占關鍵地位，故考察胡惟德（1863-1933）就任駐日公使的前因後果及其赴日的主要表現，作為探討其時中日兩國外交局勢及關係內涵的切入點。著者對胡惟德的人物研究持續抱持關注，並根據先行研究強調此時期的中國外交官，其個人表現對於本國的外交成果確有影響。[7]

　　然而，任天豪論文亦指出或因此時正值由「舊外交到新外交」的過渡期，儘管中日兩國間不僅存有山東問題，尚有琿春、廈門等大小交涉要

6　專書著有：蔡振豐，《一戰時期的中國國際法實踐》（臺北：國立政治大學歷史學系，2019）；蔡振豐，《晚清外務部之研究》（臺北：致知學術出版社，2014）。

7　相關研究成果有：任天豪，〈巴黎和會（1919）中的胡惟德與中國外交〉，《民國檔案》，2015年第2期（2015年6月），頁96-110；任天豪，〈消極接受與積極擁抱：從胡惟德、王正廷參與巴黎和會看中國外交官的觀念差異〉，收入胡春惠、彭明輝主編，《近代中國與世界的變遷》（臺北：國立政治大學歷史學系，2006）；任天豪，〈使俄大臣胡惟德與日俄戰爭前後的中國外交〉，收入胡春惠、吳景平主編，《現代化與國際化進程中的中國社會變遷》（上海：復旦大學歷史學系；香港：珠海大學亞洲研究中心，2003）。著者另有專著《從正統到生存：東亞冷戰初期中華民國對琉球、釣魚台情勢的因應》（臺北：國史館、秀威資訊，2018），討論東亞冷戰初期中華民國對琉球、釣魚台情勢的因應。

案，但作為資深的外交官僚，胡惟德所扮演的角色多僅為中日兩國的溝通管道之一，或提供交涉的資訊與建議，並未實際解決單一交涉。其時中國的外交主由本國主導，委胡惟德為駐日公使，實盼以其聲望發揮緩衝功能，而非寄望其交涉表現。

再來，朝野嵩史〈1923年長沙案與保護日本僑民〉利用公刊的《中日關係史料》（中央研究院近代史研究所），以及《日本外交文書》（日本外務省）作為主要史料，以1923年的「長沙案」為例，探討戰間期中日兩國如何對應因排日運動與日僑保護的相互作用而產生的外交問題。「排日運動」為著者的研究關心所在。[8] 1923年6月，在湖南長沙發生日本軍隊及中國群眾間的衝突，日方進行實彈射擊，造成中方頗有傷亡，此即「長沙案」。該年，由於旅順及大連的25年租借到期，中國輿論早已存有「收回旅大」以及「廢除二十一條」等呼聲，排日運動的氛圍實已瀰漫。「長沙案」的發生，無異火上加油。

朝野嵩史論文分別梳理中國及日本在案發後對日僑的保護措置，並整理中日交涉後日僑復歸原本居所及日本軍艦撤退的時程。著者指出湖南當局在面對激烈的排日運動時，一方面承受中國民族主義的壓力，另一方面又需善盡保護日僑的條約責任與義務，處境十分艱難。著者更援引並印證先行研究，說明關於長沙案的賠償、懲凶以及道歉等問題，由於中日交涉陷入僵局，最終並未達成和解而成為懸案。

中日兩國外交關係於1920年代初期呈現的緊張對峙，由以上論文得以一窺。然而，儘管起迄時間存有諸說，同時期的日本帝國實正值「大正民主」時期，國內的民主摸索與對外的政策決定過程間，是否存有矛盾或補充的相互作用？或許亦是一今後可能的研究課題。

8　相關研究成果有：朝野嵩史，〈排日問題與中日交涉（1919-1920）〉（臺中：東海大學歷史學系碩士論文，2017）。

三、東亞秩序與國際博奕

赫德利・布爾（Hedley N. Bull）於著書 *The Anarchical Society: A Study of Order in World Politics* 定義國際秩序為「由主權國家所組成的社會，或為維持國際社會主要基本目標的活動樣式」。而其主張，要者有三：首先，國際秩序的成立，需要國家，特別是主權國家的存在。其次，國與國間的關係如同人與人之間的關係，存在著社會性質，強調國際社會的概念。最後，國際秩序的基本目標為何將左右該國際秩序的性質。[9]

於本論文集中，尤淑君〈從華夷變態到東亞聯盟：近代日本型華夷秩序的形成與轉型〉先由「華夷變態」著手，接續討論《中日修好條規》及《脫亞論》的內在意義，並分析「大亞細亞主義」及「東亞聯盟論」的思想基礎，以明確近代日本對華夷觀的形成及變遷。時序跨越江戶、明治，乃至昭和前期，並以「興亞」、「脫亞」、「征亞」等為關鍵詞，提及福澤諭吉（1835-1901）、丸山真男等重要的日本思想啟蒙者。

尤淑君論文立足先行研究，指出日本型華夷秩序，實為傳統中國華夷秩序的變形，認為因中日兩國對「中華」的指涉不同，故對華夷秩序亦有不同的解釋。江戶時期，先以朝鮮、琉球、阿伊努的使節派遣或入貢，初步建構日本型華夷秩序。明治以後，經歷甲午戰爭、日俄戰爭，「大亞細亞主義」論述形成，而「東亞聯盟論」實為此一思想的集大成。「華夷觀與天下秩序的重構」為著者的重要問題意識。[10] 惟筆者實為思想史的門外漢，上述解讀或有諸多錯誤，尚乞學界先進諒解。

接著，陳立樵〈英俄大博奕與回民事變中的阿古柏政權〉主要利用《清季外交史料》及同時代見聞者的私人記載，並參照較少為華文讀者所

9　細谷雄一，《國際秩序──18 世紀ヨーロッパから 21 世紀アジアへ》（東京：中央公論新社，2012），頁 18-24。

10　專書著有：尤淑君，《賓禮到禮賓：外使觀見與晚清涉外體制的變化》（北京：社會科學文獻出版社，2013）；尤淑君，《名分禮秩與皇權重塑：大禮議與嘉靖政治文化》（臺北：國立政治大學歷史學系，2006）。

留意的西文文獻，探討 1865 至 1877 年間，中亞的阿古柏（Yakub Beg, 1820-1877）政權由建立到瓦解的過程，對於區域秩序及國際關係造成的影響及其意涵。儘管由中文史料來看，該政權僅為「回民」（中國穆斯林）所引起的事件，然而該政權的崛起與結束並非單純的中國內政問題，尚涉及英國及俄國兩強權於中亞的「大博奕」勢力爭奪。

陳立樵論文首先介紹 19 世紀在中亞地區的英俄中三國交鋒，繼而分析阿古柏勢力興起的影響，並論及英國對該政權採取的外交作為，最後梳理中英間對阿古柏政權的相關交涉。著者近期主要研究關注為 20 世紀英國與伊朗外交關係，並持續「伊朗與西亞世界」的專欄寫作，為臺灣歷史學界少數對西亞、中亞問題有所涉獵及心得的研究者。[11] 文末，著者言及倘若能運用更多英俄外交史料，乃至當地語言資料，相信定可讓此時期的歷史有更多元的討論。相信此點會是日後有志於外交史研究的學徒所努力的方向。

最後，黃家廉〈1945 年中蘇莫斯科談判：國家尊嚴與國家安全的張力平衡〉以國史館公刊或典藏的檔案史料為主，並佐以部分俄國文獻資料，探究 1945 年 6 月至 8 月間的中蘇莫斯科談判，整理《中蘇友好同盟條約》的締結經過。黃家廉論文將兩個階段的談判分別討論，並聚焦休會期間的檯面下各方折衝，經爬梳分析後，主張 1945 年的中蘇莫斯科談判實係中華民國與蘇聯分別尋求國家尊嚴及國家安全的張力平衡表現。

---

11 相關學術論文有：陳立樵，〈一次大戰與中國的阿富汗人案〉，收入陳立樵主編，《政權交替與外交轉型》（臺北：政大出版社，2020）；陳立樵，〈中國與伊朗之商約交涉與使館設置（1929-1946）〉，收入王文隆等著，《近現代中國國際合作面面觀》（臺北：政大出版社，2019）；陳立樵，〈歐戰時期中國的無約國外交：以新疆土耳其人案為例〉，收入廖敏淑主編，《近代中國外交的新世代觀點》（臺北：政大出版社，2018）等。著者另有專著：陳立樵，《現代西亞的前世今生：國際強權與區域勢力競爭中的邊界劃分、消逝、再劃分》（臺北：時報文化出版有限公司，2022）、陳立樵，《縱觀百年西亞》（臺北：臺灣商務印書館，2020），討論以阿衝突、庫德民族、伊朗核子協議等歷史糾葛與當代議題。

　　著者的研究領域為俄羅斯外交史，並聚焦於蘇聯與中華民國關係。[12]
其認為《中蘇友好同盟條約》尚稱符合中蘇雙方的個別基本利益，但雙方
皆存有不滿。一方面，中華民國除喪失外蒙古的宗主國地位外，實質租借
旅順予蘇聯，並需與蘇聯共同管理大連及中長鐵路，難言達到主權、領土
和行政完整的目標；而另一方面，蘇聯並未完全掌握旅順、大連及中長鐵
路，亦未能確保中國東北地方成為其遠東地區的國家安全軸帶。

　　以上，簡單介紹各篇論文的大要，並略述筆者的淺陋拙見。期待學界
先進及研究同好慨賜批評及指教，以砥礪研究群成員於學術上更上層樓。

12　相關學術論文有：黃家廉，〈戰後中國設立東北行營與臺灣省行政長官公署組織之
　　比較〉，《政大史粹》，第 18 期（2010 年 6 月），頁 1-29；黃家廉，〈1945 年莫斯
　　科談判前夕的中蘇交涉〉，收入呂紹理、唐啟華、沈志華主編，《冷戰與臺海危機》
　　（臺北：國立政治大學歷史學系，2010）等。

戰爭背後的
宣傳互動與角力

戰時宣傳：甲午戰爭期間日本外務省操控英文新聞輿論的嘗試[*]

應俊豪
國立臺灣海洋大學海洋文化研究所教授

一、前言

　　在中西歷史上，戰時宣傳一直都是關係戰場成敗的重要環節之一，不但可以爭取其他國家的支持，強化本國戰力，更能夠藉此削弱敵國的士氣與戰鬥意志。戰國名將孫臏的「伐國之道，攻心為上」、南朝梁武帝的「心戰為上」等，其實多少均隱含戰時宣傳、心理戰的重要戰爭藝術。[1]而西方較為知名的例子，即是第一次世界大戰期間，美國於對德宣戰後成立的「公共新聞委員會」（Committee on Public Information, CPI），透過「檢查」（censorship）與「公開」（publicity）兩大手段，一方面檢查阻止利敵不利己的新聞流傳，另外一方面則公開推廣利己不利敵的新聞。[2]九一一事件（2001）後，美國為了能夠在反恐戰爭中獲得有利地位，在白宮下設

---

[*]　筆者由衷感謝國立臺灣師範大學歷史學系吳翎君教授以及東海大學歷史學系唐啟華教授，在本文撰寫過程中所提出的修改建議，並提供許多可以進一步發展的思考面向。

[1]　《通典》，卷 161，〈兵十四・因機設權多方誤之先攻其心奪敵心計〉稱：「戰國齊將孫臏謂齊王曰：『凡伐國之道，攻心為上，務先服其心。』」；又稱南朝：「梁武謂張弘策曰：『夫用兵之道，攻心為上，攻城次之，心戰為上，兵戰次之，今日是也。』」。

[2]　第一次世界大戰期間，美國「公共新聞委員會」的四項主要任務，即為動員對敵人的仇恨、維持美國盟國間的友誼、維持中立國的友誼並爭取其支持、打擊敵人的士氣。參見 James R. Mock and Cedric Larson, *Words That Won the War: The Story of the Committee on Public Information, 1917-1919* (New York: Russell & Russell, c. 1939), p. 4.

立「全球通訊辦公室」（Office of Global Communications, OGC），向全世界民眾宣傳美國的正面形象；美國國防部也嘗擬設置「戰略影響辦公室」（Office of Strategic Influence, OSI），甚至不惜藉由散播真假不明的消息，影響各國輿論風向球，宣導有利於美國的政策，同時攻訐敵國。[3]

　　至於近代以來致力於追求改革、推動西化的日本，很快即感受到西方現代報紙媒體無遠弗屆的強大影響力，尤其深知歐美報紙輿論與日本國家形象塑造的密切關連性。換言之，日本要獲得歐美國家的認同，首先必須先獲得其新聞報紙與公眾輿論的支持。也因此，在甲午戰爭期間，日本外務省及其駐外使館十分強調戰時宣傳的重要性，善於利用各種新聞宣傳策略，一方面為日本在戰爭過程中引起的諸多爭議，從事美化與妝點的工作，以為日本的戰爭行為與外交政策辯護；二方面則藉由操縱新聞輿論，刻意宣揚日本的改革與進步，從而爭取英國、甚至歐美等國人民的認同與支持。特別是日不落帝國——英國，不但在當時東亞國際事務上有著舉足輕重的發言權，且與日本之間，也較無擴張競爭的直接矛盾衝突。所以如能爭取英國新聞輿論的認同，自然對於日本往後向外發展有很大的幫助。日本發動的對英宣傳策略，簡單來說，就是試圖影響與形塑英文新聞輿論。其中較顯著的具體手法，即為透過檯面下金錢資助以及拉攏關係，讓當時掌握第一手戰爭資訊的英文通訊社，或是重要的英文報紙，在報導戰爭新聞或評論爭議行動時，刻意強調對日本有利的部分，並壓下或是改寫對日本不利的報導，藉此影響英文主流報章媒體對於日本的觀感。

　　過去有關甲午戰爭史的研究成果極為豐碩，相關的檔案史料亦早已公開並被廣泛使用。也因此，本文並不準備舊調重彈，累述學者已經深入探

<hr />

3　為了宣傳美國的正面形象，華府白宮原先擬設立「全球外交辦公室」（Office of Global Diplomacy），亦即後來的「全球通訊辦公室」（Office of Global Communications）。參見 Justin Lewis, Rod Brookes, Nick Mosdell, and Terry Threadgold, *Shoot First and Ask Questions Later: Media Coverage of the 2003 Iraq War* (New York: Peter Lang International Academic Publishers, 2006), p. 23;〈美國防部擬放假消息、打資訊戰〉，《自由時報》，2002 年 2 月 20 日，版 7。

明的主題，諸如甲午戰爭期間的英日關係、日本對英外交政策，或是英國
政府內部對中、日兩國的態度與政策分析等。[4] 與前述既有研究成果有相
當區別的，本文研究重心將放在集中處理日本外務省及其駐外使領館對於
操控英文新聞輿論的嘗試。眾所皆知，在第一次世界大戰期間，參戰歐洲
諸國均已熟稔如何利用報紙輿論的控制及宣傳策略，來為己方戰事助勢，
同時並為國家形象從事妝點與修飾。[5] 然而比較難以想見的是，早在第一
次世界大戰爆發的 20 年之前，汲汲於推動西化運動且不過略有所成的日
本，其派駐外地的外交官們，早已開始嘗試將國家觸手伸到英文新聞報
紙，在甲午戰爭期間開闢第二戰場，鼓動輿論，以為對華戰爭之助。姑且
先不論其成效優劣，日本外交官認知並採取此種外交宣傳手段，在亞洲甚
至整個世界，或多或少均可謂是利用報紙輿論、開啟戰時宣傳風氣的先驅
之一。職是之故，本文擬以甲午戰爭期間日本對英的新聞輿論宣傳策略為
主題，深入探究當時日本外務省以及駐外使館如何鼓動輿論以為外交與戰
爭之助，亦即藉由形塑輿論的方法，試圖透過英文報紙，在以英文為主的
閱讀世界中，刻意營造出日本於甲午戰爭裡的正面形象。

　　在研究途徑與檔案方面，本文將利用日本「外務省記錄」為主要史

4　舉其要者，例如：Lord Charles Beresford, *Break-Up of China: With An Account of Its
　Present Commerce, Currency, Waterways, Armies, Railways, Politics, and Future
　Prospects* (New York & London: Harper & Brothers Publisher, 1899); R. Stanley
　McCordock, *British Far Eastern Policy, 1894-1900* (New York: Columbia University
　Press, 1931); L. K. Young, *British Policy in China, 1895-1902* (Oxford: Oxford University
　Press, 1970); S. C. M. Paine, *The Sino-Japanese War of 1894-1895: Perceptions, Power,
　and Primacy* (Cambridge: Cambridge University Press, 2010); 夏良才，〈日英、日俄關
　係與甲午戰爭〉，收入戚其章主編，《甲午戰爭九十周年紀念論文集》（濟南：齊魯
　書社，1986），頁 277-297；戚其章，《甲午戰爭國際關係史》（北京：人民出版社，
　1994）；翁詩怡，〈英國與甲午戰爭〉（臺北：國立臺灣師範大學歷史學系碩士論
　文，2009）；陸奧宗光著，徐靜波譯，《蹇蹇錄：甲午戰爭外交秘錄》（香港：中和
　出版有限公司，2014）等。
5　有關第一次世界大戰期間國家在操控新聞輿論上的角色，最有名代表著作，為美
　國學者黎普曼（Walter Lippmann）的《輿論學》（*Public Opinion*）一書：Walter
　Lippmann, *Public Opinion* (New York: Harcourt, Brace and Company, 1922).

料，探究日本外交官試圖操控英文新聞輿論的手法，並同時比對英文報紙
《泰晤士報》（*The Times*）、「路透社」（Reuter's Telegram Company）、「中
央通訊社」（Central News Agency）等新聞通訊社的相關報導，藉此觀察
並嘗試建構日本外務省所制定的輿論攻勢策略。

二、日本規劃的英文新聞輿論操控策略

　　在甲午戰爭爆發前，1894 年 7 月初，當獲悉李鴻章（1823-1901）已
向英國表明對朝鮮問題的看法，並尋求俄國的支持後，日本駐英國公使館
即向日本外務省匯報，表示已隨即採取適當的反制措施，來爭取英國對於
日本的支持。具體作法即是「透過媒體手段，以影響英國的公眾輿論」，
至於選定的主要合作對象之一，正是英國大報《泰晤士報》。[6] 媒體宣傳
的成效似乎相當顯著，日本駐英公使青木周藏（1844-1914）就得意地表
示：「透過對《泰晤士報》以及其他媒體的影響力，已經在外交上痛擊中
國。」青木向日本外務省建議，可以挑選「適合公開」、對日本有利的朝
鮮問題事件過程，以便經由「秘密安排的方式，與英國《泰晤士報》接
洽」合作細節。為了持續推動輿論宣傳攻勢，青木並要求外務省以電匯方
式提供更多資金。[7]

　　事實上，除了倫敦《泰晤士報》外，青木周藏也將操縱媒體的目光，
放到了向全世界發布新聞快訊的大型通訊社：「路透社」。在給外務省的報
告中，青木表示：「路透社有秘密提供發布特定新聞的服務」，且收費低
廉，每年僅收費 600 英鎊。特別是當前的中日朝鮮危機中，「路透社」可

6　《泰晤士報》是英國大報，對於英國公眾影響力極大。關於該報在英國的地位及
　　其重要性，可參見 Paul M. Kennedy, *The Realities Behind Diplomacy: Background
　　Influences on British External Policy, 1865-1980* (London: Allen and Unwin, 1981).
7　「在英公使青木周藏ヨリ外務大臣陸奧宗光宛英文電文」（1894 年 7 月 2 日），〈日
　　清戰役ニ際シ外国新聞操縦関係雑纂〉，《戰前期外務省記錄》，日本外務省外交史
　　料館藏，檔號：5-2-18-0-9。以下簡稱日本《外務省記錄》。

以提供有利於日本的宣傳，應能夠為日本帶來「無價的幫助」。[8]根據青木周藏與「路透社」所簽訂的協議，日本駐英使館應將日本政府準備公開的政治、軍事事件與改革措施等有關的官方評論、反駁、文件等電報，獨家提供給「路透社」，而「路透社」將發布此類文書，以有助於公眾輿論對「日本的進步，有更好的瞭解」。其次，「路透社」同意在發布政治通訊前，將其先送交日本駐英使館參考；尤有要者，「路透社」也會將其派駐世界各地特派員的私人報告，凡是與日本有直接或間接利益相關者，事先以摘要的方式知會日本。日本駐英使館則同意為此支付給「路透社」每年600英鎊的新聞費用（每月支付50英鎊）。[9]（圖1、2）「路透社」並秘密委派駐橫濱特派員霍爾（John Hall），充當與日本政府之間的聯絡人。[10]日本駐英公使青木周藏所推動「買新聞」式的輿論攻勢，後來獲得日本外務省的認同，決定電匯10,000元日幣，以充作「秘密新聞服務」之用。[11]

　　從青木周藏與「路透社」簽訂的秘密協議來看，日本駐英使館企圖以每年600英鎊為代價，換取「路透社」所提供的兩項重要新聞服務：其一，是「路透社」將成為日本駐英使館的獨家新聞代理人，未來將依照其需求，發布有利於日本的新聞報導；其二，是「路透社」同意將其掌握到的各地第一手通訊報導，事先提供給日本駐英使館，特別是與日本利益有關的事情，這將讓日本政府可以盡早掌握新聞脈動，提前規劃因應措施，

8　「在英公使青木周蔵ヨリ外務大臣陸奥宗光宛英文電文」（1894年7月23日），日本《外務省記錄》。

9　此項秘密協議效期為一年，自1894年8月1日起至1895年7月31日為止，雙方如要提前解約，應提前在三個月告知。參見 "Memorandum of Agreement between His Excellency Viscount Aoki Minister Plenipotentiary of His Majesty the Emperor of Japan and Dr. S. E. Englander Representative of Reuter's Telegram and Reuter's International Agency, London," 26 July 1894，日本《外務省記錄》。

10　「在英公使青木周蔵ヨリ外務大臣陸奥宗光宛英文電文」（1894年7月27日），日本《外務省記錄》。

11　「外務大臣陸奥宗光ヨリ在英公使青木周蔵宛英文電文」（1894年8月9日），日本《外務省記錄》。

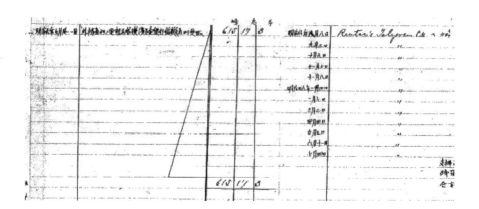

圖 1　日本駐英使館對「路透社」支付新聞服務費的內部帳冊資料

資料來源:「ルーター電報會社エノチ當金殘額返納ノ件」,在英公使加藤高明ヨリ外務大
臣陸奧宗光宛機密電文(1895 年 4 月 25 日),日本《外務省記錄》。

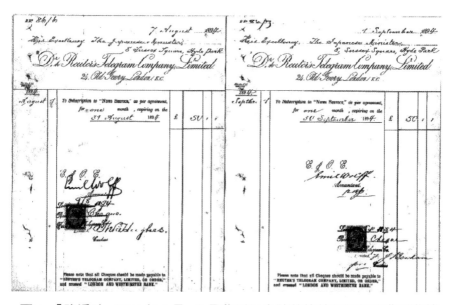

圖 2　「路透社」1894 年 8 月、9 月收到日本駐英使館新聞服務費的收據

資料來源:「ルーター電報會社當金領收証送附ノ件」,在英公使加藤高明ヨリ外務大臣陸
奧宗光宛機密電文(1896 年 10 月 9 日),日本《外務省記錄》。

以避免或是反制不利日本的新聞報導出現。「路透社」是當時世界首屈一指的新聞通訊社之一，而這項秘密協議的簽署，對於處於戰爭狀態的日本，不啻是取得了在世界新聞輿論戰線上的主動優勢，不但可以進一步美化自己，還可以攻擊敵人。「路透社」駐日主要代理人後來還兩度試圖直接與日本外務省接洽，希望能進一步擴大雙方新聞合作的範圍。不過，青木周藏認為既有秘密協議已足夠應付目前情況，故建議外務省無須再簽署新的協議。[12]

　　之後擔任日本駐英臨時代理公使的內田康哉（1865-1936），也承接青木周藏的對英輿論宣傳攻勢，繼續利用金錢購買方式，以換取大型英文通訊社在報導中日朝鮮戰爭時，支持日本的立場。例如，在 1894 年 11 月

12　1894 年 7 月，時任駐英公使的青木周藏在倫敦與「路透社」簽署秘密協議，雙方合約從 1894 年 8 月 1 日起至 1895 年 7 月 31 日為止，青木雖向外務省報告此事，但當時顯然並未立刻將協議內容呈報給日本外務省。1895 年 1 月，「路透社」駐日本代理人直接聯繫外務省，希望擴大雙方新聞合作範圍，另簽新協議。因外務省在此時仍然未能掌握到原先青木所簽合約細節，故要求青木將當初協議所有條款傳回外務省。但青木此時已改任駐德公使，故建議日本外務省可直接訓令駐英使館，將當初原簽的秘密協議影本傳回外務省。青木並建議原有合約應即可滿足現有需求，無須另外簽約。到了 1895 年 4 月，亦即青木周藏與路透社簽署的秘密協議即將到期的三個月前，「路透社」駐日本代理人又寫信給外務大臣陸奧宗光，希望將雙方合作範圍從原先的日本駐英使館擴大至日本政府，強調該社可以為日本政府建立一個對外的新聞服務代辦處。往後日本政府只要將要公開的電報交給「路透社」，該社即會將之發通訊到世界各地，不只包括英國、愛爾蘭以及歐陸，凡是重要的電報，則甚至連印度、美國等地區也會送達，讓日本官方消息能夠發揮其最大效力。因此，「路透社」希望與日本政府簽署新的合作協議：日本政府無償提供「路透社」要公布於世的各類官方電報，並授權其代為建立歐洲新聞服務代辦處，但相關費用與開支則應由日本支付。不過最後日本政府還是決定僅維持原先為期一年的協議，並在 1895 年 4 月時，由日本駐英使館通知「路透社」，雙方合約在是年 7 月底到期後，將不再續約或是另簽新的協議。參見「外務大臣陸奧宗光ヨリ在柏林青木公使宛英文電文」（1895 年 1 月 22 日），日本《外務省記錄》；「在柏林青木公使ヨリ外務大臣陸奧宗光宛英文電文」（1895 年 1 月 24 日），日本《外務省記錄》；"H. K. Traford, Special Agent for Japan, Reuter's to Viscount Mutsu, Minister for Foreign Affairs," 9 April 1895，日本《外務省記錄》；「ルーター電報會社ト密約ノ件」（1895 年 5 月 11 日），日本《外務省記錄》。

時，內田即向外務省報告，英國倫敦的「中央通訊社」長期致力報導親日的新聞，逐漸改變英國媒體對於日本的觀感，尤其在近來的新聞報導中，「中央通訊社」更是幾乎一面倒地支持日本，因此為了確保此一態勢，故內田建議外務省，應撥款資助相關新聞服務費用。[13]

　　此外，除了在英國倫敦透過檯面下的金錢交易，換取《泰晤士報》、「路透社」、「中央通訊社」等新聞媒體對日本的支持協助外，日本政府同時也將新聞控制的觸手伸到英國於亞洲的殖民地——香港。1894 年 8 月間，日本外務大臣陸奧宗光（1844-1897）即授權駐香港領事中川恆次郎（1863-1900），與在香港發行的重要英文報紙《香港捎剌西報》（*Hong Kong Daily News*）發展秘密關係，希望能以 200 日元為額度，建立維持為期一年的合作關係，刊登日本所提供的新聞。[14] 但中川領事在與該報接觸後，認為不太可能藉此就完全控制報紙言論，但是應能以每月 100 日元的活動費，與該報建立聯繫關係。[15] 陸奧宗光顯然非常重視在香港的英文新聞輿論宣傳工作，故立刻電匯 300 日元給中川，作為前三個月與《香港捎剌西報》合作的新聞活動經費。[16] 究其實際，根據中川恆次郎後來給外務省的正式報告中，也強調《香港捎剌西報》是香港主流的英文報紙之一，不但是當地上流社會人士閱讀的重要報紙，也是香港總督府的半官方媒體。在中日兩國交戰期間，各類真假新聞到處亂傳，有關日本的報導不但較為稀少，且多是從上海間接輾轉傳來，時程上有所延遲。為了維護日本的國家利益，理應與主流報紙合作，提供符合日本利益的新聞予以公布。

13　「在英臨時代理公使內田康哉ヨリ外務大臣陸奧宗光宛英文電文」（1894 年 11 月 14 日），日本《外務省記錄》。

14　「外務大臣陸奧宗光ヨリ在香港一等領事中川恒次郎宛英文電文」（1894 年 8 月 11 日），日本《外務省記錄》。

15　「在香港一等領事中川恒次郎ヨリ外務大臣陸奧宗光宛英文電文」（1894 年 8 月 14 日），日本《外務省記錄》。

16　「外務大臣陸奧宗光ヨリ在香港一等領事中川恒次郎宛英文電文」（1894 年 8 月 15 日），日本《外務省記錄》；「外務次官林董ヨリ在香港一等領事中川恒次郎宛電文」（1894 年 8 月 15 日），日本《外務省記錄》。

因此除了《香港揖刺西報》以外，也應考慮與其他英文報紙發展合作關係，例如《德臣西報》（*The China Mail*）以及《士蔑報》（*The Hong Kong Telegraph*）等。尤其是《德臣西報》對日本相當友善，在高昇輪事件發生之後，「西洋人」一度對日本產生惡感之際，即率先發聲為日本辯解。[17]

三、日本影響英文新聞輿論的實際案例（一）：強化己方的正面宣傳

甲午戰爭爆發後，日本積極進行英文新聞輿論宣傳策略，也確實發揮一定程度的作用。例如當日軍擊敗清軍，控制全朝鮮之後，倫敦「中央通訊社」駐東京特派員即發布通訊，強調日本目前已控制朝鮮，並積極準備推行內部改革：

> 毫無爭議地，日本已實際占有朝鮮，是在朝鮮政府內部激底推
> 動內政改革的良機。這也是日本政治家所期盼的，因為如此方
> 能在未來抗衡外來的干涉。在此關鍵時刻……，日本天皇已經
> 選派內務大臣井上馨前往漢城……。井上馨是一位非常有能力
> 的行政官員，深受天皇信賴。[18]

「中央通訊社」素來與日本關係密切，此時發布日本準備在朝鮮推動政治改革的消息，其實可能也是一種政治宣傳手法，藉此美化日本發動戰爭、占領朝鮮的行為，辯稱日本的目的乃是為了協助朝鮮進行改革，以抵禦來自外部的干涉，而非侵略野心。

之後，倫敦「中央通訊社」又引述權威消息，表示雖然中國已有意求和，其他列強也準備介入斡旋，但是日本天皇及其顧問、大臣等卻不認為

17　「在香港一等領事中川恒次郎ヨリ外務大臣陸奧宗光宛機密報告」（1894 年 8 月 16 日），日本《外務省記錄》。

18　"Latest Intelligence: The War in the East (from Central News, Tokyo)," *The Times*, 13 October 1894, p. 5. 引文中譯由作者自譯，下同。

現在是議和的適當時機，堅持繼續戰鬥下去，直至日本海、陸軍獲得絕對勝利為止。「中央通訊社」強調，列強雖然未能成功斡旋解決中日戰爭，但是對列強來說，或許也不是壞事，因為日本戰爭的目的，除了確保朝鮮獨立，改善其環境外，主要想「藉由擊敗中國，使其更為開放，並與其他列強能夠不受限制的發展商業，這也是日本最期望能夠參與的」。[19]「中央通訊社」雖然並未指明消息來源，但強調是來自「毫無疑問的來源」（"an undoubted source"），加上通篇評論觀點幾乎均是從日本角度立論，可以推測應是來自日本駐英使館。事實上，「中央通訊社」這篇評論的主要意旨，即在強調日本戰鬥意志極其堅定，不會受到列強斡旋影響，故暗示列強毋庸再介入處理中日戰爭。其次，還是替日本辯護，強調日本沒有太大的野心，在澈底擊敗中國後，非但不會損及列強在華利益，相反地，日本會驅使中國更加開放門戶，屆時其他列強也可以共同分享通商貿易之利。

再者，中日戰火延燒到遼東半島，當旅順陷落後，英國各報紙即著重報導此次戰役，並視為是日軍「絕佳武勇事蹟的展現」。《泰晤士報》則甚至主張西方各國沒有立場介入斡旋中日戰爭，因為「如果日本堅稱中國的傲慢尚未被打倒，則西方各國也無由置喙，因為日本比他們更知曉中國，除非中國自己在瞭解情況後，表明向日本求和」。事實上，《泰晤士報》主編甚至在一次私人晤談的場合，向日本駐英臨時代理公使內田康哉表達個人看法，認為英國未來的態度，應該是強化對日本的支持，也不會反對日本占領臺灣的行動。顯見《泰晤士報》部分職員曾受到日本疏通，而在中日戰爭中展現較為親日的立場。[20]

戰爭期間，日本政府也安排《泰晤士報》特派員登上在朝鮮半島近海水域航行、預計前往旅順的日軍運輸船第三正義丸（SS *Masayoshi Maru*

19　"China and Japan (The Central News learns from an undoubted source)," *The Times*, 25 October 1894, p. 5.

20　「在英臨時代理公使內田康哉ヨリ外務大臣陸奧宗光宛英文電文」，引自 "Hayashi（林董）, Tokio to Nabeshima, Hiroshima," 28 November 1894，日本《外務省記錄》。

3）[21]，作戰時近距離的貼身採訪。第三正義丸船上搭載有 200 名日軍工兵與 700 名苦力。此趟航程顯然經過日本政府特殊安排，因為《泰晤士報》特派員後來發出的報導，幾乎呈現出對於日本社會整體進步的歌頌。首先是對於日本在戰時能夠租用、動員近 300 艘大小輪船充當運輸船，感到由衷敬佩。特別是這些輪船全部均是日人自行擁有，而非向外商租用，顯見在戰爭發生前，日本已大規模進行購船計畫，充分展現了日本在航運市場上的強大實力。其次，在與船上士兵等人的相處與交談中，《泰晤士報》特派員也強烈感受到這些人員平日均受過良好的教育訓練，具有先進的知識水平，每日傍晚公務結束後，船上人員即在傳唱著《忠臣藏》等歌舞伎作品，部分苦力在閒暇時甚至還在書寫日記與做筆記。日軍士官也曾於某日午後，在船上講述戰法分析，從清軍在平壤戰役時的戰法（清軍選擇以騎兵衝鋒日本步兵隊，卻不使用機關槍），與法軍在滑鐵盧戰役時使用騎兵與砲兵的戰法作比對。諸如此類現象，均意謂著日本似乎汲汲於吸收全世界的訊息，雖然作法「看似膚淺，實際上卻體現出日本人努力的全面性與真誠性，因此日本現在的進步程度，恐怕比外國人所能理解的，還要更為巨大、快速且真實」。另外一方面，相較於日本的進步，朝鮮卻呈現出落後衰敗的景象。以仁川為例，不但港口設施沒有建設，以致輪船無法入港，同時「溪谷沒有開墾、山丘沒有種植作物、土地沒有人居住、漁業沒有發展」，也因此日本才會來協助朝鮮發展：

　　幾年來，日本移民者、探險家、資本家從他們過於擁擠的家

21　報紙原文稱該船為 "Masayoshi Maru 3"，此處依日文字義與船名習慣，譯為第三正義丸。在《泰晤士報》另外一篇報導中，則稱 "Masayoshi Maru 3" 原屬英國利物浦大洋航線公司（The Ocean Line）輪船，原名 Nester，但於 1894 年初被日本神戶一家公司購得，改名為 "Masayoshi Maru 3"。該船後來於 1895 年 1 月在神戶港爆炸起火，船身前半部沉沒毀損。參見 "The War in the East: From Our Special Correspondent with the Japanese Forces at Sea, Transport Masayoshi Maru 3," *The Times*, 29 December 1894; "A Japanese Transport Blown Up," *The Queenslander*, 19 January 1895, p. 101.

鄉前來朝鮮，除了為了自己的獲益外，當然也對朝鮮帶來好
處……，他們只是單純地追求商業利益，並沒有政治目的。日
本人帶來了進步與繁榮的時代……，卻被中國人的嫉妒所阻
礙，他們偷偷摸摸地帶領朝鮮走向停頓之路……。日本比歐洲
列強更了解中國，因此發起攻擊以追求朝鮮的獨立，其動機並
非出自於博愛，而是渴望為一個弱小的國家獲得公平的對待，
並使其成為對日本有用的鄰國。[22]

換言之，日本眼見朝鮮的田地荒蕪、社會落後，為了拯救朝鮮脫離中國
的陰謀與魔手，才會發起戰爭，以便帶領朝鮮走向進步繁榮之路。這篇
由《泰晤士報》特派員所作的隨軍報導，基本上通篇均在刻意強調日本
的進步形象，同時並借用類似帝國主義時代「白人負擔論」的說詞，來
建構自圓其說的「日本負擔論」，以便合理化日本在朝鮮發起戰爭的行
為。[23]

　　再者，日本駐英使館也與倫敦「中央通訊社」密切合作，積極塑造日
本的正面形象。在 1894 年 11 月初，內田康哉即曾在倫敦接受「中央通訊
社」專訪，一方面對於英國報紙媒體總是能夠如實刊布日本政府官方電報
消息，表達滿意之意，二方面則強調在中日戰爭期間，日本會盡力保護所
有百姓以及歐洲人在當地的生命財產安全。他相信雖然中國反對日本所進
行的改革，但是中國人在歷史上是愛好和平的民族，也希望能夠受到公正
的對待，並厭惡腐敗顢頇的體制，因此中國人最終會感謝日本所作的一
切。[24] 藉由此次專訪，在「中央通訊社」的協助下，內田似乎刻意營造出

22　"The War in the East: from Our Special Correspondent on Board a Japanese Troopship, *Masayoshi Maru* 3 at Sea," *The Times*, 9 November 1894, p. 5.

23　"The War in the East: from Our Special Correspondent on Board a Japanese Troopship, *Masayoshi Maru* 3 at Sea," *The Times*, 9 November 1894, p. 5.

24　「中央通訊社」對內田康哉的訪談報導，參見 "The War in the East," *The Times*, 9 November 1894, p. 5.

日本進步文明與中國守舊落後的形象反差對比。

四、日本影響英文新聞輿論的實際案例（二）：消除己方的負面報導

　　為了對英宣傳，營造對日友善的輿論環境，日本駐英使館以疏通大型英文報紙、通訊社為手段，藉此試圖影響英文新聞輿論的論調；其具體作法，即是過濾與反制不利於日本的新聞出現，特別是有關日本在戰爭中諸多行為的觀察報導。

（一）關於日本侵略朝鮮報導的處理

　　甲午戰爭爆發前，李鴻章曾透過《泰晤士報》駐天津特派員表達中國對於中日朝鮮問題爭執的看法，強調朝鮮自古即是中國的藩屬，歷來均向中國朝貢，而中國此次出兵也是應朝鮮國王之請，協助處理其內亂問題，且在出兵時已依照《中日天津會議專條》的規定知會日本。但朝鮮並未請求日本介入處理此事，日本即逕自派兵，當動亂平息，中國準備撤兵時，日本拒絕撤兵，反倒要求與中國共同占領朝鮮，接管財政，並引進改革。中國雖然願意與日本以及其他有關列強一同思考有利於朝鮮的改革措施，卻不可能接受日本的要求。事實上，日本獨斷之舉，不但違反《中日天津會議專條》的規定，牴觸國際法，也破壞東亞地區的和平。即使如此，李鴻章最後強調中國仍願以和平的手段，在不損及中國的尊嚴下，與日本謀求解決之道。25 7月2日，《泰晤士報》又刊登其駐上海特派員發出的電報，揭露「日本明顯意圖控制朝鮮，而且持續從事大規模的戰爭準備行動」。日本不但強勢要求朝鮮國王應宣布獨立，斷絕與中國的宗藩關係，轉而尋求日本的保護，對於英國與俄國呼籲的和平訴求，似乎也置之不理，反倒再增派約 3,000 名的軍隊前往漢城，使得日軍在朝鮮人數高達近

25　"The Rising in Korea," *The Times*, 28 June 1894, p. 5.

9,000 人。[26]

　　上述新聞報導刊出後，對於日本在英國輿論的形象，造成相當大的負面影響，也呈現出日本好戰、意圖侵略併吞朝鮮的觀感。日本駐英使館為了反制此類言論，開始採取檯面下的行動，藉由金錢手段，運作《泰晤士報》刊登有利於日本的報導。[27] 也因此，《泰晤士報》在隔日即發表一則長篇評論，大幅修正其駐上海特派員在電報中所揭露的訊息，強調此類揭露日本侵略意圖的訊息太過言過其實，而且大都只是謠傳，並沒有充分的證據能夠證實。況且日本也已強調他們行動的目的，只是為了恢復朝鮮的秩序，並維護其領土完整，故將會遵守 1885 年《中日天津會議專條》的規定。日本也嚴辭否認會採取任何逾越條約的行動，但會繼續在朝鮮推動改革事業（無論中國反對與否），也歡迎中國一同參與。因此，日本所作所為，「非但無害，且是有益的」。反觀中國，卻不願承認朝鮮終止藩屬地位的訴求。

> 朝鮮有幸得到兩個鄰國的關愛，均宣稱有特權保護她。以中國來說，固然在歷史上，擁有朝鮮的宗主權……，但是當朝鮮與外國列強發生麻煩時，中國卻愚蠢地拒絕提供支援，反而只是軟弱地鼓勵朝鮮自行與列強談判。而日本卻敏銳地看到其對手的失策，迅速與朝鮮國王簽約，視其為獨立君王，也因此開啟了「雙重控制」（"dual control"）的情況。[28]

日本在朝鮮有特殊商業利益，當東學黨亂起，社會騷動嚴重威脅到日本商民的生命財產安全，日本自然有權過問，但中國方面卻反常地迅速出兵，並通知日本亂事已平。日本因此質疑中國出兵的動機不單純，更擔

26　"The Occupation of Korea," *The Times*, 2 July 1894, p. 5.
27　「在英公使青木周藏ヨリ外務大臣陸奧宗光宛英文電文」（1894 年 7 月 2 日），日本《外務省記錄》。
28　"The Telegram from Our Correspondent at Shanghai," *The Times*, 3 July 1894, p. 9.

心中國欲趁此機會占領朝鮮全境，破壞其獨立地位，故才採取行動反制。此外，該評論也認為中國方面欲援引俄國的力量來斡旋朝鮮問題，恐怕也非明智之舉，只會造成更為嚴重的局面。眾所皆知，基於地緣因素，俄國極力在遠東地區尋求不凍港，而朝鮮沿岸的港口即能夠滿足其需求。所以中國援引俄國勢力介入朝鮮問題，不啻是引狼入室，屆時中國與日本恐怕都會失去對朝鮮的主導能力。[29]

直言之，《泰晤士報》此篇評論，一方面試圖將李鴻章遊說俄國介入的外交斡旋手段，定調為開門揖盜、徒然滿足俄國野心的愚蠢行為，希望藉此喚起英國對於俄國在遠東擴充勢力的警覺心，以博取英國對日本的支持與同情；二方面也完全推翻了其駐上海特派員指稱日本意圖占領朝鮮的論調，將日本的出兵行動定調為維護朝鮮獨立地位、防止中國併吞的大義之舉。

（二）關於日軍在旅順屠殺華人報導的處理

《泰晤士報》在 1894 年 11 月的報導，曾指出日軍在戰爭過程中所犯下的暴行。在日軍攻陷旅順後，《泰晤士報》特派員即觀察到日軍在旅順進行「無差別屠殺」，造成約 200 名華人被殺害。這項報導也一度引起日本駐英使館的緊張。為了反制此類對日軍戰爭行為的評論，日本駐英使館的因應之道，乃是立刻運作其他新聞媒體，作出相反的報導，以平衡、中和對日本的質疑論述。關於日軍在旅順的暴行爭議，日本駐英使館即透過運作倫敦「中央通訊社」，來反駁《泰晤士報》報導。日本臨時代理公使內田康哉給外相陸奧宗光的電報中，甚至聲稱：「任何時候每當有不適當〔不利日本〕的報導時，『中央通訊社』即反駁此說法。」[30]

11 月下旬，自《泰晤士報》揭露旅順謠傳發生「大屠殺」（"great

29　"The Telegram from Our Correspondent at Shanghai," *The Times*, 3 July 1894, p. 9.
30　「在英臨時代理公使內田康哉ヨリ外務大臣陸奧宗光宛英文電文」（1894 年 11 月 30 日），日本《外務省記錄》。

slaughter"）事件後，[31]「中央通訊社」更是一面倒地替日本辯解。例如從 11 月 29 日《泰晤士報》與「中央通訊社」針對此事的報導，即可看出重大差異。《泰晤士報》以較為中立的口吻，陳述：「有關雙方所犯暴行的報導已獲得證實。由於有若干日軍俘虜遭到〔清軍〕斬首並被支解，故之後日軍決定不再對敵人寬容，發動一次無差別的大屠殺（"an indiscriminate massacre"）」。但「中央通訊社」卻特別強調「關於無防衛能力的中國士兵遭到日軍屠殺一事並不確實。除了在戰鬥中外，沒有任何一個中國人遭到殺害。相反地，事實真相卻是：少數執行偵察任務的日本士兵在被俘虜後，遭到〔清軍〕殺害支解。這使得日軍感到痛心，欲採取報復行動」，藉此淡化日軍的屠殺行動。[32]

此外，內田康哉同時也運作「路透社」，封鎖該通訊社駐上海特派員的報告，避免再有關於日軍所犯暴行等類似報導出現。事實上，為了執行上述封鎖新聞的策略，背後所必須付出的金錢當然也相當龐大。內田康哉即坦承，在封鎖新聞之初，駐英使館即已幾乎耗盡了所有新聞管制費用，只好再向外務省求援，希望額外匯出更多的經費，來執行後續工作。[33] 之

31　《泰晤士報》首先乃是依據其駐上海特派員於 11 月 24 日發出的通訊，稱：「據報〔在旅順〕大屠殺已經發生〔"Great slaughter is reported to have taken place"〕，之後又根據其駐煙臺特派員在 11 月 26 日發出的通訊，聲稱在 10 月 21 日時，「謠傳在〔旅順〕戰役後，有兩百名中國人遭到〔日軍〕屠殺，以報復先前日軍俘虜遭到〔清軍〕殘酷施暴。但此消息尚未獲得證實。」參見 "Latest Intelligence: the War in the East, The Capture of Port Arthur," *The Times*, 26 November 1894, p. 5; "Latest Intelligence: the War in the East," *The Times*, 29 November 1894, p. 5.

32　《泰晤士報》的消息來源是其駐煙臺特派員在 11 月 27 日的報導，「中央通訊社」則也是來自煙臺 11 月 28 日的通訊。參見 "Latest Intelligence: the War in the East," *The Times*, 29 November 1894, p. 5.

33　「在英臨時代理公使內田康哉ヨリ外務大臣陸奧宗光宛英文電文」（1894 年 11 月 30 日），日本《外務省記錄》。日本外相陸奧宗光後來同意再撥付 2,000 日圓的新聞管制費用，如外務省預備金不夠支應，則可從大本營經費開支。參見「廣島陸奧大臣ヨリ外務省林次官宛至急電文」（1894 年 12 月 1 日），日本《外務省記錄》；「廣島陸奧大臣ヨリ外務省林次官宛至急電文」（1894 年 12 月 2 日），日本《外務省記錄》。

後，為了讓日本駐英使館能夠及時掌握戰爭情況，日本內閣書記官長也授權每日透過電報，提供最新的戰爭新聞給駐英使館。[34]

（三）關於日本在朝鮮新聞管制報導的處理

1894 年 10 月間，「路透社」特派員從朝鮮仁川發出一則通訊，指責日本駐朝鮮當局私自開封檢查歐洲籍人士的信件，甚至連英國領事的機密郵包也被扣留長達三週。[35] 此通訊發出後，各報轉載，日本外務省感到相當憤怒，認為「路透社」既然與日本政府簽有秘密協議，為何還故意發布不利於日本的消息。外務省指責有關日本在朝鮮執行歐人信件檢查純屬毫無根據之事。因為根據外務省的調查，該批信件與英國領事館機密郵包，均是由中國軍艦操江輪搭載前往朝鮮，但在豐島附近海域時遭到日本海軍的攔截扣留。上述郵件包後來經海軍省轉送外務省後，再由日本駐仁川領事館送達英國領事館與相關歐人。不過在運送過程中，因部分郵件封口破損，才會造成外界誤解日本在執行郵件檢查，私自開封信件。日本外務省認為「路透社」既然接受日本政府的金錢補助，卻未詳查此案，即誇大渲染事情經過，逕自發布通訊，以致造成外界誤解。其次，外務省也認為擔任聯絡員的「路透社」駐橫濱特派員霍爾對於日本態度相當冷淡，不利於雙方的密切聯繫，要求與「路透社」簽署密約的青木周藏一併處理後續事宜。[36]

青木周藏在接到日本外務省的訓令後，以相當強硬的措辭，寫信警告「路透社」老闆賀伯路透（Herbert de Reuter, 1852-1915），要求盡快處理

34　"Nabeshima, Hiroshima to Mutsu（陸奧宗光）, Tokio," 28 October 1894, 日本《外務省記錄》。

35　"Reuter's Telegram, Chemulpo," 16 October 1894.「路透社」駐仁川特派員率先在 10 月 16 日發布此通訊，之後「中央通訊社」駐上海特派員在 10 月 22 日也跟進發布類似通訊，並引據英國副領事的說法，指控日本在朝鮮當局私自開封檢查英國的機密郵包。參見 "Central News Telegrams, Shanghai," 22 October 1894.

36　「外務大臣陸奧宗光ヨリ在柏林青木公使宛機密公文」（1894 年 10 月 25 日），日本《外務省記錄》。

朝鮮信件檢查事件，並強化駐日特派員與日本政府的聯繫。在信中，青木表示對於「路透社」駐東方地區特派員的服務態度「非常不滿意」，因為他們多對日本懷有成見，對於與日本利益有關之事常表現出輕蔑之感。例如駐橫濱特派員霍爾即常常無視日本政府提供的資訊，故意不予發布，且態度消極、冷漠，幾乎從不主動聯繫日本政府。又例如駐仁川特派員，欠缺警覺性，未詳查事件經過，即發布通訊，指陳日本官員在朝鮮執行信件檢查，非法扣留英國領事館郵件包，嚴重影響日本政府的形象。因此，青木威脅道：如果「路透社」駐東方地區特派員在未來所提供的服務仍是如此「令人不滿意」，或是繼續「對日本懷有敵意」，任意散播不當的謠言，損害日本利益的話，則他可能必須考慮終止與「路透社」的合約。[37]

在給青木的回信中，賀伯路透強調「路透社」自成立以來，即秉持「公正無私」、「求真實」的辦報精神，致力於避免只聽取片面之詞，以及發掘任何可能的真相。賀伯路透認為日本政府聲稱「路透社」對日本有偏見，「故意散播錯誤且惡意的謠言」等情事，乃是毫無根據的指控，故對此表達抗議之意。首先，有關日本在朝鮮執行新聞管制報導之事，乃是依據英國駐仁川副領事的說詞，且刊登前有取得副領事的同意，故認為應屬事實，遂直接向外界發布通訊。賀伯路透並舉其他通訊社的類似報導為例，說明「路透社」僅是單純陳述英國領事的說法，並未帶有偏見。不過，「路透社」在發布此通訊前，畢竟未能善盡查證之責，並確實封鎖此通訊，他個人深表遺憾。其次，關於橫濱特派員對日態度冷淡問題，「路透社」先前已多次通知霍爾應與日本政府密切聯繫，霍爾也報告每日均與日本政府接洽相關事宜，故關於此項爭議，「路透社」將會要求霍爾再做說明。而為了進一步強化與日本政府的聯繫，「路透社」已決定派遣專任特派員駐東京，專責處理與日本相關的新聞聯繫事宜，如此應該即能提供令日本政府滿意的服務。再者，賀伯路透在信中故意提及旅順戰役後日軍

---

37 "Aoki, Berlin to Herbert de Reuter, London," 1 December 1894，日本《外務省記錄》。

採取的激烈報復措施，強調雖然《泰晤士報》、《紐約先驅報》（*The New York Herald*）、「中央通訊社」等均詳細描述事件過程，並作帶有「情緒性的指控」，但「路透社」卻壓下相關電報，「致力於排除任何可能傷害到日本情感」的報導，希望藉此讓日本政府感受到「路透社」對於新聞處理的「謹慎」態度。賀伯路透甚至還引述「路透社」駐天津特派員的電報，表示李鴻章曾向其抱怨「路透社」的通訊似乎總是在為「日本利益」服務，故由此可證明「路透社」並未敵視日本，而是以「公正」的方式來報導兩個交戰國之間的新聞。[38]

　　賀伯路透軟硬兼施的解釋說明，以及對於曾封鎖日軍在旅順暴行報導的邀功之舉，某種程度上影響了青木周藏。青木在給外務省的報告中，即改變態度、放低身段，相當肯定「路透社」負責任的處理態度，辯稱「路透社」不會故意發布有利於中國、而不利於日本的報導，況且該報社向持「中外獨立」主義的辦報理念，應會遵守與日本的密約行事。故青木轉而建議外務省往後應該積極與「路透社」新任駐東京特派員保持密切聯繫，提供必要的新聞材料，以供其發布。[39]

五、日本影響英文新聞輿論的實際案例（三）：策動對華的負面報導

　　戰爭期間醜化中國內部現況發展，強調清政府已失去對地方的控制，同時利用間諜作戰，獲取中國官方資料，揭露並擴大宣傳中國過去對日的侵略意向，藉此影響英文新聞輿論對於中、日兩國的觀感，同樣也是日本駐外使館輿論宣傳攻勢的重要策略。

---

[38] "Herbert de Reuter, London to Aoki, Berlin," 3 December 1894，日本《外務省記錄》。

[39] 「在柏林青木公使ヨリ外務大臣陸奧宗光宛電文」（1894 年 12 月 25 日），日本《外務省記錄》。

（一）有關戰爭期間中國內部動亂的報導

　　1894 年 10 月初，倫敦「中央通訊社」根據從天津發出的通訊，揭露中國內部已開始出現亂象。首先是清廷開始追究採購劣質步槍之事，並直指天津道台為直隸總督李鴻章的親戚，從歐洲進口低價劣質步槍，再從中獲取差價，中飽私囊。其次，則是指日軍準備進兵北京，並聲稱美國駐北京公使已下令美籍婦孺應盡快撤至上海。北京富商開始大批撤離北京，上海也盛傳直隸已發生意在推翻清朝統治的叛亂事件，局勢危殆。再者，滿洲發生中國搶匪攻擊西伯利亞鐵路之事，故俄國決定出兵中俄邊境，並增派軍艦馳援，要求中國政府必須付出賠償。[40] 這些消息很快就被倫敦各報紙轉載，有關戰爭期間中國內部動盪不安的傳聞甚囂塵上，[41] 迫使中國駐英使館必須出面闢謠，強調諸如此類的謠傳乃是有心人士故意操縱，刻意捏造假新聞，其目的無非在營造中國即將土崩瓦解的印象。[42]

　　倫敦「中央通訊社」發布有關中國內部政情的通訊報導，背後動機顯然並不單純，似乎想藉由中國在戰場的失利，推論延伸到內政秩序的崩潰，同時強調官場上的貪污腐敗，從而影響英國輿論對於中國的支持。事實上，日本駐英使館即十分肯定「中央通訊社」在報導中日戰爭時所採取的親日立場，對於日本有很大的貢獻。[43]

40　"The War in the East (Central News, Tientsin)," *The Times*, 9 October 1894, p. 7.
41　但後來《泰晤士報》即曾引述天津消息，指稱有關天津道台貪污去職一事，純屬子虛烏有。參見 "Last Intelligence: China and Japan," *The Time*, 18 October 1894, p. 3.
42　中國駐英使館的反制策略是一方面闢謠，強調與北京政府每日都有電報聯繫，證實並無上述情況發生，另外一方面則採取反宣傳，強調日本現在正面臨內部動盪不安的情況，因為日本百姓以不堪戰爭負荷而萌生反意。參見 "China and Japan," *The Times*, 19 October 1894, p. 3. 簡言之，這可能是中、日兩國駐英使館間的輿論宣傳戰，均是藉由抹黑對方內政動盪情況，來影響輿論。
43　「在英臨時代理公使內田康哉ヨリ外務大臣陸奧宗光宛英文電文」（1894 年 11 月 14 日），日本《外務省記錄》。

（二）有關中國準備侵略日本的報導

　　1895 年初，日本駐英使館又成功策劃一次輿論攻勢，即將利用特殊管道取得的兩份中國政府內部重要文件，透過《泰晤士報》之手公諸於世，藉此影響世人對於中日兩國究竟何者才是發動戰爭始作俑者的觀感。這兩份文件其一是署理左副都御史張佩綸（1848-1903）在 1882 年上書光緒皇帝（1871-1908），談論對日政策的奏文，其二則是直隸總督李鴻章對於張佩綸奏文的評論與回應。[44]

　　在 1895 年 1 月 19 日刊出的評論報導中，《泰晤士報》即根據流出的清政府官方文書，指稱 1882 年朝鮮壬午軍亂發生之後，張佩綸即上書皇帝，主張應及早對日本採取戰爭行動。文稱：兩國遲早會有一戰，但時間是站在對日本有利的一方，因為日本正積極強化武器裝備，提高國家權力，故清廷應及早抑制日本的進步行動。中國應該主動發起攻擊，不過在行動前必須先強化艦隊力量，以便在突襲時擁有海軍優勢，全面壓制日本的不安與騷亂。此外，在對日戰爭時，中國也必須積極爭取列強的支持與合作。然而，李鴻章卻不認同張佩綸的主張。雖然李鴻章也承認必須做好對日一戰的準備，卻不認為中國應該主動發起戰爭。因為一旦發生戰爭，列強可能會站在日本，而非中國這一方。換言之，中國不應主動求戰，而是該致力於避戰，同時積極備戰。在備戰方面，應該進一步強化海上武力以及規劃陸上防禦工事，但資金來源卻是嚴重問題，因為作為國防經費主要來源的內地海關，經常受到地方督撫的截扣而不願上繳。如果能夠強迫地方督撫上繳海關稅金，並由國庫彌補國防資金缺口，應可在五年之內建

44　張佩綸建請「密定東征之策，以靖藩服」。清廷原先頗為認同張佩綸的建議，認為「所奏頗為切要，著李鴻章先行通盤籌劃，迅速復奏」。但李鴻章卻主張「自強要圖，宜先練水師，再圖東征」。關於此兩份文件，參見「總署收軍機處交出張佩綸抄摺」（1882 年 9 月 28 日），收入郭廷以、李毓澍主編，《清季中日韓關係史料》，第 1 卷（臺北：中央研究院近代史研究所，1972），頁 947-948；「總署收軍機處交出李鴻章抄摺」（1882 年 10 月 5 日），收入郭廷以、李毓澍主編，《清季中日韓關係史料》，第 1 卷，頁 967-975。

成一支強化的海軍武力以及完成岸防工事。最後，李鴻章認為無論是否與日本開戰，中國均須跟上日本現代化的步調，進行行政改革。[45]

　　這些清政府文書原先乃是由日本駐英使館所掌握，後來轉交給駐德使館處理，因青木周藏同時兼任日本駐英與駐德公使，故在其居中處理下，乃由素來與日本親善、熟悉東方事務的德籍貴族西博德男爵（Heinrich Baron von Siebold, 1852-1908）[46] 出面將其翻譯成英文，再由西博德轉交給其任職於《泰晤士報》的英籍友人，做後續新聞報導的處理。日本對英宣傳事務不就近由駐英使館直接處理，反而大費周章地遠送德國，轉交德國貴族西博德翻譯，再迂迴透過西博德的私人關係，送給任職《泰晤士報》的英籍友人來處理新聞，背後顯然是一種刻意的政治操作手段，其目的在避免外界知曉日本居間操作新聞的痕跡。其次，上述官方文書為清政府內部文件，在當時均應屬討論國家大政層級的機密文件，卻被日本駐英使館所掌握，顯見日本在發動戰爭時，早已致力搜集相關情報。[47] 再者，西博德在給日本外相陸奧宗光的信件中所附的《泰晤士報》簡報上，做了一些註記，強調報導中有關李鴻章的回應部分，並非其提供的原始資料，而是《泰晤士報》自行從中國方面弄來的資料。[48] 換句話說，日本駐英使館

---

[45]　"We Are Enabled This Morning to Lay before Our Readers the Translations of Some Official Documents," *The Times*, 19 January 1895.

[46]　西博德為德國貴族，其父腓力普西博德（Philipp Franz von Siebold, 1796-1866）曾任日本幕府外交顧問，同時也是知名的醫生與植物學家，對於日本學有深入的研究；至於西博德本人，則曾長期任職奧匈帝國駐東京使館外交官，與日人友善，且對於東方事務，尤其有關日本民族、藝術品、錢幣等涉獵甚深，曾出版《考古說略》日文書，是當時德國相當有名的日本文物學家。

[47]　《泰晤士報》亦察覺到中國機密文書外流，可能跟日本脫不了關係。在評論的末段，即稱「中國國家機密理應受到非常嚴密的保護，而這些資料的流出，或許可以說是對某國有利所以才洩漏出來。而據我們所知，日本為了能夠獲得其鄰國動向的資訊，是不惜任何代價的。」參見 "We Are Enabled This Morning to Lay before Our Readers the Translations of Some Official Documents," *The Times*, 19 January 1895.

[48]　"Siebold's Postscript on the Cuttings from the Times," cited from "Baron von Siebold to Viscount Mutsu Munemutsu, Minister for Foreign Affairs," 2 February 1895，日本《外務省記錄》。

原先提供給西博德的資料，應該經過刻意挑選，僅是張佩綸一力主戰的奏文，其動機當然是為了營造出中國早已有主動侵略日本意圖的輿論氣氛。不過，可能令西博德以及日本感到惋惜的，是《泰晤士報》後來還是另外找到了李鴻章對於此事的看法，某種程度上中和了張佩綸的主戰論述。

　　不過，西博德在給陸奧宗光的信件中，還是強調透過上述中國機密文書的公布，將對日本有相當重要的影響，因為：

> 誠如這些文件所證明的，將可以讓英國以及歐洲人充分瞭解
> 到，〔在朝鮮發生的戰爭〕並非是日本對中國發動戰爭，也不是
> 日本蓄意在準備好之後宣戰，而是中國早在 1882 年就準備發動
> 戰爭，想要入侵日本。[49]

換言之，公布文件的主要作用，在於營造是中國主動發起戰爭的印象，而日本不過是為了自衛而戰。事實上，西博德也聲稱德國報界已注意到此則新聞，對於這些文件深感震驚。[50]

六、結語

　　甲午戰爭期間，除了海、陸軍在東亞正面戰場作戰外，日本外交官員則遠在歐洲英國致力於規劃第二戰場，藉由金錢外交，發動紙上攻勢，利用英文新聞輿論操縱策略，引導英國甚至整個英語世界的輿情動向，使之對於中日朝鮮戰爭的觀感，朝向對日本有利的情況發展。尤其是日本駐英（兼駐德）公使青木周藏，他是一位非常卓越的外交官，在駐倫敦期間即異常活躍，負責日英條約改正交涉，成功調整過去西方國家與日本間的不

49　"Baron von Siebold to Viscount Mutsu Munemutsu, Minister for Foreign Affairs," 2 February 1895，日本《外務省記錄》。

50　"Baron von Siebold to Viscount Mutsu Munemutsu, Minister for Foreign Affairs," 2 February 1895，日本《外務省記錄》。

平等條約與享有的特權地位。[51] 不難想見的是，青木相當熟悉英國事務，故清楚該如何推動英文新聞的輿論宣傳攻勢。無庸諱言，日本在戰時所發動的輿論宣傳策略，已略具現代國家利用新聞媒體對外行銷，從事整體國家形象塑造模式的雛形。無論是與「路透社」正式簽約，使其成為日本駐英使館的專屬新聞社，還是透過金錢運作，獲取「中央通訊社」以及《泰晤士報》部分記者的暗中協助，均對於日本掌握以及操縱英文新聞輿論論調有很大的助益。

　　首先，以宣傳日本的正面報導來說，在於強調日本全民上下一心、無分身分貴庶，積極推動西化、進行改革的正面形象。而日本之所以出兵朝鮮，並非帶有侵略意圖，而是因為朝鮮內部陷於動盪不安，危及到日本僑民生命財產的安全，也影響到日本的商業利益，但作為宗主國的中國卻一直漠視朝鮮現況惡化，也阻礙其進行改革事業。在這樣的情況下，日本為了確保在朝鮮的特殊利益，並協助朝鮮追求獨立、邁向改革，不得不出面挑戰中國。也因此，日本希望其他列強不要干涉中日戰爭，讓日本協助朝鮮走向改革開放之路。其次，在消除有關日本的負面報導方面，除了澄清日本並未侵略朝鮮，主要為掩飾日本在朝鮮戰爭過程的爭議行為。例如針對旅順戰役後日軍屠殺華人的行為，日本輿論宣傳的策略，乃是運作有合作關係的新聞通訊社，發出觀點相反的評論，一方面刻意著重報導清軍屠殺日軍俘虜的凶殘行為，二方面則強調日軍對清軍暴行的不滿，但極力克制，除了在戰場上殺敵外，並未在戰後殺害無武裝士兵或是一般平民。透過此類宣傳手法，讓英文報紙讀者處於矛盾報導的迷思中，從而淡化對於日軍屠殺行為的印象。又例如關於日本在朝鮮當局曾有疑似進行管制通信的報導，日本的因應措施除了澄清事件過程外，同時也以此事故作文章，大動作追究「路透社」散布不實報導之責，並威脅要中斷與其的合作關係，從而讓「路透社」感到壓力，日後對於有關日本不利的報導，自然

51　關於青木周藏的生平及其處理日英條約改正交涉的過程，可參見青木周藏著，坂根義久校注，《青木周藏自伝》（東京：平凡社，1970）一書。

會更加注意，甚至主動協助封鎖相關負面報導。再者，關於策動規劃對華不利的報導部分，則是故意散布中國內部特定官方文件，以爆料方式，揭露清廷部分重要政治人物主張的激進路線，藉此凸顯中國早有侵略日本的意圖，從而平衡外界普遍認為日本應負起發動戰爭主要責任的看法。同時為了避免由日本出面爆料可能減低負面宣傳的效力，日本還煞費苦心採用迂迴手段，利用親日的德籍人士代為出面，再輾轉由《泰晤士報》刊登出來。此外，日本駐英使館也利用「中央通訊社」作為言論機關，刻意散播中國內部貪污腐敗、社會失序、民眾反叛的消息，讓英國輿論誤以為清廷統治基礎已受到嚴重挑戰，藉此影響英國對華態度，以為日本外交立場作勢。

直言之，日本在甲午戰爭期間的輿論宣傳攻勢，也發揮一定程度的作用。事實上，早在 1894 年 10 月，中國駐英使館即曾透過倫敦「聯合通訊社」（Press Association, London）抱怨：「英國報紙上充斥太多對中國有偏見的新聞報導，不但沒有根據，而且完全與事實不符。」[52] 由此更可看出日本操縱新聞輿論的成效。特別是 1894 年日本駐英公使館與「路透社」簽署為期一年的秘密合作協議，期間「路透社」忠實扮演著日本對外美妝師的角色，雖稍有瑕疵，但大致上巧妙地遮掩甲午戰爭期間日本較具爭議的報導。也因此李鴻章才會向「路透社」駐天津特派員抱怨該通訊社似乎總是在為日本利益而服務。[53] 而隨著甲午戰爭走入尾聲，日本戰時新聞宣傳的工作也告一段落。雖然「路透社」曾兩度希望繼續並擴大與日本的新聞合作關係，但是日本外務大臣陸奧宗光仍然現實地在一年期限到期前夕，毅然決然終止與「路透社」的契約。但是從 1894 年 8 月到 1895 年 7 月這一年的合作關係，畢竟還是讓日本政府領導人物嚐到甜頭，深刻體驗到有

52　中國駐英使館官員在接受「聯合通訊社」專訪時，表示對於有關中日戰爭的假新聞長期出現在英國報紙一事，感到震驚。參見 "China and Japan," *The Times*, 19 October 1894, p. 3.

53　"Herbert de Reuter, London to Aoki, Berlin," 3 December 1894，日本《外務省記錄》。

效操縱新聞輿論，對於日本國家利益的重要性。也因此，到了 1896 年 10 月，當時擔任外務大臣的大隈重信（1838-1922）又籌思調整相關政策，考慮將操縱新聞輿論工作常態化，故訓令駐英公使館可以與「路透社」接洽，在當初青木周藏簽署的舊約基礎上，評估重新建立雙方的秘密新聞合作關係。[54]

　　總結來說，本文的主旨，在於嘗試建構出甲午戰爭期間，日本外交官透過英文新聞輿論的操控，來達到協助戰事進展的初步歷程。究其實際，無庸諱言，受到當時政府經費的限制，日本外交官可以投入到新聞輿論控

---

54 「ルートル電信會社卜契約締結ノ件」，外務大臣大隈重信ヨリ在英加藤公使宛機密公文（1896 年 10 月 27 日），日本《外務省記錄》。大隈重信認為，與通訊新聞社簽訂協議的目的，在於將日本的緊要事情向海外傳達，同時也將海外各國大事傳回日本。如果能夠利用「路透社」等通訊社來快速且正確傳達訊息，對於日本來說也是相當重要之事，故應慎重考慮。不過，當思考與「路透社」討論新約時，大隈提醒駐英公使加藤高明必須注意幾個重點。其一，為了避免「路透社」發出不適當的通訊，在商討合約時，必須加入新的禁止條款，規定「路透社」不得發布任何不利於日本的新聞通訊。其二，過去與「路透社」合作時，交付「路透社」的電報，均是通過俄國再傳送至英國，反之亦然，經常曠日費時，故往後日本與英國間重要的電報與通訊往來，如由「路透社」在東京設立代辦處直接傳送至英國，而英國傳來的通訊也應直接傳送給其東京代辦處，不用再經由俄國。其三，可以思考與「路透社」建立的長期合作關係，亦即新的協議將不設定期限，僅須規定如要終止合約，應提前三個月告知對方即可。大隈重信之所以在 1896 年 10 月又重提與「路透社」合作之事，可能是因為「路透社」駐日代理人崔福德（S Trafford, Agent, Reuter's Telegram Company）在 10 月 6 日透過日本內閣書記官長送交一份新聞合作提案書給日本政府，該提案書後來被交由外務省評估與處理。日本外務省乃將該提案書送給駐英使館參考，但顯然並未給予崔福德明確答覆。以致 1897 年 1 月時，處於狀況外的崔福德，又直接寫信給大隈重信，再度遊說其慎重考慮雙方合作的提案，並希望安排適當時間直接晤談。但有趣的是，在外務省後來給崔福德的回信中，卻否認曾經收到其提案書，並表明日本政府目前並未考慮與「路透社」簽署合作協議，但不排除未來如有需要時，將會再與其聯繫。日本外務省似乎刻意不願與崔福德在日本談合作事宜，而是要駐英使館做妥善評估與研議，同時也拉高層級，在倫敦直接與「路透社」總公司接洽相關事宜。參見 "S Trafford, Agent, Reuter's Telegram Company, Yokohama to Count Okuma, Minister for Foreign Affairs, Tokio," 23 January 1897，日本《外務省記錄》; "Foreign Office, Tokio to S Trafford, Agent, Reuter's Telegram Company, Yokohama," 16 February 1897，日本《外務省記錄》。

制的經費相當有限，區區數百英鎊或是日元的經費，根本不可能達到完全控制英文新聞的目的。然而，此種作為畢竟是一種開時代風氣之先的嘗試，也印證新聞輿論的確是可能被政府操控的，只是在於影響範疇與程度的多寡。而日本嘗試介入影響英文新聞的作為，雖然無法遂行其完全操控輿論的目標，但至少能夠影響部分輿論論調，起碼可以在所有戰時新聞報導中，確保有一定比例乃是站在日本角度，為日本利益發聲與喉舌。如此，縱使一度出現不利於日本的新聞報導，也能夠平衡觀點，或是打烏賊戰術，形成人云亦云、莫衷壹是的效果，進而模糊化對日本的譴責與非議。反之，當有利於日本的報導出現時，透過輿論影響，則可以進一步錦上添花，疊加報導，擴大正面宣傳的效果。由此觀之，僅僅數百英鎊或日元的宣傳費用，相較於在戰場上實際投入的龐大戰費，似乎足以發揮相當比例的效益。職是之故，日本外交官在甲午戰爭期間，致力開闢戰時宣傳的第二戰場，確實應該給予較為正面的評價。

無聲的戰場：
庚子事變後北京使館區重建問題初探

呂慎華

國立嘉義大學應用歷史學系助理教授

一、前言

　　李文忠功業之盛，宇內共仰。同光之際，國家與外人有疑難之事，待其一蒞而決，匪為信義之孚乎中外，抑亦威望之大足以攝之。高麗之役，我師敗機，公之聲譽亦稍稍衰矣。倏有拳匪之亂，八國聯軍入都，羣情惶懼，公復為全權大臣、入都議約。各使意見已不一致，其本國又有輿論參加，自瓦德西而下，八國兵官均需干預，故情形極為複雜，每一條例皆幾經商酌而後定。及全文錄出、示意吾國，其言曰：「但得諭旨照准，現時撤兵、節令正好，若交炎暑、便不能行，須遲至九、十月以後，遲一日則多費百萬，秋後需多一百餘兆云」。公為代奏、奉旨俞允，建德周玉山制軍時為直隸布政使，嘆曰：「誰為全權大臣者？直畫諾大臣而已！」[1]

　　近代外交體系建立後的歐洲，國家之間相互派遣使節駐節已是常態，但在同時代仍處於天朝體系下的清代中國，對於外國駐使一事則甚為排斥，馬戛爾尼（George Macartney, 1st Earl Macartne, 1737-1806）於 1793 年

1　劉體智，《異辭錄》，收入沈雲龍主編，《近代中國史料叢刊正編》，第 18 輯（臺北：文海出版社，1967），卷 3，頁 355-356。

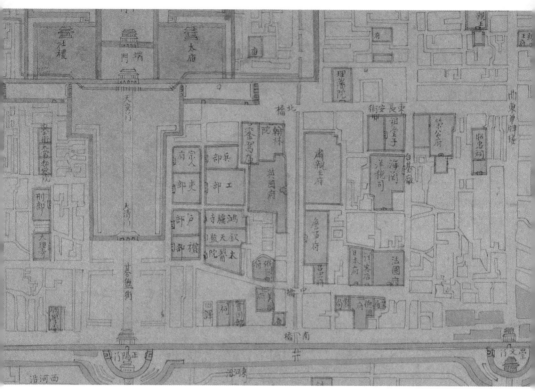

圖 1　1887 年北京全圖（使館區部分）

資料來源：Mingzhi LI (李明智), "Beijing Quan Tu" (北京全圖 , 1861-1887), The Library of Congress, https://www.loc.gov/item/gm71005149/ (accessed 10 May 2021).

代表英王喬治三世（George III, George William Frederick, 1738-1820）率團來華時，曾提出駐使北京之要求，即遭乾隆皇帝（1711-1799）嚴詞拒絕，直到 1860 年《中英法北京條約》簽署之後，有約國方才得以行使在 1858 年《中英法天津條約》中即已取得之派駐使節權利。自英國於 1860 年租用位在皇城東南方的梁公府為使館起，法國、俄國、美國、德國、比利時、[2] 西班牙、義大利、奧地利、日本、荷蘭等國，相繼在鄰近區域建造使

2　葉子，〈舊京東交民巷使館區（上）〉，《北京檔案》，2003 年第 6 期（2003 年 6 月），頁 42。

館，[3] 皇城東南一隅發展成為使館區，分布在南北向的御河、以及東西向的東交民巷兩側，西與兵部大街東側的中國各官署為鄰，東至台基廠大街，南北則大致以皇城城牆與內城城牆為界，區內皇室建築、中國官署、外國使館、華洋民宅、商號店鋪櫛比鱗次。（圖1）

　　1900年6月13日，在北京的拳民進攻使館區，次日董福祥（1840-1908）統領之武衛後軍對使館區進行包圍作戰，庚子事變正式展開。直到8月14日聯軍進京為止，使館區歷經將近兩個月戰亂，首當其衝的比、奧、荷、義四國使館全毀，法館也幾乎全毀。戰後，餘悸猶存的北京外交團成員乃決定應將使館區改建成可以防守之區域，各國記取戰爭經驗，採取武官團建議，除使館周邊防線之外，另將防線外圍設計成一開闊之緩衝區，希望未來的使館區能有效抵抗攻擊。

　　時人、甚至後世研究者往往認為各國提出議約大綱之後，兩宮對於內容即行承認，加上各國占領北京，對中國示以兵威，中國議約大臣只能任憑各國予取予求，出席並非談判，僅為應邀畫諾而已。然而各使館或覓地重建，或原地改建，以及緩衝區域的設置，牽涉到各國利益與算計，原使館區皇家機構、中國官廳、民居鋪戶的拆遷，以及無辜受損民眾的補償方式，甚至使館區軍事化有無可能影響兩宮回鑾意願等問題，令使館區的擴大與重建成為庚子事變後重要課題之一。

　　歷來研究庚子事變，或聚焦於事前的義和團，或聚焦於事後的懲凶、賠款兩大項目，對於使館區重建問題則較為疏漏，幾無專門篇章討論，本文擬利用中英美日四國外交檔案、英國陸軍部檔案（Records of the War Office）等官方檔案為基礎，輔以時人書信、日記、回憶錄等資料，針對此一問題進行研究討論，希望使庚辛議約之際此一無聲戰場之面貌能更完整呈現。

3　葉子，〈舊京東交民巷使館區（下）〉，《北京檔案》，2003年第7期（2003年7月），頁43。

二、庚子事變時期的北京使館區

　　義和團源自白蓮教，與大刀會、神拳等與民間祕密結社相關，「義和拳」之名於 1898 年初的山東省境內出現，同年義和團已出現在直魯兩省交界地帶，於 1899 年冬季開始向直隸其他地區發展。[4] 延至 1900 年 4 月，義和團組織進入北京設立壇口，5 月初時已開始在北京城內張貼凶語，[5] 五城御史、九門提督、順天府尹等負責北京城治安之主要官員並未認真查禁。同年 6 月，以端郡王載漪（1856-1922）、協辦大學士兼吏部尚書剛毅（1837-1900）為首之守舊派主導朝政，各地義和團開始大舉進入北京。至 6 月 4 日，北京裡九外七各城門、紫禁城各門、王宮大臣各府、六部九卿一切文武大小衙門，均派義和團民駐守，[6] 文淵閣大學士榮祿（1836-1903）、吏部左侍郎許景澄（1845-1900）等主剿派意見不被接受，朝廷立場日趨強硬。[7]

　　面對以扶清滅洋為號召大舉進京的義和團，使館區起初並不以為意。5 月底開始，使館區提高警戒，婦女與兒童集中在英國使館過夜，6 月 9 日以後，海關與同文館人員集中至總稅務司署，與日本、奧國、法國使館人員輪流守夜。日本使館書記生杉山彬（1862-1900）於 6 月 11 日被董福祥所部武衛後軍殺害消息傳至使館區之後，使館區開始啟動防衛計畫。[8] 至 6 月 13 日，東交民巷一帶之地均已為各國守軍占領，起初禁止通行，

4　義和團的出現與發展，參見柯文（Paul A. Cohen）著，杜繼東譯，《歷史三調：作為事件、經歷和神話的義和團》（南京：江蘇人民出版社，2000），頁 22-31。
5　李文海、林敦奎、林克光編著，《義和團運動史事要錄》（山東：齊魯書社，1986），頁 100-101。
6　以上戰況，參見仲芳氏，《庚子記事》，收入中國社會科學院近代史研究所《近代史資料》編譯室主編，《庚子記事》（北京：知識產權出版社，2013），頁 9-17。
7　廖一中，〈「東南互保」與袁世凱〉，《貴州社會科學》，第 130 期（1994 年 8 月），頁 96。
8　赫德（Robert Hart）著，葉鳳美譯，《這些從秦國來：中國問題論集》（天津：天津古籍出版社，2005），頁 10-11。

後則出入均需持有護照始能放行。[9] 當晚，拳民進入崇文門，放火焚燒北側教堂，隨後前往中國通商銀行北京分行，與駐守的奧國衛隊交火，攻擊使館行動就此展開。[10] 武衛後軍於 6 月 14 日參戰，與拳民合作，對使館區東北側發動攻擊，教會、海關人員宿舍、以及其他民宅於當晚被燒燬。[11] 至 6 月 15 日，東交民巷附近之東城根、御河橋、皇城根各處官民住宅全遭武衛軍槍擊火焚、蹂躪殆盡，各國洋行洋樓亦有數處被燒燬，僅英、俄、法、德四國使館無恙，正陽門以內幾乎無一處未受害，[12] 位於使館區之中國民居鋪戶則全數遭搶劫、焚燬。[13]

　　遭遇第一波攻擊之後，各國使館再度加強防務。比利時使館位在崇文門以北東單牌樓一帶，與使館區距離過遠，因而不得不棄守，以奧地利、義大利使館為東側防區邊界。荷蘭使館位處西側最外圍，因無使館衛隊而棄守，以其東側之俄國、美國使館為防線。位於御河西岸的英國使館因只有西、北兩面受敵，圍牆高達 15 至 20 英尺，可容納 1,000 人，成為非戰鬥人員集中區域，東岸的肅親王府則成為天主教教民避難所。[14] 由於使館守軍救火甚力，儘管使館區外圍已經陷入混亂，並未引起區內外人驚慌，直到駐華德使克林德（Clemens August Freiherr von Ketteler, 1853-1900）於 20 日在前往總署途中為華兵所殺之後，使館區洋人始有畏懼之心，將非

9　使館區面對義和團初期的警戒措施，參見佚名，《庸擾錄》，收入中國社會科學院近代史研究所《近代史資料》編譯室主編，《庚子記事》，頁 249-251。被列強視為禍首之一的徐桐，因家住東交民巷內義大利使館左近，亂事初起時即遭到各國駐軍逮捕。

10　赫德（Robert Hart）著，葉鳳美譯，《這些從秦國來：中國問題論集》，頁 11。

11　撲笛南姆威爾（B. L. Putnam Weale），《庚子使館被圍記》，收入楊家駱主編，《義和團文獻彙編》，第 2 冊（臺北：鼎文書局，1973），頁 221。

12　以上戰況，參見仲芳氏，《庚子記事》，收入中國社會科學院近代史研究所《近代史資料》編譯室主編，《庚子記事》，頁 9-17。

13　仲芳氏，《庚子記事》，收入中國社會科學院近代史研究所《近代史資料》編譯室主編，《庚子記事》，頁 34。

14　撲笛南姆威爾（B. L. Putnam Weale），《庚子使館被圍記》，收入楊家駱主編，《義和團文獻彙編》，第 2 冊，頁 225。

戰鬥人員全數遷往英國使館，[15]原駐守奧地利使館之衛隊則主動棄守，轉往法國使館。[16]

　　6月22日起，榮祿所率領之武衛中軍，以及董福祥所部之武衛後軍會合，與義和團民於使館區東西兩側進攻使館。位於使館區西側的荷蘭使館、華俄道勝銀行，以及附近鋪戶均為砲火所毀，御河橋西一帶、東棋盤街、東城根之所有大小鋪戶、紳民宅第全數遭到搶劫焚燬，正陽門內外一片焦土，東側的奧地利使館同遭兵燹，[17]次日義大利使館失火，[18]加上已先被拳民搗毀的比利時使館，使館區台基廠以東區域同樣難以倖免。東西兩側夾攻使館區失敗後，拳民轉由北側進攻，於6月28日火燒翰林院，希望火勢蔓延至緊鄰翰林院南側之英國使館，肅親王府亦遭武衛後軍砲擊後夷為平地，但仍未奏效。[19]因東交民巷連日鏖戰，各部院文武衙門均停止辦公，6月29日起，使館區東北側外圍東單牌樓頭條、二條、三條胡同，東側的台基廠，西側之棋盤街、東城根、戶部街、兵部街、韃子館，南側的東交民巷、南北御河橋，北側的東長安街，以及更北側、距離尚遠之王府井、甜水井胡同、東華門皇城根等處，均被武衛軍大肆火焚劫掠，滿目瘡痍。[20]至7月中，位於台基廠以西的法國使館亦幾乎全毀。[21]

15 林樂知、任廷旭同譯，〈丁君韙良演說北京使館被圍事略并引〉，收入李天崗編，《萬國公報》，第31冊（臺北：華文書局，1968），卷142，頁19691-11692。

16 撲笛南姆威爾（B. L. Putnam Weale），《庚子使館被圍記》，收入楊家駱主編，《義和團文獻彙編》，第2冊，頁241-242。

17 楊典誥，《庚子大事記》，收入中國社會科學院近代史研究所《近代史資料》編譯室主編，《庚子記事》，頁77。

18 撲笛南姆威爾（B. L. Putnam Weale），《庚子使館被圍記》，收入楊家駱主編，《義和團文獻彙編》，第2冊，頁249。

19 楊典誥，《庚子大事記》，收入中國社會科學院近代史研究所《近代史資料》編譯室主編，《庚子記事》，頁78。

20 以上戰況，參見仲芳氏，《庚子記事》，收入中國社會科學院近代史研究所《近代史資料》編譯室主編，《庚子記事》，頁9-17。

21 撲笛南姆威爾（B. L. Putnam Weale），《庚子使館被圍記》，收入楊家駱主編，《義和團文獻彙編》，第2冊，頁287。

三、外交團強化使館區防衛功能的構想

　　8 月 14 日聯軍入京、兩宮西行。使館區解圍之後，朝廷陸續指派之五名議約全權大臣中，榮祿與慈禧太后（1835-1908）最為親近，但當時隨扈西行，雖奉旨返回北京，但被列強視為禍首之一，不便出面參與決策；兩廣總督李鴻章（1823-1901）素為外人敬重，雖奉旨再度出任直隸總督兼議約全權大臣，但直到 10 月 11 日始抵達北京；兩江總督劉坤一（1830-1902）與湖廣總督張之洞（1837-1909）兼任議約大臣，必須留駐任所，只能遙相參預，因此僅有總理衙門王大臣慶親王奕劻（1838-1917）一人在北京而已，且由於五名全權大臣將重心放在勸阻兩宮西行，因此遲遲未能擬定議約方針。列強方面，法國政府於 10 月 4 日向各國提交議約備忘錄，雖提到應在北京設置永久性的使館駐軍，但並未提到使館區規劃問題。[22]駐華英使竇納樂（Colonel Sir Claude Maxwell MacDonald, 1852-1915）收到英國外交部轉發訊息後，於同月 10 日召開外交團會議。與會各國公使雖一致認為，為保證能拆除大沽砲臺，以及在北京至海通道之間駐軍，應將使館區改建成可防守狀態，[23]但對於應如何實現則看法分歧，隨後則發現除非將使館區修建成要塞、配置大砲、在外圍建立軍事緩衝區，否則無法避免各國使館再度遭受攻擊。應據守正陽門（洋人通常稱為前門）、崇文門（洋人通常稱為哈達門），以及兩門間內城城牆之建議，因擔憂兩宮不肯在紫禁城受到外國衛隊大砲火力威脅下回鑾而放棄之後，又有人建議應在正陽門與崇文門之間修建堡壘，或將鐵路引入使館區與南門附近，以便於各國公使撤往天津。[24]至 10 月下旬，外交團成員已一致認為

22　呂慎華，〈庚辛之際中國恢復秩序的努力：以兩宮回鑾問題為核心的考察〉，收入周惠民主編，《國際秩序與中國外交的型塑》（臺北：政大出版社，2014），頁 28。

23　「薩道義爵士致索爾茲伯理侯爵函」（1900 年 11 月 8 日），收入胡濱譯，《英國藍皮書有關義和團運動資料選譯》（北京：中華書局，1980），頁 392。荷蘭、奧地利、比利時三國公使未出席。

24　「薩道義爵士致藍士敦侯爵函」（1900 年 12 月 13 日），收入胡濱譯，《英國藍皮書

「各國使館應有權進行防衛，以及建立永久性的使館衛隊、占領北京至海間的數個據點以保證通信自由」的概念。[25] 此概念在經歷討論之後，於同月 31 日之外交團會議中，追加不允許中國人在使館區中居住之意見。[26]

為此，外交團於 11 月 5 日決定授權各國書記官組成會議，針對使館區擴充範圍進行調查，[27] 先確定各館之遷移重建或就地擴建意願，再進行整體規劃與分配。調查之後，位居使館區東側之德國、法國、奧地利、義大利、西班牙、比利時等六國主張之範圍東至崇文門大街、南至城根、西至正陽門與內城根，北至長安街與皇城根，理由為崇文門與正陽門為使館防禦所必需，可與衛生習慣不佳之中國人隔離，使館區內可設置公園、賽馬場、俱樂部、駐軍訓練場等設施；西側之日、英、美、俄四國則主張東至離奧國使館預定地最近的一條街、南至城根、西至兵部大街為止、北至長安街與皇城城根，理由為使館區僅為使館與駐軍而設置，增設賽馬場等設施無正當性，對中國人民的影響較小，正陽門直通皇城正門——天安門，不宜由外國人占領，使館區過大則駐軍費用亦隨之增加等。[28] 調查結果提交外交團會議討論後，並未做出一致決議，外交團乃於 11 月中決定先處理設防問題，由庚子事變時派出衛隊保護使館區之各使館派遣一名武官組成委員會，針對防務問題提供專門意見。[29] 武官委員會於 11 月 19

有關義和團運動資料選譯》，頁 419-420。

25　"Mr. Conger to Mr. Hay," 1 November 1900, in *Papers relating to the Foreign Relations of the United States* (hereafter referred to as "FRUS"), *With the Annual Message of the President Transmitted to Congress December 3, 1900* (Washington, D.C.: United States Government Printing Office, 1902), pp. 224-225.

26　「薩道義爵士致索爾茲伯理侯爵函」（1900 年 11 月 8 日），收入胡濱譯，《英國藍皮書有關義和團運動資料選譯》，頁 395。

27　Ian Ruxton, ed., *The Diaries of Sir Ernest Satow, British Envoy in Peking (1900-06)*, Vol. 1 (Morrisville, NC: Lulu Press Inc., 2006), p. 46, 5 November 1900.

28　「清國駐箚西公使ヨリ加藤外務大臣宛　各國公使館敷地擴張ノ件」（明治 33 年 12 月 27 日），收入外務省編纂，《日本外交文書》，第 33 卷別冊 2 北清事變中（東京：外務省，1956），頁 856 下 -857 下。

29　「清國駐箚西公使ヨリ加藤外務大臣宛　各國公使館敷地擴張ノ件」（明治 33 年

日完成調查報告，大致接受書記官會議所劃範圍。[30] 外交團於 11 月 24 日
會議針對使館區問題討論良久，儘管新任英使薩道義（Sir Ernest Mason
Satow, 1843-1929）認為按照各國要求所劃出之地段過大，[31] 但外交團仍舊
通過書記官會議所提出之範圍。[32] 由於擴充與防守使館區已成為外交團成
員共識，因此外交團於 11 月底將概念落實為各國有權組織自己的永久性
使館衛隊，使館區必須處於可防禦狀態，中國無權在使館區駐軍，[33] 並於
12 月 4 日確定成為各國要求條件第七款。[34]

　　由於庚子事變牽涉國家多達 11 國，各國各有其利益與關注，因
此諸如日本使館書記生杉山彬被害時間早於克林德，但地位僅為書
記生，其名字是否應寫進聯合聲明中；[35] 由誰代表各國與中國進行議

　　12 月 27 日），收入外務省編纂，《日本外交文書》，第 33 卷別冊 2 北清事變中，頁
　　856 下 -857 下。西班牙、荷蘭、比利時使館並無衛隊，因此未派員參與。

30　武官委員會之調查報告係於 1900 年 11 月 19 日完成，但並未定案，直到 1901 年 2
　　月 9 日才正式簽署並提交外交團。參見「清國駐箚小村公使ヨリ加藤外務大臣宛
　　（電報）　公使館地域ノ防護方法ニ付討議ノ件」（明治 34 年 3 月 2 日），收入外務
　　省編纂，《日本外交文書》，第 33 卷別冊 3 北清事變下（東京：外務省，1957），頁
　　318 下 -319 上。

31　Ian Ruxton, ed., *The Diaries of Sir Ernest Satow, British Envoy in Peking (1900-06)*, Vol.
　　1, p. 60, 24 November 1900.

32　「薩道義爵士致索爾茲伯理侯爵函」（1900 年 12 月 13 日），收入胡濱譯，《英國藍
　　皮書有關義和團運動資料選譯》，頁 420。

33　"Translation of amended text," Inclosure of "Mr. Conger to Mr. Hay,". 26 November 1900,
　　FRUS, 1900, p. 234.

34　"Mr. Conger to Mr. Hay," 5 December 1900, *FRUS, 1900*, p. 237.

35　日置益（1861-1926）於 11 月 26 日奉駐華公使西德二郎（1847-1912）之命往見
　　薩道義，提示已擬好之杉山彬遇害一事條文，薩道義表示如在外交團會議中正式
　　提出，則表態支持，並建議日置益當面徵求其他九位使節意見。參見 Ian Ruxton,
　　ed., *The Diaries of Sir Ernest Satow, British Envoy in Peking (1900-06)*, Vol. 1, p. 60,
　　26 November 1900. 日置益於次日再往英館會晤薩道義，表示在聯合聲明中加入
　　杉山彬遇害一事獲得美使康格（Edwin Hurd Conger, 1843-1907）、義使薩爾瓦蒡
　　（Giuseppe Salvago-Raggi, 1866-1946）、法使畢盛（Stephen Jean-Marie Pichon, 1857-
　　1933）、西使葛絡幹（Bernardo Jacinto de Cólogan y Cólogan, 1847-1921）支持，但
　　奧使齊幹（Moritz Freiherr Czikann von Wahlborn, 1847-1909）、德使穆默（Philipp
　　Alfons Freiherr Mumm von Schwarzenstein, 1859-1924）反對。參見 Ian Ruxton, ed.,

約；36 應以何國使館作為議約地點；37 庚子時與中國有正式外交關係之國家
不止 11 國，各國應以外交團、或戰後議約代表名義與中國商訂和約，議
約時座位如何排列等，38 各種意見甚難整合。因此，直到康格於 12 月 22
日在聯合聲明上簽字之後，議和大綱方正式定稿，39 決定由葛絡幹擔任主

The Diaries of Sir Ernest Satow, British Envoy in Peking (1900-06), Vol. 1, p. 61, 27
November 1900. 薩道義於 11 月 30 日往見西德二郎，解釋在聯合聲明中，後遇害的
克林德為何姓名列在較早遇害的杉山彬之前，同意代為向各使提出日本方案，參見
Ian Ruxton, ed., *The Diaries of Sir Ernest Satow, British Envoy in Peking (1900-06)*, Vol.
1, p. 62, 30 November 1900. 直到 12 月 8 日，日本政府始訓令西德二郎在聯合聲明
上簽字。參見 Ian Ruxton, ed., *The Diaries of Sir Ernest Satow, British Envoy in Peking
(1900-06)*, Vol. 1, p. 67, 8 December 1900.

36　12 月 10 日外交團會議上，薩道義提及議約時由誰擔任主席問題，薩道義屬意畢
盛，並提及可在俄、德，或英國使館進行談判，俄使格爾思（Mikhail Nikolayevich
von Giers, 1856-1924）則建議由葛絡幹出任。參見 Ian Ruxton, ed., *The Diaries of Sir
Ernest Satow, British Envoy in Peking (1900-06)*, Vol. 1, p. 68, 10 December 1900. 薩道
義於次日前往俄國使館，與格爾思以及穆默會面，仍舊希望由畢盛出任主席，並提
及各使議約時應按照姓名字母順序就坐，但格爾思仍舊反對，薩道義不得不接受葛
絡幹擔任主席。參見 Ian Ruxton, ed., *The Diaries of Sir Ernest Satow, British Envoy in
Peking (1900-06)*, Vol. 1, p. 69, 11 December 1900.

37　康格於 12 月 20 日外交團會議中提起將來議約場所問題。與會各使均強烈反對前往
中國人處所議約，康格、齊幹、薩道義屬意德國使館，畢盛屬意西班牙使館，西德
二郎屬意英國使館，薩爾瓦葛、穆默、格爾思、比使姚士登（Baron Adolphe Marie
Maurice Joostens, 1862-1910）、葛絡幹、荷使克羅伯（Fridolin Marinus Knobel, 1857-
1933）棄權，畢盛提議投票決定是否在西班牙使館進行議約，康格、齊幹、薩道義
投反對票，姚士登、齊幹、格爾思、西德二郎贊成，其餘四人棄權，因此決定議
約場所在西班牙使館。參見 Ian Ruxton, ed., *The Diaries of Sir Ernest Satow, British
Envoy in Peking (1900-06)*, Vol. 1, p. 73, 20 December 1900.

38　例如，12 月 22 日會議中，葛絡幹欲安排將來議約時座位，英使薩道義認為自己並
無到任國書，因此身分僅是英國議約代表，因而建議不以外交團、僅以各國議約代
表名義與中國兩全權議約，座位則按照出席各使姓名字母順序排列。此言引發葛絡
幹當場大怒，薩道義解釋外交團議約時各使以到任國書順序安排座位，但他自己
並未持有，因此看不出來葛絡幹應如何安排，建議將此問題擱置，得到薩爾瓦葛
支持，葛絡幹情緒始恢復平靜。參見 Ian Ruxton, ed., *The Diaries of Sir Ernest Satow,
British Envoy in Peking (1900-06)*, Vol. 1, pp. 74-75, 22 December 1900.

39　"Joint note of the Powers," Inclosure of "Mr. Conger to Mr. Hay," 23 December 1900,
FRUS, 1900, p. 245.

席，以西班牙使館作為議約場所。葛絡幹照會慶親王、李鴻章在京兩全權，代表外交團邀請兩全權於 12 月 24 日當天上午 10 點移駕西班牙公使館開議，約定當面僅正式致送外交團所定議和節略，並不立即討論，同時先將節略英文譯本送交兩全權。其中第七款為使館區擴充問題，內容為「各國應分自主、常駐兵隊護衛使館，並將各使館所在境界自行防守，中國人民概不准在界內居住」。[40] 由於外交團致送之節略共有中、英、法、德四種語文版本，中文本與前日先行致送之英文譯中文本略有不同，[41] 慶親王奕劻乃將節略內容電奏西安行在，行在於 12 月 27 日決定全數照允。[42]

四、使館區範圍的確定

收到議和大綱之後，五位全權大臣就此進行商議，針對使館區擴充部分，榮祿建議應議定駐軍數量、訂定約束章程，[43] 此項建議亦為朝廷所能接受之底線；[44] 張之洞所重視者為使館區駐軍問題，認為此項必影響兩宮回鑾意願，但未論及使館擴充一事；[45] 劉坤一則認為駐軍數量宜少，以期賓主相安。[46] 由於外交團要求兩全權需簽署正式議定書，並向各國使館提

---

40 「開議訂於初三日，請至日國公署面遞節略、無他言，並請將所答言單送來」（光緒 26 年 11 月初 2 日），收入廣西師範大學出版社編，《中美往來照會集（1846-1931）》，第 9 冊（桂林：廣西師範大學出版社，2006），頁 86。

41 「寄西安行在軍機處」（光緒 26 年 11 月初 3 日），收入顧廷龍、戴逸主編，《李鴻章全集》，第 27 卷（合肥：安徽教育出版社，2008），電報七，頁 473。

42 「奉電旨，所奏十二條大綱應即照允，請查照」（光緒 26 年 11 月初 9 日），收入廣西師範大學出版社編，《中美往來照會集（1846-1931）》，第 9 冊，頁 89-90。

43 「附，盛京堂轉榮相等來電」（光緒 26 年 11 月初 6 日），收入顧廷龍、戴逸主編，《李鴻章全集》，第 27 卷，電報七，頁 479。

44 「附，盛京堂轉西安來電」（光緒 26 年 11 月初 7 日午刻到），收入顧廷龍、戴逸主編，《李鴻章全集》，第 27 卷，電報七，頁 482。此電報係初 6 日發出。

45 「附，鄂督張來電」（光緒 26 年 11 月 13 日到），收入顧廷龍、戴逸主編，《李鴻章全集》，第 27 卷，電報七，頁 491。此電報於初 9 日發出。

46 「附，江督劉來電」（光緒 26 年 11 月 12 日到），收入顧廷龍、戴逸主編，《李鴻章

交朝廷同意接受議和大綱、並蓋用御寶之上諭，[47] 兩全權於 1901 年 1 月 16
日向外交團正式提出說帖，針對使館區之部分，則以榮祿之意見為基礎，
希望確定使館駐軍人數以及章程，以避免將來駐軍越界滋事，也希望各國
明示欲擴充之界線，中國既有衙門則應予排除，彼此共同勘定界址，以便
遷徙界內原有中國居民。[48]

外交團於 1 月 16 日收到兩全權致送之說帖之後，薩道義、康格、格
爾思對於將兵部大街設為使館區西側界線並無異議，但康格與美國政府都
不同意將使館區軍事化。[49] 為求使館區問題早日塵埃落定，外交團要求各
使館衛隊指揮官提出正式報告，一面在 1 月 22 日外交團會議中，決定由
畢盛、齊幹、薩爾瓦葛、以及薩道義負責草擬回應，[50] 也開始積極進行尚
未完全確定之比利時、義大利新使館區位劃定，但爭議仍然不斷，各國對
於軍隊駐守方式與各館占地規劃仍存在歧見。位於東側之德國、法國認為
比利時新使館占地過大，德使穆默對於比利時有無能力防守新使館持保留
態度，畢盛則希望比利時自行設置衛隊，負擔未來使館區守備任務，薩道
義則認為任何國家都無權反對他國擴充使館地界。[51] 位於西側之英、美、
俄、日等國則仍認為規劃中的新使館區占地未免過大，希望能以兵部大
街為界，[52] 薩道義則仍舊反對使館區過分擴充與軍事化，甚至向薩爾瓦葛

全集》，第 27 卷，電報七，頁 490。此電報於 11 日發出。

[47]　「薩道義爵士致藍士敦侯爵電」（1901 年 1 月 3 日發自北京），收入胡濱譯，《英國
藍皮書有關義和團運動資料選譯》，頁 401。

[48]　「所請會晤之先將預商事預先知照一節，茲將應商事具說帖送，請早定議以便會商」
（光緒 26 年 11 月 26 日），收入廣西師範大學出版社編，《中美往來照會集（1846-
1931）》，第 9 冊，頁 100-101。

[49]　Ian Ruxton, ed., *The Diaries of Sir Ernest Satow, British Envoy in Peking (1900-06)*, Vol.
1, p .81, 18 January 1901.

[50]　Ian Ruxton, ed., *The Diaries of Sir Ernest Satow, British Envoy in Peking (1900-06)*, Vol.
1, p. 82, 22 January 1901.

[51]　Ian Ruxton, ed., *The Diaries of Sir Ernest Satow, British Envoy in Peking (1900-06)*, Vol.
1, p. 79, 16 January 1901.

[52]　日使西德二郎即認為，規劃中的使館區戰地過大，恐造成中國更多抗拒。參見「清

表示，如義、奧兩國有意在鑾駕衛（Imperial Carriage Park）與兵部大街（Gaselee Road）之間建造使館，他不介意讓出土地。[53]

　　外交團成員之間，對於使館區應如何擴充一事各有其堅持，但因不諳軍事，最終仍須尊重各館武官會議意見。武官會議之調查報告於 2 月 9 日完成，共開列 22 項建議，並將建議繪製成地圖。（圖 2）

1、地圖中以 A、D、H、K 四點標示使館區防禦線，AD 線為西線，位於兵部大街東側約 33 公尺；DH 為北線，位於東長安街以南約 50 公尺；HK 線為東線，位於崇文門大街以西約 300 公尺；KA 線為南線，即內城城牆。至於日本、法國都想取得之 w、x、y、z 四端點圍出之區域（原詹事府東半部），須由各國公使商議之後決定歸屬。

2、必須占領使館區南邊緊鄰之北京內城城牆，以對東、西兩側進行掩護。

3、英、美兩國對於使館以 L、M、N、O 四點連成之直線，即以原本工部、兵部、欽天監、太醫院東側為西緣一事並無意見，但俄館不願接受，因此不得不將西緣推進至兵部大街以東約 33 公尺處，防禦緩衝區則必須推進至兵部大街以東。

4、德館東緣 J、K 一線（東距崇文門大街約 180 公尺）地段現為俄國占用，必須移交給德國。

5、前門附近建築物高度不得高於前門，已毀壞者也不許重建。

6、由於俄國不同意占領崇文門，因此必須剷除崇文門至內城城牆間之牆梯，在使館區緊鄰之內城城牆中段另開一門，最好是原來之御河水門，採取拱門式建築，不干擾原水門運作。

國駐箚西公使ヨリ加藤外務大臣宛　各國公使館敷地擴張ノ件」（明治 33 年 12 月 27 日），收入外務省編纂，《日本外交文書》第 33 卷別冊 2 北清事變中，頁 858 上。此外，據康格表示，俄使格爾思與英使薩道義同樣認為使館區占地過大，接受以兵部大街為西緣的構想，參見 Ian Ruxton, ed., *The Diaries of Sir Ernest Satow, British Envoy in Peking (1900-06)*, Vol. 1, p. 81, 18 January 1901.

53　Ian Ruxton, ed., *The Diaries of Sir Ernest Satow, British Envoy in Peking (1900-06)*, Vol. 1, p. 85, 1 February 1901. 按地圖顯示，兵部大街與鑾駕衛之間，為工部衙門與兵部衙門所在。

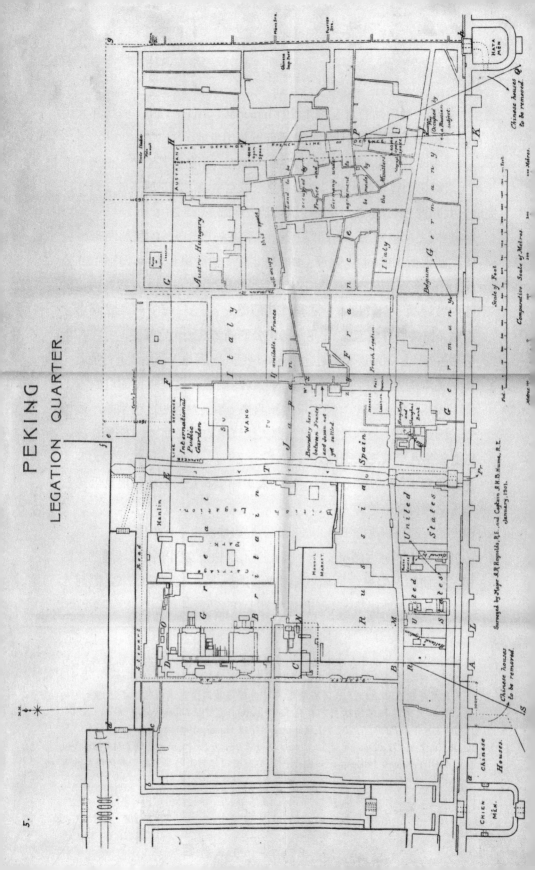

PEKING

LEGATION QUARTER.

Surveyed by Major A.R. Reynolds, R.E. and Captain J.H.D. Hume, R.E.
January, 1901.

Comparative Scale of Metres.

Scale of Feet.

Chinese houses to be removed.

Chinese Houses.

CHIEN MEN.

HATA MEN.

◀ 圖2　武官會議調查報告所附地圖

資料來源：“Peking. Legation Quarter,” Peking. Legation Quarter. 1:2,880. In Sir E. Satow's no 17 of 20 Feb1901., FO 925/25144, The National Archives.

7、內城城牆兩側設置 5 至 7 英尺寬、3 英尺深之戰壕。

8、防禦線之東、西、北三側須預留至少 140 英尺寬度之緩衝區，各國代表均同意應將使館區東西兩側至城牆區域淨空，所有房屋拆除，不許中國設置兵營。

9、使館區建議應以英文小寫字母 a 至 h 為範圍，即正陽門至天安門、皇城根向東延伸至崇文門大街、崇文門大街至崇文門、崇文門至正陽門門為範圍，並設置界石。

10、皇城根以南、東長安街以北範圍內淨空，日本代表建議皇城城牆高度應減半。

11、使館區不設計成堡壘，但須構築防禦工事，各使館均須自我防衛。

12、防禦工事高度至少為 3.5 英尺，內部壕溝至少 5 英尺寬、2 英尺深，如無法達到預定寬度，應加高防禦工事，其外之道路則應削減高度。

13、英、日館間應建造一橫跨御河之橋樑。

14、御河東岸、長安西街一帶應由日本負責防守，預定在原肅王府北半部、緊鄰御河建造的國際花園，也應由日本負責防禦。

15、使館西側防線應由俄國負責防守。

16、由英、俄、奧、法、美、德、義、日八國組成之使館駐軍，總數應在 1,900 至 2,100 人之間。

17、現無駐軍之西班牙、比利時、荷蘭三國，應提供相當數量之駐衛軍，除非荷蘭使館提供駐軍，否則應遷離現址。

18、自保定府通往北京的鐵路終點站將設在內城城牆以南的前門西側，故前門與崇文門間地段應為京津線鐵路預定地，可由使館區建造支線予以接通，同時要求中國建造鐵路時，終點站都必須位於城牆之內。

19、各館之間應建立地下化電話線路。

20、應至少儲備三個月份之戰備存糧，以及相當數量之武器、彈藥。

21、使館駐軍應由資深武官領導之使館武官委員會決定，使館遇襲時亦由
其指揮，但俄國代表已聲明不願接受指揮，美國代表則認為應從長計
議。

22、應立即開始改建使館區，在兩宮回鑾前取得相當進度。[54]

由於使館區北接皇城、南臨內城，武官會議討論防衛計畫時，依牆
設防為自然之舉，因此在南北邊界上之建議與書記官會議大致相同，至
於東、西兩側方面，武官會議決定採取使館區東側德、奧等六國觀點，
將東西兩側範圍擴張至崇文門與前門。外交團於 2 月 12 日舉行會議，
討論使館區擴充問題，歷經冗長討論之後並無共識，[55] 僅同意由齊幹、畢
盛、薩爾瓦葛組成劃界委員會，同時規定區域內外國人需在 2 月 25 日
以前提出產權證明，以確認其產權係於 1900 年 6 月 20 日以前取得者，
始准予保留。[56] 但為求從速解決，穆默、新任日本公使小村壽太郎（1855-
1911）、齊幹、格爾思於 2 月 25 日決定接受武官會議建議，薩道義則希
望將北界推進至翰林院與鑾駕衛靠東長安街一側，向東延伸時不越過兵
部大街，同時不拆除鄰近英使館北側的皇城城牆。[57] 儘管美、英兩國仍
舊認為使館區軍事化並非最佳方案，[58] 也懷疑使館區軍事化的必要性與作

---

54 "Report of the Military Commission on the defence of the proposed Legation Quarter at Peking," 23 June 1901, WORK 10/33/2, The National Archives, pp. 40-43. 此調查報告簽署於 1901 年 2 月 9 日，檔案日期係英國工務局收到外交部來文歸檔日期。*FRUS* 檔案亦收錄本文，但第三點提到俄國不願將使館西緣退至地圖上的 M-W 線，實係 M-N 之誤，原地圖上並無 W 點。

55 Ian Ruxton, ed., *The Diaries of Sir Ernest Satow, British Envoy in Peking (1900-06)*, Vol. 1, p. 87, 12 February 1901.

56 「清國駐箚小村公使ヨリ加藤外務大臣宛（電報） 公使館區域內二於ケル外人所有土地處分方二付調查委員會任命ノ件」（明治 34 年 2 月 13 日），收入外務省編纂，《日本外交文書》，第 33 卷別冊 3 北清事變下，頁 317。

57 Ian Ruxton, ed., *The Diaries of Sir Ernest Satow, British Envoy in Peking (1900-06)*, Vol. 1, p. 92, 25 February 1901.

58 美使康格不反對已經擴充得過大的使館區，但反對設置軍事委員會、或將來可能設計出來的任何防禦體系，認為在北京正中央皇城邊建造堡壘，勢必毀掉一大片原屬中國人的產業，帶來不必要的花費。目前最重要的，應該是在勘定使館界時，考慮

用，[59] 但在 2 月 26 日外交團會議中，西側四國不再反對武官會議通過之使館區防衛計畫，薩道義與格爾思另行聲明不堅持須以內城與皇城城牆為界，西部區域界線可保留與中國討論空間，小村則要求不拆除鄰近東長安街之皇城城牆，[60] 以正陽門、天安門、天安門至崇文門大街交會處、崇文門為四至，東、西、北側均預留軍事緩衝地帶的使館區防衛計畫就此通過，外交團並決定將致送總署一份說明各國設立使館區各項要求的照會。[61] 葛絡幹乃於次日將武官會議所劃定之界址地圖照會兩全權，表示外交團已經議定使館界址，界內之公所衙署必須遷出，民居拆遷補償辦法則仍待各國議定。[62]

五、使館區北側：
海關地、堂子、皇城，以及義大利使館位置的確定

使館區防衛計畫中，東側多為民居與空地，慶親王對於使館界線延伸至崇文門大街並無異議，[63] 但表示必須排除城門旁西側之登城馬道，因此

到擊退可能出現的攻擊。使館不是外人在華唯一會受攻擊的產業，只保護使館不可能保護全中國各地外國人的安全，各國應該做的，是要求中國在條約中保證、並嚴格執行保護外人的措施，如果中國做不到，各國就沒有必要與他維持邦交。即便建造堡壘有其必要性，也不必急於一時，聯軍撤退，兩宮回鑾之後再進行也還不遲。參見 "Mr. Conger to Mr. Hay," 16 February 1901, *FRUS, 1901, Appendix, Affairs in China, Report of William W. Rockhill, Late Commissioner to China, with Accompanying Documents* (Washington, D. C.: United States Government Printing Office, 1920), pp. 82-83.

59　薩道義與康格立場相同，認為使館區駐軍只能防衛匪徒，無法抵禦來自政府的攻擊。參見 Ian Ruxton, ed., *The Diaries of Sir Ernest Satow, British Envoy in Peking (1900-06)*, Vol. 1, p. 89, 17 February 1901.

60　Ian Ruxton, ed., *The Diaries of Sir Ernest Satow, British Envoy in Peking (1900-06)*, Vol. 1, p. 92, 26 February 1901.

61　"Mr. Rockhill to Mr. Hay," 26 February 1901, *FRUS, 1901, Appendix*, pp. 93-94.

62　「會定使館各界四至並繪圖黏送」（光緒 27 年 1 月 9 日），收入廣西師範大學出版社編，《中美往來照會集（1846-1931）》，第 9 冊，頁 120-121。

63　"Imperial and Royal Legation Austria-Hungary," 25 February 1901, Inclosure 3 of "Mr.

界線應為距崇文門 10 丈之處。[64] 葛絡幹認為，依據劃界委員會提交兩全權之地圖，東側界線確實為崇文門大街，「往西十丈」指的是城牆上各國所占界址，並非使館區界線。[65] 兩全權則認為紅線確實為使館界線，並非僅城牆上之界線，紅線向東推 10 丈，至崇文門大街為止，係公共道路界線，與使館界牆無關。[66] 葛絡幹於 6 月 29 日回覆，表示願意接受兩全權意見，不將崇文門劃歸界內，東側界線退至崇文門大街以西 10 丈之處，但聲明人車馬行走範圍僅限於崇文門大街，公共道路未來不得拓展。[67]

　　南側方面，由於仍舊以內城城牆為界。慶親王同意崇文門與正陽門間城牆由各國駐守，但不得建築房舍、也不得進行任何程度的改建，[68] 獲得劃界委員會同意，[69] 在東側範圍議定後，南側範圍同步修正至距崇文門以西 10 丈處至正陽門間城牆。[70]

　　爭議部分最大者為北側。由於戰前各國使館之間仍舊保留相當數量之

Rockhill to Mr. Hay," 13 June 1901, *FRUS, 1901, Appendix*, pp. 235-236.
64　「使館界限議定四至請查照見復」（光緒 27 年 3 月 23 日），收入廣西師範大學出版社編，《中美往來照會集（1846-1931）》，第 9 冊，頁 179-181。
65　「使館界務仍有四端諸國大臣囑再為聲明以免誤會由」（光緒 27 年 4 月 13 日），〈擴充使館界址案〉，《總理各國事務衙門》，中央研究院近代史研究所檔案館藏，檔號：01-14-016-02-002。此照會於西曆 5 月 28 日發出，總署兩日後收到。
66　「按照四端逐條敘明希轉致各國大臣由」（光緒 27 年 5 月初 1 日），〈擴充使館界址案〉，《總理各國事務衙門》，中央研究院近代史研究所檔案館藏，檔號：01-14-016-02-004。
67　「諸國大臣囑為達使館界務再為逐條聲明至初一來文末段所述皇城外牆容另復由」（光緒 27 年 5 月 15 日），〈擴充使館界址案〉，《總理各國事務衙門》，中央研究院近代史研究所檔案館藏，檔號：01-14-016-02-007。
68　"Imperial and Royal Legation Austria-Hungary," 25 February 1901, Inclosure 3 of "Mr. Rockhill to Mr. Hay," 13 June 1901, *FRUS, 1901, Appendix*, pp. 235-236.
69　「使館界務仍有四端諸國大臣囑再為聲明以免誤會由」（光緒 27 年 4 月 13 日），〈擴充使館界址案〉，《總理各國事務衙門》，中央研究院近代史研究所檔案館藏，檔號：01-14-016-02-002。
70　「諸國大臣囑為達使館界務再為逐條聲明至初一來文末段所述皇城外牆容另復由」（光緒 27 年 5 月 15 日），〈擴充使館界址案〉，《總理各國事務衙門》，中央研究院近代史研究所檔案館藏，檔號：01-14-016-02-007。

空地，因此，使館受損較小的英國、美國、俄國、日本、西班牙、德國
等，在書記官會議劃設使館區域時，選擇原地改建與擴張，使館被毀的荷
蘭、法國、奧國選擇在原址上重建與向外擴張，受影響較大者僅比利時、
義大利兩公使館，以及海關總稅務司署。比利時使館原址位於東單牌樓，
距使館區過遠，因而決定遷至東交民巷以南、原義大利使館西南部之空
地。義大利使館在戰火中全毀，解圍之後，薩爾瓦葛將臨時使館設在位於
東長安街與台基廠交叉口、原海關總稅務司署北側的堂子，[71] 但堂子為皇
室所有，未必能劃歸使館區，覓地重建時乃以位於堂子西側、戰時與日軍
協同防守之肅王府為目標，向西德二郎提議均分肅王府與其南側之詹事府
地皮，西德二郎認為義大利在戰時出力不如日本，因此無法接受。義大利
最後讓步，由日本取得大部分肅王府以及全部詹事府，合計萬餘坪地皮，
義大利則僅取得肅王府西北角一小片土地。[72]

　　武官會議提出之使館區防衛計畫，大體依照書記官會議所劃定之最大
區域進行，因此義大利可取得北防線以南、御河以東至堂子間空地，肅王
府東北角，約占總面積三分之二、在防線內之堂子，以及緊鄰堂子南側、
已全毀的海關總稅務司署與附設花園所在北段土地，使義大利使館成為受
到皇城城牆、御河、軍事緩衝區保護之完整區域。但堂子產權屬於清朝
皇室，海關建築群則歸總稅務司赫德（Sir Robert Hart, 1st Baronet, 1835-
1911）管理與使用，因此能否順利取得仍在未定之天。海關地部分，使館
區防衛計畫於 2 月 9 日由外交團通過之後，薩爾瓦葛與齊幹於 14 日聯袂
拜訪薩道義，希望薩道義致函赫德，請後者同意將海關總稅務司署遷移

71　堂子為清代皇室祭神場所，尚在關外時即已設立，入關後在緊鄰紫禁城東南方之東
　　長安街與台基廠交叉口附近亦興建一座，成為順治以後清朝歷代皇室祭神所在。參
　　見李鳳飛主編，《八國聯軍侵華實錄（1900-1901 大國之殤）》，第 2 冊（天津：天津
　　社會科學出版社，2012），頁 587。

72　「清國駐箚西公使ヨリ加藤外務大臣宛　公使館敷地劃定二付伊公使卜交涉始末ノ
　　件」（明治 33 年 12 月 26 日），收入外務省編纂，《日本外交文書》，第 33 卷別冊 2
　　北清事變中，頁 854 上 -855 下。

他處，獲得薩道義首肯，將信件草稿送交齊幹。[73] 赫德自齊幹處接獲信件
之後，始知海關地將可能被占用，泰晤士報駐華特派員莫理循（George
Ernest Morrison, 1862-1920）於 2 月 14 日撰稿披露此事，[74] 英國國會議員
於 2 月 21 日針對此事質詢副外相，[75] 赫德則於 23 日向北京外交團致送一
份措辭強烈的抗議信，要求外交團同意歸還海關地，羅馬方面則發出一份
半官方聲明，表示薩道義曾向薩爾瓦葛證實義大利所占領者為中國政府擁
有產權的海關地，並非赫德私產。[76] 因赫德對此事表達強烈不滿，美國議
約特使柔克義（William Woodville Rockhill, 1854-1914）於 2 月 25 日下午
拜訪薩道義，雙方都認同海關地處置問題並非要務，將盡力使其保留到最
後再決定。薩道義希望保留皇城城牆，將義大利使館建在肅王府以北、已
預定開闢為國際公共花園之空地，如此即可保全海關用地，安撫赫德。[77]
在 26 日的外交團會議中，各國公使對於赫德在海關總稅務司一職上的表
現給予高度肯定，但並不反對，或至少對於義大利占用海關地問題不置可
否。[78] 薩爾瓦葛認為，在以使館區安全為前提之下，占領海關地並無不妥
之處，[79] 英國外交部官員則認為，若外交團以使館區將來防衛需求為出發
點，赫德應會顧全大局，目前並無具體應對方案。[80] 由於英國、義大利政
府均不認為義大利公使館占用海關地有何不妥，外交團於 3 月 2 日會議
中，決定向各國政府通報軍事委員會提出的使館區防衛計畫調查報告，[81]

73　Ian Ruxton, ed., *The Diaries of Sir Ernest Satow, British Envoy in Peking (1900-06)*, Vol.
　　1, p. 88, 14 February 1901.

74　莫理循稿件於 2 月 14 日自北京發出，於 2 月 16 日刊登，參見 "Defence of the
　　Legation Area," *The Times* (London), 16 February 1901.

75　"The Italian Legation in Peking," *The Times* (London), 25 February 1901.

76　"The Imperial Custom," *The Times* (London), 25 February 1901.

77　Ian Ruxton, ed., *The Diaries of Sir Ernest Satow, British Envoy in Peking (1900-06)*, Vol.
　　1, p. 92, 25 February 1901.

78　"Mr. Rockhill to Mr. Hay," 26 February 1901, *FRUS, 1901, Appendix*, pp. 93-94.

79　"Leniency for The Chinese," *The New York Times* (New York), 28 February 1901.

80　"The Ministers in Peking," *The Times* (London), 1 March 1901, p. 6.

81　Ian Ruxton, ed., *The Diaries of Sir Ernest Satow, British Envoy in Peking (1900-06)*, Vol.

海關總稅務司署土地被義大利使館占用一事成為外交團共同承認之決定。

　　至於堂子問題，因書記官會議於規劃使館區範圍時，已將御河以東至堂子以西之區域劃歸義大利，與肅王府東北角形成一完整區域，故兩全權曾獲得薩爾瓦葛首肯，將於和議完成之後將堂子交還，但葛絡幹所交來地圖之中仍舊將堂子劃入，因攸關皇室顏面，在京兩全權表示無法接受，要求將堂子劃出使館區。[82] 外交團成員對於應否保留則態度並不一致，畢盛始終建議薩爾瓦葛應歸還堂子，薩道義則認為失去堂子將破壞使館區北端整體防務；至於薩爾瓦葛則態度已稍軟化，願意將海關總稅務司署與花園所在的海關地交還赫德，但表示若同時交還堂子，則義大利必須取得堂子南端、海關地北端，以便有完整土地供建立義軍軍營，而若薩爾瓦葛能說服日本撥給肅王府北側、預定為國際花園的用地南端土地，則新使館將能順利興建。薩道義不以為然，提醒薩爾瓦葛，若歸還堂子，則將危及使館區北側防務。隨後薩道義徵詢匯豐銀行駐北京經理西立爾（Edward Guy Hillier, 1857-1924）意見，後者認為中國提出堂子問題純屬試探性質，畢竟皇帝已經超過 30 年未曾到堂子祭拜，也無人知曉堂子內供奉者為何，此舉意在測試外交團有多希望兩宮儘速回鑾而已。[83]

　　小村於 3 月 5 日拜訪薩道義，暗示其有可能將肅王府部分土地讓給薩爾瓦葛，但完全不是出於自願，[84] 薩爾瓦葛則傾向歸還堂子，[85] 因此李鴻章與薩爾瓦葛於 3 月 7 日再度會商時，薩爾瓦葛態度轉趨保留，

1, p. 93, 3 March 1901.

82　「日葛使所送界圖將堂子各衙署公所一並劃入未便輕許應仍照前次說帖讓出由」（光緒 27 年正月 12 日），〈擴充使館界址案〉，《總理各國事務衙門》，中央研究院近代史研究所檔案館藏，檔號：01-14-016-01-002。

83　Ian Ruxton, ed., *The Diaries of Sir Ernest Satow, British Envoy in Peking (1900-06)*, Vol. 1, pp. 93-94, 4 March 1901.

84　Ian Ruxton, ed., *The Diaries of Sir Ernest Satow, British Envoy in Peking (1900-06)*, Vol. 1, p. 94, 5 March 1901.

85　Ian Ruxton, ed., *The Diaries of Sir Ernest Satow, British Envoy in Peking (1900-06)*, Vol. 1, pp. 94-95, 6 March 1901.

表示將留待本國政府決定堂子是否歸還，[86] 同時積極詢問戰前海關地範圍。[87] 劃界委員會於 3 月 15 日就堂子問題進行討論，在以使館區域完整為優先考量前提下，委員會一致認為義大利無須歸還堂子，[88] 外交團對於堂子用地的態度至此確定。

義大利確定不歸還堂子之後，在京兩全權完全無法接受，兩全權建議外交團，以中國負擔使館區內應拆遷之鋪戶民居補償費用為條件，換回堂子用地，[89] 但各國未置可否。柔克義於 4 月 15 日告知李鴻章，表示瓦德西有意於 4 月 17 日抽調駐北京之聯軍千餘名，與駐保定之德軍會合，於 19 日向西進軍。李鴻章認為瓦德西此舉意在對於兩全權造成壓力，以促使包括使館劃界一事在內之議和內容從速解決。[90] 為解決堂子問題，總署於 4 月 18 日照會薩爾瓦葛，表示後者曾口頭表示願歸還堂子，希望義大利早日聲明允讓，以維持兩國友誼。[91] 由於占用堂子一事已得到外交團支持，薩爾瓦葛於 4 月 21 日致函總署，表示堂子地段為義大利使館重建所需，加上中國對待義大利向來不友善，因此無法同意。[92] 雙方於 4 月 22 日舉行會議，慶親王強烈反對義大利占有堂子，認為此舉將使皇室顏面蕩然無

---

86 「寄西安行在軍機處」（光緒 27 年正月 18 日辰刻），收入顧廷龍、戴逸主編，《李鴻章全集》，第 28 卷，電報八，頁 50。

87 Ian Ruxton, ed., *The Diaries of Sir Ernest Satow, British Envoy in Peking (1900-06)*, Vol. 1, p. 96, 11 March 1901.

88 Ian Ruxton, ed., *The Diaries of Sir Ernest Satow, British Envoy in Peking (1900-06)*, Vol. 1, p. 97, 15 March 1901.

89 「所畫民房應由使館付價如各國早讓堂子及各衙門亦可勉從認給並派員由」（光緒 27 年 2 月 3 日），〈擴充使館界址案〉，《總理各國事務衙門》，中央研究院近代史研究所檔案館藏，檔號：01-14-016-01-009。

90 「寄西安行在軍機處」（光緒 27 年 2 月 27 日），收入顧廷龍、戴逸主編，《李鴻章全集》，第 28 卷，電報八，頁 138-139。

91 「前備說帖分致諸國全權大臣請允讓還堂子希即早為商明允讓由」（光緒 27 年 2 月 30 日），〈擴充使館界址案〉，《總理各國事務衙門》，中央研究院近代史研究所檔案館藏，檔號：01-14-016-01-018。

92 「不讓堂子由」（光緒 27 年 3 月初 3 日），〈擴充使館界址案〉，《總理各國事務衙門》，中央研究院近代史研究所檔案館藏，檔號：01-14-016-01-019。

存，但在聯軍即將西進傳聞壓力下，不得不提出以海關地向義大利交換堂子，表示赫德已聲明願讓出海關地，即便堂子位於使館區北側的建築物需剷平，慶親王仍希望取回使館界牆內的堂子南端建築。[93] 劃界委員會則堅持議和大綱第七款規定各國有防守之權，擴充界址與拆除房屋皆為防守所需，因此堅持東長安街以南 15 丈以內之房屋應拆除，堂子亦應拆除，作為預備防守之地，可將拆除後之南半截一小段空地歸還，或向中國交換海關地。兩全權認為不值得以大片海關地交換堂子所剩畸零地，且皇帝不便進入由外兵駐守之使館區，[94] 仍希望薩爾瓦葛將堂子地段全數歸還中國，則中國願以更大的海關地交換，[95] 薩爾瓦葛認為不可行，[96] 慶親王乃向行在請旨，行在於 5 月 8 日表示支持慶親王建議，決定將擇地重建堂子，不以海關地交換，[97] 慶親王乃以總署名義照會葛絡幹，[98] 另函告薩爾瓦葛，[99] 並通知赫德，[100] 義大利使館重建區位就此確定。

93　"Imperial and Royal Legation Austria-Hungary," 25 February 1901, Inclosure 3 of "Mr. Rockhill to Mr. Hay," 13 June 1901, *FRUS, 1901, Appendix*, pp. 235-236.

94　「寄西安行在軍機處」（光緒 27 年 3 月初 5 日），收入戴逸、顧廷龍編，《李鴻章全集》，第 28 卷，電報八，頁 155。

95　「如將堂子房屋地段全歸中國即以海關地歆抵換由」（光緒 27 年 3 月 13 日），〈擴充使館界址案〉，《總理各國事務衙門》，中央研究院近代史研究所檔案館藏，檔號：01-14-016-01-021。

96　「來函堂子辦法仍行改意本大臣即將此次新擬之勢達知本國恐難照辦由」（光緒 27 年 3 月 14 日），〈擴充使館界址案〉，《總理各國事務衙門》，中央研究院近代史研究所檔案館藏，檔號：01-14-016-01-022。

97　「奉旨堂子擇地重建毋庸以海關公所地抵換由」（光緒 27 年 3 月 20 日），〈擴充使館界址案〉，《總理各國事務衙門》，中央研究院近代史研究所檔案館藏，檔號：01-14-016-01-025。

98　「前與奧義法三公使會議界務除堂子奉旨相議已函致義使外其四至界限議定各節照會立案由」（光緒 27 年 3 月 23 日），〈擴充使館界址案〉，《總理各國事務衙門》，中央研究院近代史研究所檔案館藏，檔號：01-14-016-01-029。

99　「海關地抵換堂子事仍照前函罷論由」（光緒 27 年 3 月 25 日），〈擴充使館界址案〉，《總理各國事務衙門》，中央研究院近代史研究所檔案館藏，檔號：01-14-016-01-033。

100　「堂子已奉旨擇地重建不以海關公所地抵換並函復義使此事應作罷論由」（光緒 27 年 3 月 25 日），〈擴充使館界址案〉，《總理各國事務衙門》，中央研究院近代史研究

　　儘管義大利使館位置已經確定，但遲遲未開工興建，加上日本並無意讓出肅王府土地，[101] 薩爾瓦葛於 8 月 19 日前往位於東長安街以北、使館區界外之霞公府，欲占用位居其處之八旗節孝祠，大興縣知縣謝錫芬呈報該管順天府，[102] 但並未進一步處理。薩爾瓦葛於 1901 年 9 月 24 日卸任後，由義館頭等參贊羅瑪訥（Baron C. Romano Averzance）出任署理公使。由於義大利公使館尚未重建，仍以東長安街以南的堂子舊址為暫時使館。與堂子最接近之中國舊有官署為理藩院，位於東長安街以北、堂子西北側，按規定，東長安街以北 80 英尺處為應淨空區域，理藩院因而拆遷。由於義大利已經占用霞公府節孝祠為其軍營，羅瑪訥希望能向中國承購、或承租鄰近霞公府之理藩院餘地。[103] 外務部表示理藩院公廨房屋雖所剩無幾，但屬於中國官地，因擔憂義館開工遙遙無期，理藩院土地無從取回，因而不願出售或出租，[104] 羅瑪訥甚為不滿，但也無可奈何。[105] 新任公使嘎釐納（Count Giovanni Gallina, 1852-1936）於 1902 年 4

所檔案館藏，檔號：01-14-016-01-034。堂子遷移後，在皇城之內的南河沿御河以東處重建，參見〈改建堂子〉，《申報》（上海），光緒 27 年 9 月 29 日，第 2 版。堂子今已不存，該處現為北京飯店貴賓樓。參見李鳳飛主編，《八國聯軍侵華實錄》，第 2 冊，頁 588。

101 使館區劃界委員會曾致函小村，促其與薩爾瓦葛就肅王府土地分割問題協商，但小村始終未曾進行。參見 Ian Ruxton, ed., *The Diaries of Sir Ernest Satow, British Envoy in Peking (1900-06)*, Vol. 1, p. 101, 1 April 1901.

102 「義國欲佔霞公府八旗節孝祠請照會義使讓出由」（光緒 27 年 7 月初 6 日），〈擴充使館界址案〉，《總理各國事務衙門》，中央研究院近代史研究所檔案館藏，檔號：01-14-006-01-031。

103 「義館附近之理藩院餘地可否租用請派員到館酌定由」（光緒 27 年 12 月 17 日），〈擴充使館界址案〉，《總理各國事務衙門》，中央研究院近代史研究所檔案館藏，檔號：01-14-016-04-015。

104 「理藩院餘地係中國官地既不能出賣亦未便出租由」（光緒 27 年 12 月 21 日），〈擴充使館界址案〉，《總理各國事務衙門》，中央研究院近代史研究所檔案館藏，檔號：01-14-016-04-016。

105 「理藩院餘地未便出租本大臣亦不見其為難由」（光緒 27 年 12 月 22 日），〈擴充使館界址案〉，《總理各國事務衙門》，中央研究院近代史研究所檔案館藏，檔號：01-14-016-04-017。

月2日照會外務部，表示義大利政府決定開工修建新館，再度提出租借理
藩院土地要求。因義館工期定為一年，同時保證義大利屆時將理藩院原樣
退還，[106] 外務部乃徵得理藩院同意後，[107] 同意將理藩院餘地借予嘎釐納居住
一年，期滿照式退還。[108]

　　緊鄰英國使館區北側的皇城城牆部分，薩道義原本認為不應拆除，但
為使館整體防衛著想，薩道義除建議薩爾瓦葛應保留堂子之外，同時轉而
認為長安街以北皇城城牆必須拆除。[109] 兩全權與劃界委員會於4月22日
舉行之會議中，慶親王堅持不得拆動英國使館以北的皇城，但並不拒絕向
朝廷提及將此處改建成鐵棚之建議，慶親王也強烈反對拆除部分理藩院，
但在軍事威嚇之下，接受設置軍事緩衝區，要求北側緩衝區地權仍歸華
人所有，華警得巡守該區，章程可由外交團擬定，劃界委員會則表示接
受。[110] 兩全權乃於5月11日照會葛絡幹，表示使館區北界至東長安街以
北80英尺為止，使館界牆則設在東長安街以南15丈之處，兩者間之房屋
全數拆除，但不得拆動皇城，東長安街仍舊允許任意通行，並准許由中國

106 「本大臣到任尚無安身處欲將理藩院房屋暫借伺新館修成即當退還由」（光緒28年
　　2月24日），〈擴充使館界址案〉，《總理各國事務衙門》，中央研究院近代史研究所
　　檔案館藏，檔號：01-14-016-04-026。

107 「義國大臣求借房屋係屬實情訂明使館一年工竣即行退還應請暫行借與義使居住一
　　年由」（光緒28年3月初1日），〈擴充使館界址案〉，《總理各國事務衙門》，中央
　　研究院近代史研究所檔案館藏，檔號：01-14-016-04-027。

108 「理藩院房屋係屬官署本難借租惟既承貴大臣雅囑格外通融以昭睦誼已商允即暫借
　　與貴大臣居住由」（光緒28年3月初3日），〈擴充使館界址案〉，《總理各國事務
　　衙門》，中央研究院近代史研究所檔案館藏，檔號：01-14-016-04-028。至於遭占用
　　之霞公府節孝祠，義大利承諾將在公使館與軍營修建完成後歸還，參見「函復騰
　　霞公府節孝詞〔祠〕事俟使館兵房修齊即將兵遷移由」（光緒28年11月24日），
　　〈二十八年與駐京各國使館交涉事〉，《外務部》，中央研究院近代史研究所檔案館
　　藏，檔號：02-26-003-01-104。

109 Ian Ruxton, ed., *The Diaries of Sir Ernest Satow, British Envoy in Peking (1900-06)*, Vol.
　　1, p. 97, 15 March 1901.

110 「使館界限議定四至請查照見復」（光緒27年3月23日），收入廣西師範大學出版
　　社編，《中美往來照會集（1846-1931）》，第9冊，頁179-181。

建造巡捕房、設立巡捕；[111] 但葛絡幹於 5 月 28 日照會兩全權時，仍要求北側界線之南不得建造巡捕房。[112]

皇城城牆部分，英國願放棄拆除宗人府與吏部衙門，但皇城城牆必須拆除，劃界委員會建議兩全權儘速轉奏朝廷，將此處城牆改為鐵棚。[113] 為保全皇城城牆，慶親王派遣前候選道聯芳（1835-1927）拜訪薩道義，希望說服後者同意保留。[114] 軍事委員會希望薩道義堅持應拆除城牆，英國外交部訓令薩道義勿輕舉妄動，薩道義則欲以保留皇城城牆交換在內城以南設置火車站，以及由使館區南側打通內城城牆直達火車站。[115] 由於兩全權堅持不允皇城拆除、改建為鐵柵，[116] 劃界委員會成員對此看法不一，齊幹支持薩道義、穆默則反對，原本劃界委員會決定在致送中國的照會中聲明拆除城牆一事留待討論，[117] 但在 6 月 27 日外交團會議中，除齊幹之外，無人贊同打通內城城牆，格爾思甚至反對將鐵路延伸至使館區，[118] 薩道義乃同意保留皇城城牆、不予拆除，已經拆開之處則由中國官員自行修復，[119]

111 "Imperial and Royal Legation Austria-Hungary, April 25 1901," *FRUS, 1901*, pp. 235-236.
112 「使館界務仍有四端諸國大臣囑再為聲明以免誤會由」（光緒 27 年 4 月 13 日），〈擴充使館界址案〉，《總理各國事務衙門》，中央研究院近代史研究所檔案館藏，檔號：01-14-016-02-002。
113 「使館界務仍有四端諸國大臣囑再為聲明以免誤會由」（光緒 27 年 4 月 13 日），〈擴充使館界址案〉，《總理各國事務衙門》，中央研究院近代史研究所檔案館藏，檔號：01-14-016-02-002。
114 Ian Ruxton, ed., *The Diaries of Sir Ernest Satow, British Envoy in Peking (1900-06)*, Vol. 1, p. 112, 3 June 1901.
115 Ian Ruxton, ed., *The Diaries of Sir Ernest Satow, British Envoy in Peking (1900-06)*, Vol. 1, p. 117, 14 June 1901.
116 「按照四端逐條敘明希轉致各國大臣由」（光緒 27 年 5 月初 1 日），〈擴充使館界址案〉，《總理各國事務衙門》，中央研究院近代史研究所檔案館藏，檔號：01-14-016-02-004。
117 Ian Ruxton, ed., *The Diaries of Sir Ernest Satow, British Envoy in Peking (1900-06)*, Vol. 1, p. 118, 24 June 1901.
118 Ian Ruxton, ed., *The Diaries of Sir Ernest Satow, British Envoy in Peking (1900-06)*, Vol. 1, p. 119, 27 June 1901.
119 「使館擴界事由」（光緒 27 年 6 月 14 日），〈擴充使館界址案〉，《總理各國事務衙

使館區北側界線至此完全確定。[120]

六、西側：
兵部大街兩側官署、樊國梁主教保留地問題

　　葛絡幹於 2 月 27 日將使館區範圍照會在京兩全權時，明白告知係以防衛報告第九條，即地圖上 a 至 h 點為範圍，區域內所有中國官民房舍均應拆除。[121] 新使館區範圍由東向西，崇文門大街至台基廠多為已毀損之民宅，重建有相當困難；兵部大街以東，座落於使館防線內之中國各衙門受創嚴重，吏部、兵部、工部、欽天監、鴻臚寺、太醫院、詹事府、鑾駕庫、理藩院、順天府、光祿寺、國子監、稅課司等處，以及神機營與八旗各衙門，均被各國軍隊駐紮毀損；兵部大街以西至千步廊、棋盤街間，座落於使館區軍事緩衝地帶之各衙門大致完好，位於北側之宗人府與吏部衙門未受太大損害，南側之戶部衙門於 9 月 11 日晚間發生火災，火勢延燒至更南側之禮部衙門，[122] 除宗人府與吏部之外，五部四卿各衙門被占住之各國軍隊任意拆毀改建；至於皇城以西之刑部、都察院、大理寺、太

門》，中央研究院近代史研究所檔案館藏，檔號：01-14-016-02-014。

120 「使館事務既已議定應請去文照允示復由」（光緒 27 年 6 月 14 日），〈擴充使館界址案〉，《總理各國事務衙門》，中央研究院近代史研究所檔案館藏，檔號：01-14-016-02-015。依據 FRUS 紀錄，葛絡幹此項照會寫於 7 月 19 日，但外交檔案紀錄中，此照會於 7 月 29 日收到。

121 "Mr. de Cologan to the Chinese Plenipotentiaries," 1 March 1901, Inclosure 1 of "Mr. Rockhill to Mr. Hay," 13 June 1901, *FRUS, 1901, Appendix*, pp. 233-234. FRUS 中所保存之照會，係隨附地圖上以小寫字母 a 至 h 標示使館區範圍，總署翻譯此項照會時，將其中的小寫字母轉為大寫字母，然依據防衛報告以及所附地圖，大寫字母所圍出之範圍僅為使館界牆，小寫字母所圍出之範圍則是包含緩衝區在內的完整使館區，總署翻譯人員似未見過該地圖，以致於誤將小寫字母轉寫為大寫字母。總署譯稿參見「繪送各國使館劃界四址圖由」（光緒 27 年正月 11 日），〈擴充使館界址案〉，《總理各國事務衙門》，中央研究院近代史研究所檔案館藏，檔號：01-14-016-01-001。

122 仲芳氏，《庚子記事》，收入中國社會科學院近代史研究所《近代史資料》編譯室主編，《庚子記事》，頁 37。

常寺、鑾儀衛、通政司等衙門則安然無恙。[123] 民居部分，兵部街一帶之鋪戶、住戶已全被拆除，僅餘磚瓦而已，木料則全數被運走。[124] 至於堂子則因歸屬皇室，武衛中軍與拳民攻擊使館區時刻意避開，因此並無損傷。儘管千步廊以東各衙門已為英、俄兩國分別占據，也各有程度不同之損傷，但強令拆遷官署一事，於中國國家顏面有極大妨礙，在京兩全權因於 3 月 2 日向各國致送說帖，表示自元、明於北京建都五百餘年以來，各官署均臚列於正陽門左右，此乃國家體制所在，各國若強令中國遷移，則於國家體制有損，京城將不復為京城。上述地區距離使館尚遠，縱使不劃入，於使館亦無所損，希望排除堂子、皇城、以及現有中國官方廳舍地段，待中外會勘之後再決定界址、另訂章程。[125]

外交團接獲兩全權說帖之後召開會議，針對使館區部分，決定分別向各國政府請示後再討論。[126] 兩全權所在意者為各官署與堂子，各官署目前為英、俄占領，薩道義於 3 月 4 日與畢盛討論使館區問題時，表示除非俄國願意放棄占據兵部大街以東地區，否則亦將占有翰林院、鑾駕庫，以及兵部大街以東所有中國官署；[127] 次日與小村會面時，雙方就使館區與緩衝區範圍交換意見，小村並不認為有必要在使館區周邊維持 150 碼之緩衝區，某些區域應可縮小。[128] 薩道義 3 月 6 日與格爾思會面時，後者提到李鴻章派曾廣銓（1871-1940）對其反覆陳述堂子、兵部大街西側官署、

123　仲芳氏，《庚子記事》，收入中國社會科學院近代史研究所《近代史資料》編譯室主編，《庚子記事》，頁 55。

124　仲芳氏，《庚子記事》，收入中國社會科學院近代史研究所《近代史資料》編譯室主編，《庚子記事》，頁 62。

125　「日萬使所送界圖將堂子各衙署公所一並劃入未便輕許應仍照前次說帖讓出由」（光緒 27 年正月 12 日），〈擴充使館界址案〉，《總理各國事務衙門》，中央研究院近代史研究所檔案館藏，檔號：01-14-016-01-002。

126　"Mr. Rockhill to Mr. Hay," 2 March 1901, *FRUS, 1901, Appendix*, p. 96.

127　Ian Ruxton, ed., *The Diaries of Sir Ernest Satow, British Envoy in Peking (1900-06)*, Vol. 1, p. 93, 4 March 1901.

128　Ian Ruxton, ed., *The Diaries of Sir Ernest Satow, British Envoy in Peking (1900-06)*, Vol. 1, p. 94, 5 March 1901.

以及兵部衙門對中國的重要性，並暗示兵部大街以東可以相讓，因此格爾思決定不歸還兵部大街以東，薩道義則表示英國使館必須取得兵部土地，雙方最後同意歸還兵部大街以西官署，如此則可在兵部大街至防衛線之間取得寬度 100 碼之空間，[129] 亦即採納小村之建議，將使館區西側緩衝地帶縮小至 100 碼寬度。但對於東側的兵部、工部則堅持應占有，以在該地段建立英國軍營與訓練場，同時也不歸還御河以東的翰林院與鑾駕庫。[130]

此後，因中外各國注意力轉移至俄國要求中國與之就東三省地位問題訂約一事，包括擴充使館區在內，尚未談妥之中外和約部分進度均因此而延遲。直到 4 月 3 日俄國放棄要求中國訂約，但也聲明暫不歸還東三省之後，兩全權與各國公使始將注意力再度集中至議定和約上。李鴻章曾於 4 月 7 日致電駐英華使羅豐祿（1850-1901），請其與英國外交部交涉，促使英國同意歸還兵部大街兩側之公署。[131] 中外雙方於 4 月 22 日舉行之會議中，劃界委員會表示如中國願意在使館區北側之堂子與皇城方面讓步，則委員會願意在西側讓步，包含歸還兵部大街以西的宗人府、吏部、戶部、禮部四衙門，但此區域內，除在各國使館服役之中國人外，不得別有其他人居住，除四衙門之外的建築物全數拆除，細節由雙方另派代表商議。慶親王在列強即將舉兵西進之軍事威嚇之下，對於堂子與皇城城牆問題仍舊堅持，但願意接受設置軍事緩衝區，要求外國人不得在緩衝區內建造房屋，獲得委員會同意。[132]

正在討論兵部大街以西各官署歸還問題時，英國武官於 5 月 5 日帶同木場楊姓商人，將宗人府衙署後側民房盡數拆毀，聲稱奉有英國使館命

129 Ian Ruxton, ed., *The Diaries of Sir Ernest Satow, British Envoy in Peking (1900-06)*, Vol. 1, pp. 94-95, 6 March 1901.

130 Ian Ruxton, ed., *The Diaries of Sir Ernest Satow, British Envoy in Peking (1900-06)*, Vol. 1, p. 97, 15 March 1901.

131 「寄倫敦羅使」（光緒 27 年 2 月 19 日辰刻），收入顧廷龍、戴逸主編，《李鴻章全集》，第 28 卷，電報八，頁 123。

132 "Imperial and Royal Legation Austria-Hungary," 25 February 1901, Inclosure 3 of "Mr. Rockhill to Mr. Hay," 13 June 1901, *FRUS, 1901, Appendix*, pp. 235-236.

令，兵部大街以西各衙門仍須全數拆除，[133] 李鴻章立即派遣曾廣銓會見薩道義，要求停止毀壞吏部。薩道義表示，依據慶親王與擴充界址委員會的意見，雙方都同意該處應保留，[134] 乃於 5 月 11 日照會總署，表示該事件為誤會一場，英國軍官所拆除者確為商訂界限內之民房，為免日後再發生誤會，已指派英國使館漢務參贊甘伯樂（Campbell, C. W., 1861-1927），會同宗人府、吏部所派委員前往勘查，指明應拆除之房屋。[135] 為避免再發生類似事件，在京兩全權於 5 月 11 日照會葛絡幹，要求承認雙方於 4 月 22 日會商結果，西側界線至兵部街以東為止，以西之宗人府、吏部、戶部、禮部等四衙門需交還，准許各國在衙門後側建築城牆，但不得過高，衙門旁一律淨空，不許任何人再建造房屋，受影響之住戶則另行撥地建造房屋。[136] 隨後舉行之外交團會議中，畢盛要求各使表態是否支持在使館區周邊設置緩衝區，薩道義與柔克義表示反對，畢盛與穆默則贊成，但兩國占領區域中有美國人產業，如何處理則仍有待討論。[137] 由於御河以西的英、俄、美、日等國均反對設置過大的緩衝區，英、俄兩國又已有協議歸還兵部大街以西各衙門，葛絡幹乃於 5 月 28 日照覆，表示願歸還兵部大街以西各衙門，但西側界線內之所有中國民房一律拆除，在使館服役之中國人

---

133 「吏戶禮宗人府等衙門前街道經各國允准交還請轉致各國大臣迅飭停拆由」（光緒 27 年 3 月 18 日），〈擴充使館界址案〉，《總理各國事務衙門》，中央研究院近代史研究所檔案館藏，檔號：01-14-016-01-023。

134 Ian Ruxton, ed., *The Diaries of Sir Ernest Satow, British Envoy in Peking (1900-06)*, Vol. 1, p. 108, 5 May 1901.

135 「吏部宗人府兩署現已商訂戶禮兩部現惟俄國駐紮由」、「收英國公使照會」（光緒 27 年 3 月 23 日），〈擴充使館界址案〉，《總理各國事務衙門》，中央研究院近代史研究所檔案館藏，檔號：01-14-016-01-030。雙方約定於 5 月 13 日進行吏部後側劃定區域拆除作業，磚歸英國所有，瓦片與木料則歸還吏部。參見「英武官偕翻譯工人來署囑拆大庫及官民各房由」、「收吏部文」（光緒 27 年 3 月 27 日），〈擴充使館界址案〉，《總理各國事務衙門》，中央研究院近代史研究所檔案館藏，檔號：01-14-016-01-035。

136 「使館界限議定四至請查照見復」（光緒 27 年 3 月 23 日），收入廣西師範大學出版社編，《中美往來照會集（1846-1931）》，第 9 冊，頁 179-181。

137 "Mr. Rockhill to Mr. Hay," 13 May 1901, *FRUS, 1901, Appendix*, pp. 160-161.

原有居所在界內者，由中國另在界外撥地重建；俄國願歸還戶部、禮部，但要求中國必須另需撥地給北京西什庫教堂法國籍樊國梁主教（Pierre-Marie-Alphonse Favier, 1837-1905）興建教堂，以補償俄國占有樊國梁主教預定興建教堂地面之損失。[138] 兩全權於 6 月 16 日照會中則稱，劃界委員會曾表示使館西側界內中國民房可保存為使館華人宿舍，由中國官方補償業主損失，樊國梁主教用地則由俄國與其自行商辦即可。[139] 葛絡幹於 6 月 30 日回覆，表示願意接受兩全權要求，但聲明未來作為公共道路之用的兵部大街不得拓展，使館界線則在兵部大街以西 40 公尺處，向北延伸至皇城城牆，至於樊國梁主教用地與戶部、禮部部分，樊國梁主教與俄國商議後，約定用地在東交民巷與以北、與富貴街交叉口之禮部隔壁。[140]

　　至此，兩全權與外交團就使館區擴充地段達成共識，中國爭回兵部街以西四衙門，使館區界線內崇文門大街與東長安街兩道路通行權，承諾負擔界線內中國民居拆遷補償費用，以及不拓展使館區東西兩側公共道路。吏部衙門乃於 6 月 17 日呈請總署照會各國交還，以便整理案卷。[141] 宗人府與吏部劃歸英國，但實際上由俄軍占領，[142] 外交團商議過後，葛絡幹於 6 月 29 日照覆總署，表示各國並無異議，但英國聲明從未駐守吏部衙

---

138 「使館界務仍有四端諸國大臣囑再為聲明以免誤會由」（光緒 27 年 4 月 13 日），〈擴充使館界址案〉，《總理各國事務衙門》，中央研究院近代史研究所檔案館藏，檔號：01-14-016-02-002。

139 「按照四端逐條敘明希轉致各國大臣由」（光緒 27 年 5 月初 1 日），〈擴充使館界址案〉，《總理各國事務衙門》，收入中央研究院近代史研究所檔案館藏，檔號：01-14-016-02-004。

140 「諸國大臣囑為達使館界務再為逐條聲明至初一來文末段所述皇城外牆容另復由」（光緒 27 年 5 月 15 日），〈擴充使館界址案〉，《總理各國事務衙門》，中央研究院近代史研究所檔案館藏，檔號：01-14-016-02-007。

141 「請照會各國交還衙署以便清理檔案由」（光緒 27 年 5 月初 2 日），〈派員接收京城案〉，《總理各國事務衙門》，中央研究院近代史研究所檔案館藏，檔號：01-14-006-01-015。

142 「吏部尚書敬信等摺」（光緒 27 年 5 月 27 日），收入故宮博物院明清檔案部編，《義和團檔案史料》，下冊（北京：中華書局，1979），頁 1242。

門,也未見過案卷,吏部平時為開放狀態,¹⁴³ 吏部官員乃於 7 月 6 日遷回
衙門辦公。¹⁴⁴

　　至於樊國梁主教用地,劃界公所委員謝錫芬等於 7 月 1 日會同劃界委
員會代表,至該地段進行丈量,東西寬 57.5 丈、南北長 14.5 丈,占用禮
部土地部分為東側 6.4 丈長、西側 6.7 丈長。¹⁴⁵ 總署於 7 月 7 日致函格爾
思,表示樊國梁主教所占之地既已丈量完畢,請其遵守承諾交還戶部、禮
部兩衙門,以便派人修理。¹⁴⁶ 格爾思於兩日後回函,希望總署行文俄國使
館,聲明中國政府承認樊國梁主教所擇之地為屬於主教之產業,俟文到
之日,格爾思即定期交還。¹⁴⁷ 總署於 7 月 14 日照辦之後,¹⁴⁸ 格爾思於 7 月
16 日與禮部尚書徐郙(1836-1908)會面,約定於次日上午 11 點交還禮
部,同時將戶部交還外務部派遣之接收代表。¹⁴⁹

---

143 「交還吏部事英國大臣言英官兵並未在吏部駐案卷亦未經見過查照由」(光緒 27
　　年 5 月 14 日),〈派員接收京城案〉,《總理各國事務衙門》,中央研究院近代史研究
　　所檔案館藏,檔號:01-14-006-01-019。
144 「吏部尚書敬信等摺」(光緒 27 年 5 月 27 日),收入故宮博物院明清檔案部編,《義
　　和團檔案史料》,下冊,頁 1242-1243。
145 「樊主教所佔之地會同柯翻譯復量大尺由」(光緒 27 年 5 月 17 日),〈擴充使館界址
　　案〉,《總理各國事務衙門》,中央研究院近代史研究所檔案館藏,檔號:01-14-016-
　　02-008。
146 「請交還戶禮二部由」(光緒 27 年 5 月 22 日),〈擴充使館界址案〉,《總理各國事務
　　衙門》,中央研究院近代史研究所檔案館藏,檔號:01-14-016-02-010。
147 「請將天主教會所擇東交民巷北地段認為主教確實產業備文聲明立即交還二部由」
　　(光緒 27 年 5 月 24 日),〈擴充使館界址案〉,《總理各國事務衙門》,中央研究院近
　　代史研究所檔案館藏,檔號:01-14-016-02-011。
148 「給天主教會地段已經議定確實即請交還二部由」(光緒 27 年 5 月 29 日),〈擴充使
　　館界址案〉,《總理各國事務衙門》,中央研究院近代史研究所檔案館藏,檔號:01-
　　14-016-02-012。
149 「定期交還戶禮二部由」(光緒 27 年 6 月初 1 日),〈擴充使館界址案〉,《總理各國
　　事務衙門》,中央研究院近代史研究所檔案館藏,檔號:01-14-006-01-024。

七、使館區內民居拆遷補償費用問題

　　葛絡幹於 2 月 27 日將使館區與四至照會在京兩全權時，曾聲明界內應拆遷之華民補償辦法留待各國會商後決定。劃界委員會於 3 月 15 日確定此項費用應由中國政府承擔之後，[150] 葛絡幹當日即照會兩全權，同時表示各國決定公推若干代表進行契據與地價查核，請兩全權指定一名中國官員代表參與。[151] 兩全權於次日回覆，同意派員參與查核作業，前提為各國自行負擔拆遷補償費用，理由為：「地為何人所用、地價即應由何人付給，房屋由何人令其遷移、遷費即應何人補償」，[152] 葛絡幹於 3 月 18 日回覆兩全權，表示使館擴充地界起因為使館區庚子年間遭拳匪、官兵圍攻達兩月之久，導致數座使館與鄰近民居被毀，因而向中國要求擴充地界，中國皇帝既已承認各國有權擴充使館，而外交團所指定區域均已遭戰火蹂躪，鄰近使館區住戶流離失所，其責任在於中國，費用當然應由中國負擔。[153] 兩全權雖仍堅持使用者付費原則，但於 3 月 23 日另提出以排除堂子用地交換中國承擔拆遷補償費用，[154] 葛絡幹於 3 月 30 日回覆，強硬表示義和團與奉有內廷諭旨官兵合作圍攻使館，欲謀害各國使臣與人民，因此各國將擴充使館區視為應有之補償及預籌之防範，衍生之所有費用理應

150　Ian Ruxton, ed., *The Diaries of Sir Ernest Satow, British Envoy in Peking (1900-06)*, Vol. 1, p. 97, 15 March 1901.

151　「界內遷徙失產華民應由中國出資償補，公舉數人會同華官辦理」（光緒 27 年 1 月 25 日），收入廣西師範大學出版社編，《中美往來照會集（1846-1931）》，第 9 冊，頁 131-132。

152　「使館界內失產華民，其地價請歸使館自付，俟准照辦，再酌派員會同辦理」（光緒 27 年 1 月 26 日），收入廣西師範大學出版社編，《中美往來照會集（1846-1931）》，第 9 冊，頁 132-133。

153　「華民失產，地價執定歸中國賠補，請即派員會同查辦」（光緒 27 年 1 月 28 日），收入廣西師範大學出版社編，《中美往來照會集（1846-1931）》，第 9 冊，頁 134-135。

154　「使館界內，如讓還堂子及各衙署地，中國亦不難免從各國、認付地價」（光緒 27 年 2 月初 4 日），收入廣西師範大學出版社編，《中美往來照會集（1846-1931）》，第 9 冊，頁 135-136。

由中國償付，豈能要求各國支出。[155] 由於葛絡幹所言確為實情，兩全權無辭以對，乃一面行文步軍統領衙門，請其派員會同各國勘查地界，[156] 一面札行順天府尹查照辦理。[157] 隨即於 4 月 2 日指派聯芳、總署總辦章京瑞良（1862-1937）辦理租界查勘議價事宜，[158] 將兩人銜名照會葛絡幹，[159] 配合步軍統領衙門指派之左翼署翼尉烏珍（?-1912），[160] 以及順天府指派之大興縣知縣謝錫芬、宛平縣知縣范履福、候補縣丞王以安共同辦理，設立劃界公所，由聯芳、瑞良主其事，[161] 先向戶部支領京平銀 1,000 兩備用，[162] 隨即行文西安行在軍機處，請戶部預先備妥拆遷補償費用。[163]

---

155 「使館地價中國全應付給再行諄告務即派員由」（光緒 27 年 2 月 13 日），〈擴充使館界址案〉，《總理各國事務衙門》，中央研究院近代史研究所檔案館藏，檔號：01-14-016-01-010。據 FRUS 記載，該函件係葛絡幹於 3 月 30 日完成，兩全權於 4 月 1 日收到。

156 「各使館所佔東交民巷至長安街崇文門大街一帶迅即派員會勘並將銜名知照由」（光緒 27 年 2 月 13 日），〈擴充使館界址案〉，《總理各國事務衙門》，中央研究院近代史研究所檔案館藏，檔號：01-14-016-01-011。

157 「查勘各使館所佔地界札行查照辦理具復由」（光緒 27 年 2 月 13 日），〈擴充使館界址案〉，《總理各國事務衙門》，中央研究院近代史研究所檔案館藏，檔號：01-14-016-01-012。

158 「派委辦理租界勘地議價各事宜由」（光緒 27 年 2 月 14 日），〈擴充使館界址案〉，《總理各國事務衙門》，中央研究院近代史研究所檔案館藏，檔號：01-14-016-01-013。

159 「辦理查考所佔民地契據事，已派瑞良、聯芳會同參議」（光緒 27 年 2 月 17 日），收入廣西師範大學出版社編，《中美往來照會集（1846-1931）》，第 9 冊，頁 138-139。

160 「派左翼署翼尉烏珍會商館界址由」（光緒 27 年 2 月 18 日），〈擴充使館界址案〉，《總理各國事務衙門》，中央研究院近代史研究所檔案館藏，檔號：01-14-016-01-015。

161 「遵札派員設局會同勘界並請咨戶部先籌辦公經費 1000 兩由」（光緒 27 年 2 月 17 日），〈擴充使館界址案〉，《總理各國事務衙門》，中央研究院近代史研究所檔案館藏，檔號：01-14-016-01-014。

162 「查勘使館擴充地界由順天府派員設局應籌給經費由」（光緒 27 年 2 月 20 日），〈擴充使館界址案〉，《總理各國事務衙門》，中央研究院近代史研究所檔案館藏，檔號：01-14-016-01-017。

163 「照錄與日葛使來往照會聲明使館佔用民地由中國給償緣由並擬請由戶部支領由」

　　雙方委員於 5 月 17 日首度會晤，外交團劃界委員會指派之代表提交章程 13 條，規定界內民產應以契據為憑，擁有者應立即呈交；勘查相符後發給領價憑單，於規定日期持單領銀；契據已毀損者可開列原有房產四至，由近鄰具結作保呈報；房產已在 1900 年 6 月 20 日以前售予外國人者不予補償，此後出售者仍由原業主呈報；原房產出租或抵押予外國人者應呈報合同；界內房屋一律拆除，如已起造新屋，待使館界限丈量清楚之後，與業主呈繳契據核對給價；界內官署、公所用地應確實登記；廟宇比照民人私產辦理；店鋪若已在原址上整修，補償金歸原業主，如有增建則由商家與原業主共同呈報查驗；業主全家殉難、無人繼承時，房產收歸國有；界內民產訴訟由中國官方審判；領取補償金時應具結存案；補償金額標準另行公告。[164] 此項章程於 6 月 3 日修訂為 14 條，其中第四條改為使館區四至內所有房屋契據，必須在 1900 年 6 月 20 日以前所立者始有請領補償金資格；在第四條下新增一條，內容為使館區四周緩衝地帶所有房屋一律剗除，長安街以北 80 英尺內房產契據亦呈送界務局查核，辦理補償作業，其餘條目則維持不變。[165]

　　劃界公所規定之契據申報期限為 7 月 15 日。初步查核完畢後，於 7 月 28 日向兩全權提出調查報告，表示劃界公所成立以來，前來呈報之房地產 1,400 餘所，合計民房 16,000 餘間，與劃界委員會指派代表屢次商議，各國堅持應按實價補償，使受影響住戶可以另行置產，劃界公所認為補償金恐達到 50、60 萬兩之數，中國政府無力負擔，各國代表乃要求應於北京城內撥地供拆遷戶建造房屋，或補撥購地款項，經劃界公所力

（光緒 27 年 3 月 20 日），〈擴充使館界址案〉，《總理各國事務衙門》，中央研究院近代史研究所檔案館藏，檔號：01-14-016-01-026。

[164]「三國翻譯官交來擴充使館界址章程十三條應即刊印張貼由」（光緒 27 年 4 月初 1 日），〈擴充使館界址案〉，《總理各國事務衙門》，中央研究院近代史研究所檔案館藏，檔號：01-14-016-01-036。

[165]「候選道聯芳；總署總辦章京瑞良」（光緒 27 年 4 月 17 日），〈擴充使館界址案〉，《總理各國事務衙門》，中央研究院近代史研究所檔案館藏，檔號：01-14-016-02-003。

爭之後始不再堅持。概略估算之下，補償金規模約為 35 萬兩，請兩全權
向行在具奏，令戶部速撥款項，由上海道轉交華俄道勝銀行電匯到北京備
用。[166] 兩全權向行在請旨，於 8 月 18 日獲准之後，行在戶部擬由各省、
各關今年應交京餉內，指撥 35 萬兩支應，[167] 兩日後決定應攤派金額，[168] 於 8
月 26 日請兩全權分別代轉電報予兩江、閩浙、兩廣、湖廣四總督，指定
兩江總督應撥 15 萬兩，包含兩淮 4 萬、安徽 3 萬兩、江蘇 2 萬兩、江西
2 萬兩、鎮江關 2 萬兩、蕪湖關 1 萬兩、九江關 1 萬兩；閩浙總督應撥 9
萬兩，包含浙江 4 萬兩、福建 2 萬兩、浙海關 2 萬兩、閩海關 1 萬兩；兩
廣總督應撥 6 萬兩，包含廣東 4 萬兩、粵海關 2 萬兩；湖廣總督應撥 5 萬
兩，包含湖北 3 萬兩、湖南 2 萬兩，請各總督將款項迅速解交上海轉匯北
京。[169]

　　中國所承諾補償者，僅為界內受影響之中式房屋，西式洋樓則不在
此列。創辦於 1897 年，位在使館區東長安街以南、具有官督商辦性質的
中國通商銀行北京分行同樣遭到搶掠，損失包括鈔票、銀兩、銀元等，[170]
總價值約 10 萬兩，均被搶奪或焚燒一空，[171] 該行行址並不在使館界牆內，

166 「仰懇俯念居民產業被佔困若〔苦〕堪憐具奏請旨敕部指撥款銀三十五萬兩再發領
　　價憑單由」（光緒 27 年 6 月 13 日），〈擴充使館界址案〉，《總理各國事務衙門》，中
　　央研究院近代史研究所檔案館藏，檔號：01-14-016-02-013。

167 「據全權大臣奏各使館所佔民房議定給價飭撥的款一摺奉殊批著戶部迅速籌撥恭錄
　　飛咨由」（光緒 27 年 7 月 26 日），〈擴充使館界址案〉，《總理各國事務衙門》，中央
　　研究院近代史研究所檔案館藏，檔號：01-14-016-02-024。

168 「撥本年京餉二萬兩作為使館佔房給價之用交商領解由」（光緒 27 年 8 月 15 日），
　　〈擴充使館界址案〉，《總理各國事務衙門》，中央研究院近代史研究所檔案館藏，
　　檔號：01-14-016-02-027。

169 「使館所佔民房撥款給價請代發兩江等省電由」（光緒 27 年 7 月 13 日），〈擴充使館
　　界址案〉，《總理各國事務衙門》，中央研究院近代史研究所檔案館藏，檔號：01-14-
　　016-02-022。

170 區慕彰、羅文華，《中國銀行業發展史：由晚清至當下》（香港：香港城市大學出版
　　社，2011），頁 23。

171 「本銀行擇吉更移並聲敘失票懇轉步軍統領衙門賞給告示彈壓由」（光緒 28 年 10 月
　　12 日），〈會辦商務〉，《外務部》，中央研究院近代史研究所檔案館藏，檔號：02-

但屬於北側應淨空區域，劃界委員會代表詢問聯芳等應如何處理，聯芳、瑞良認為劃界公所調查、補償之華人產業，均屬華式房屋，所有洋式樓房全數排除。中國通商銀行北京分行為洋式建築，應由創辦人盛宣懷（1844-1916）與各國會商後再處理。[172] 外務部於 8 月 3 日行文盛宣懷，請其估算損失之後逕行與各國商辦。[173] 薩爾瓦葛於 8 月 23 日致函外務部，認為中國通商銀行與多數外國銀行有往來，如該行因無法獲得賠償金而出現虧損，於中外利益均有所妨礙，因此收受該行房產、土地所有權人之房地契據，要求外務部應比照界內華式房屋之例，確實查核之後賠付銀 5 萬兩。[174] 盛宣懷於 8 月 31 日回覆外務部，表示中國通商銀行北京分行購買地基、建造樓房價格為 50,215.85 兩，自應向占用該銀行地址之國求償，已派遣法文翻譯柯鴻年（1867-1929）前往會商。[175]

　　所有房地契據詳細查核完畢後，劃界公所於 1901 年 10 月 10 日提出精算報告，總計各業主呈報之房屋 1,256 所、共計 14,976 間，依照契據或查核情形分為五種，其中金部 237 所、2,639 間房有確實契據，應給

13-012-05-076。

172 「擴充使館界址事中國通商銀行所建房屋核與界址局給價之事有所不同應會商各國大臣另行辦理由」（光緒 27 年 6 月 15 日），〈擴充使館界址案〉，《總理各國事務衙門》，中央研究院近代史研究所檔案館藏，檔號：01-14-016-02-016。

173 「擴充使館界址事請酌核施行由」（光緒 27 年 6 月 19 日），〈擴充使館界址案〉，《總理各國事務衙門》，中央研究院近代史研究所檔案館藏，檔號：01-14-016-02-018。

174 「銀行洋式房屋賠款附送契據請奪定價值函復由」（光緒 27 年 7 月初 10 日），〈擴充使館界址案〉，《總理各國事務衙門》，中央研究院近代史研究所檔案館藏，檔號：01-14-016-02-021。

175 「通商銀行產業本銀五萬兩零應向佔用之國索賠已派員逕商由」（光緒 27 年 7 月 18 日），〈擴充使館界址案〉，《總理各國事務衙門》，中央研究院近代史研究所檔案館藏，檔號：01-14-016-02-023。就中國通商銀行新址落成遷移前，厚士敦、錢邦彥稟報外務部，表示庚子時失款請轉咨向步軍統領衙門要求保護，以免要求兌領現金之民眾因所求未果發生暴亂一事來看，中國通商銀行的損失顯然並未攤平，從占用國奧地利處要求賠償之舉當未成功。參見「本銀行擇吉更移並聲敘失票懇轉步軍統領衙門賞給告示彈壓由」（光緒 28 年 10 月 12 日），〈會辦商務〉，《外務部》，中央研究院近代史研究所檔案館藏，檔號：02-13-012-05-076。

付銀 52,780 兩；木部 293 所、2,505 間房雖無契據但查核屬實，應給付銀 50,100 兩；水部 489 所、6,229 間無法提供契據、又無房屋可供勘驗，因此難以稽核；火部 209 所、1,280.5 間房查核後情節不符；土部 28 所、394.5 間逾期申報，前兩者合計補償金額為 102,880 兩。此外，前三部分有增建房屋 511.5 間、遊廊門樓 37 間、排子 22 間、空地 192 塊，美國使館收受契據房屋 46 所、633.5 間房，以及空地 6 塊，均尚未查核價格。劃界公所擬定核發執照章程八條，大意為使館界內民產按胡同大小均勻分排，每天發放 40 戶，預計 30 天發放完畢；未於指定日期前往領照者將另行安排；每天發放時間為上午 9 至 11 時、下午 1 至 3 時，逾時不候；金、木兩部放完畢後再辦理水部；火、土兩部由總署另行核定。[176]

各省、各關款項陸續解抵京師後，[177] 於 1901 年 10 月 24 日至 12 月 10 日發放，至光緒 27 年（1901）12 月底劃界公所解散為止，戶部提撥之庫平銀 350,000 兩，折合京平銀 371,000 兩，共支付補償金 296,627.61 兩，劃界公所薪資雜項等支出為 3,798.902 兩，正款解送京師保險運腳費用為 1,855 兩，合計支出京平銀 302,281.512 兩，繳回京平銀 68,718.488 兩。[178]

使館擴充界址占用民房之拆遷補償費用發放完畢後，外務部奏請將三名劃界委員分別敘獎，准補南路同知大興縣令謝錫芬，請以知府在任；候補知府、用即補直隸州知州、准補順義縣知縣范履福，請免補直隸州知州，仍以知府在任；候補直隸北河試用縣丞王以安，請免補縣丞，以知縣

---

176 「查明各業戶所報房間數目分別開具總數清摺由」（光緒 27 年 8 月 28 日），〈擴充使館界址案〉，《總理各國事務衙門》，中央研究院近代史研究所檔案館藏，檔號：01-14-016-03-001。

177 最後一批解交京師之攤費為九江關應解交之 10,000 兩，於 1901 年 11 月 22 日自九江以輪船起解至江海關匯寄，參見「民房價動撥一萬兩委解江關交收由」（光緒 27 年 11 月 12 日），〈擴充使館界址案〉，《總理各國事務衙門》，中央研究院近代史研究所檔案館藏，檔號：01-14-016-04-013。

178 「具奉〔奏〕各國使館所佔民房給價完竣造冊報銷奉旨知照由」（光緒 27 年 12 月 26 日），〈擴充使館界址案〉，《總理各國事務衙門》，中央研究院近代史研究所檔案館藏，檔號：01-14-016-04-018。

仍留原省，歸候補班補用。[179] 至於收回之清冊 10 份、契據 3 箱、發價憑單 1,328 張，外務部於 1902 年 2 月 21 日箚交順天府尹查收，令其轉交大興縣令備案，順天府尹於兩日後完成，擴充使館界址案告終。[180]

　　至 1901 年 6 月中，各使館座落區位均已定案，各國在新劃定之使館區內大興土木，內部修建使館、軍營，四面則修築砲台，以防止匪亂，[181] 僅義大利使館尚未動工。重建後的各國使館，無論異地重建或就地擴建，各館用地較諸戰前均有相當程度的擴張，英國使館由 12 英畝擴張至 36 英畝、俄國使館由 5 英畝擴張至 19 英畝、荷蘭使館擴張至 2 英畝、義大利使館由 1 英畝擴張至 12 英畝、日本使館由 1 英畝擴張至 14 英畝、西班牙使館擴張至 2 英畝、德國使館由 2.5 英畝擴張至 25 英畝、法國使館由 6 英畝擴張至 20 英畝、奧地利使館由不到 2 英畝擴張至 10 英畝、比利時使館由 1 英畝擴大至將近 3 英畝、美國使館則由 3 英畝擴充至 5 英畝。[182]（圖 3）

八、結語

　　藉由對擴充使館界址談判過程的考察，可以發現，圍攻期間，西班牙、荷蘭兩國因無使館衛隊之故，未曾在防衛戰中出力，因此在本案中並無發言權，只能被動接受安排，即便葛絡幹身為領銜公使，也只是擔任收發中外雙方照會之任務而已。但除比利時使館因遠在東單牌樓，遷入東交

179 「具奏界務局員在事出力懇恩獎勵由」（光緒 27 年 12 月 26 日），〈擴充使館界址案〉，《總理各國事務衙門》，中央研究院近代史研究所檔案館藏，檔號：01-14-016-04-019。

180 「發給擴充使館界趾〔址〕房價完竣案卷已交大興縣查收由」（光緒 28 年正月 16 日），〈教案賠款；擴充使館界址；外兵佔灘鹽及收納鹽稅〉，《外務部》，中央研究院近代史研究所檔案館藏，檔號：02-07-021-01-009。

181 仲芳氏，《庚子記事》，收入中國社會科學院近代史研究所《近代史資料》編譯室主編，《庚子記事》，頁 71。

182 Michael J. Moser, and Yeone Wei-Chin Moser, *Foreigners within the Gates: The Legation at Peking* (Hong King: Oxford University Press, 1993), pp. 98-109.

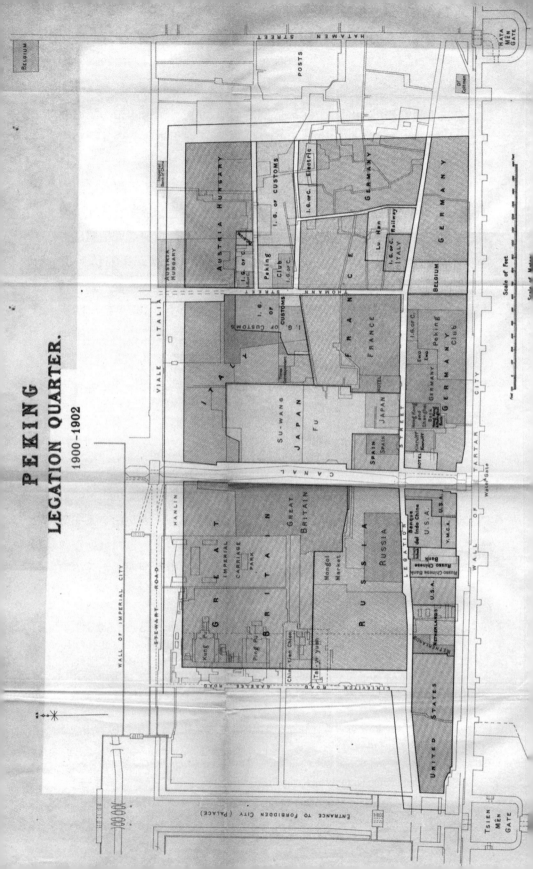

PEKING
LEGATION QUARTER.
1900-1902

◀ 圖 3　使館區變遷圖

資料出處："Peking. Legation Quarter, 1900-1902," in Hosea Ballou Morse, *The International Relations of the Chinese Empire: Volume 3. The Period of Subjection 1894-1911* (London: Longmans, Green & Co., 1918), p. 356, inset map.

民巷時勢必覓地重建之外，西班牙、荷蘭均為原地擴建，而有出兵、但軍力較弱之義大利，儘管取得土地面積較戰前擴大 12 倍，卻無法如同比利時以外之所有其他國家一般選擇原地擴建，取得土地過程充滿波折。因此，圍攻期間曾經出力與否，成為影響發言權的重要關鍵。

　　當使館區防衛問題被提出之時，各使方從近兩個月的圍困中脫身，餘悸猶存之下，希望將使館區改建成可以抵擋未來攻擊之堡壘也就不難理解。使館區座落於皇城與內城城牆之間，東西兩側又分別是崇文門大街與千步廊，部分使節希望以此兩者為使館區邊界也是自然之舉。但冷靜過後，使館區各國大致以御河為界，御河以東七國，除日本之外，德、奧、西、比、義、法各館均損失慘重，對於未來防衛的需求也最為盼望，而御河以西四國，除無發言權之荷蘭外，英國、俄國、美國則對於未來較具信心，因此，討論使館區擴充問題時，隱然以御河為界、分為東西兩大陣營，雙方對於使館區範圍的歧見極為明顯。東側各國希望使館區能夠軍事化，範圍與緩衝區越大越好，以便將來再度發生類似事件時，損傷能降到最低；西側各國則相反，認為未來不再發生類似事件的保證不在於將使館區軍事化，而是中國能切實保護外人條約權益，因此僅需維持一合理的使館區即可，過大的防守區域反而造成負擔。[183] 外交團任命東側的畢盛、薩爾瓦葛、穆默擔任劃界委員會委員，為平衡勢力起見，薩道義亦參與其事，以免情勢倒向東側國家。然而，由談判過程中亦能發現，兵部大街以東四衙門的歸還與否、皇城城牆是否拆除、義大利使館位置安排等，攸關

---

[183] 例如，柔克義與康格並不打算在其使館所在地加強防務，穆默則努力強化使館防衛功能，參見 Ian Ruxton, ed., *The Diaries of Sir Ernest Satow, British Envoy in Peking (1900-06)*, Vol. 1, p. 93, 4 March 1901.

使館區防衛的重要問題，最後都採用了薩道義與格爾思的構想或決定。由此可知，儘管劃界委員會委員由東側的法、義、德三國公使出任，但實際上主導談判的，仍是西側的英、俄。

　　就中國而言，筆者認為，拳民、官兵兩個月的以眾擊寡，仍無法擊破使館區一事，在兩全權心中必然留下深刻印象，即便各國不要求擴充界址，使館區仍舊難以攻克，擴充之後也依然如是，因此，重點不在於使館區如何擴充改建，而在於使擴充後的使館區不致影響到鄰近的中國官署與皇家設施，以免因安全或面子因素而影響兩宮回鑾意願。既然兵部大街以東、崇文門以西區域內的中國官民建築若非早為砲火所毀，就是為各國駐軍所拆除改建，就算屬於皇室所有的堂子，在皇帝已然 30 年未曾親臨致奠之下，其存在價值也並不高，就算爭回也已無法恢復原狀，不如藉以換取其他利益。因此，在京兩全權的努力目標，一開始就設定在保全兵部大街以西各衙署，正陽門、崇文門、天安門三門之通行權，以及保留英國使館北側的皇城城牆，也始終未曾讓步，甚至不惜以海關地、補償拆遷費用、放棄兵部大街以西與崇文門以東地段為交換條件，最終也如願保住。

　　據薩道義所述，李鴻章在每一次的談判過程中，都想爭取對中國最有利的結果。[184] 就議定使館擴充界址一事內容觀之，在京兩全權、包含慶親王在內，並非任由外國予取予求，而是設定目標之後努力與外國周旋，放棄已經無法掌握的部分，將損害控制到最小。儘管此案的談判過程中，各國利害關係的相互矛盾，使其無法對中國採取一致步調，亦為重要因素之一，但在列強示以兵威之下，兩全權仍能致力於追求利益極大化，已屬難能可貴，絕非如「畫諾大臣」一詞所暗示一般，面對外國要求時止能唯唯諾諾而已。

184　Ian Ruxton, ed., *The Diaries of Sir Ernest Satow, British Envoy in Peking (1900-06)*, Vol. 1, p. 112, 3 June 1901.

和平狀態下的
危機潛伏

1919 年中日交涉「寬城子事件」之研究 [*]

蔡振豐

臺北市立南湖高級中學歷史科專任教師

一、前言

　　1919 年 7 月 19 日，中日兩國軍隊在吉林省寬城子[1]一地，爆發了激烈的軍事衝突，造成共 63 人的嚴重傷亡，為民國以來的中日衝突之最，史稱「寬城子事件」或「長春事件」。本案爆發於五四運動後中國排日運動日益蔓延之際，中日外交關係正處於高張力狀態，故中國與日本政府對於本案善後均不欲節外生枝。然而，中日兩國學界迄今對「寬城子事件」尚未進行過深入的實證研究，詮釋立場亦南轅北轍。中國學界對本案的看法普遍較為主觀，多立論於政治陰謀論，但缺乏實際佐證；[2]日本學界則略

* 　感謝二位匿名審查人對拙文修訂提供了寶貴意見，謹此致謝。

1 　寬城子為長春市舊稱，二名稱遂常見并用。當年在寬城子城北有 3 條小溝：頭道溝、二道溝與三道溝（現今寬城區的主要街區），1899 年俄國在二道溝北坡上修建了寬城子火車站，寬城子這名稱遂逐漸轉移到二道溝鐵路附屬地及周邊地。1910年，日本人購買了寬城子火車站及其附屬地，取得了鐵南、鐵北的大片地區。參見周維，〈試論寬城子的名稱由來及其屬地變遷〉，《中國地名》，2008 年第 12 期（2008 年 12 月），頁 7-8。

2 　關於本案的中國史學研究著作，普遍將肇因歸咎於日人執意擅闖吉軍在寬城子的警備線，從而引發鬥毆事件。俟日軍獲報後，即率兵馳往吉軍幕營刻意尋釁，要求交人不遂後抬槍對峙，導致雙方駁火，互有死傷；至於肇事責任，咸認為是張作霖勾結日本，或是日本政府刻意製造衝突，藉口在華擴大事端。可參見佟冬主編，《中國東北史》，第 6 卷（長春：吉林文史出版社，1987），頁 42-43；孫乃民主編，《吉林通史》，第 3 卷（長春：吉林人民出版社，2008），頁 184；徐立亭，《張作霖大傳》（黑龍江：哈爾濱出版社，1994），頁 166；孫其明，《東北王張作霖》（上海：

為詳盡，對事發過程與責任歸屬之觀點迥異於中國。[3] 本文從外交史研究視角切入，藉由梳理中日外交檔案及相關史料，嘗試重建並釐清本案案發緣由，探析迄今未明的中日確切傷亡人數、中日交涉經過及談判結果。

二、奉吉交惡與「寬城子事件」的現場重建

(一) 奉吉交惡原因與對峙態勢

欲了解「寬城子事件」何以爆發的原因，則須先理解 1919 年間的北京政府與東三省情勢。是年 7 月以前，北京政府正處於內外交困的地步，尤其是拒簽歐戰和約的善後問題、安福系爭奪組閣、北方總代表人選（南北議和），以及奉吉交惡等四大問題，[4] 最令其精疲力竭。蓋所謂奉吉交惡，源自張作霖（1875-1928）於 1916 年總攬奉天省軍政大權後，即徐圖一舉兼併黑龍江省與吉林省，以遂貫徹其大東三省主張；而盤踞吉省十餘年的吉林督軍孟恩遠（1856-1933），自然成為張作霖擴張勢力的最大障礙，張、孟二人亦自此啟釁。

1917 年 8 月間，張作霖曾以孟恩遠參與張勳（1854-1923）復辟、濫用省庫為由，派兵討伐，但最後因孟恩遠在吉省經營已久、直系軍閥相助，以及適逢俄國爆發「十月革命」，北京當局唯恐東北有變等多重因素，致使驅孟行動功敗垂成。[5] 張作霖此次雖未能順利兼併吉省，但其在

上海人民出版社，1997），頁 151；王鴻賓主編，《張作霖和奉系軍閥》（鄭州：河南人民出版社，1989），頁 64；陳瑞雲，〈寬城子事件與張作霖稱霸東北〉，《史學集刊》，1986 年第 1 期（1986 年 4 月），頁 37-38；程亞娟，〈張作霖與寬城子事件略議〉，《大連近代史研究》，第 15 卷（2018 年 12 月），頁 181-182。

3　日本學界的研究，則認為衝突根源來自中國軍隊的暴行所致，日軍為保護日僑，於日本領事尚未交涉前即遭攻擊。參見園田一龜，《怪傑張作霖》（東京：中華堂，1922），頁 222-226；霍耀林，〈寬城子事件に至る在華日本領事館警察の自國民保護の実像〉，《北東アジア研究》，第 29 号（2018 年 3 月），頁 101-117。

4　〈北京通信：今日之四大問題〉、〈專電〉，《申報》（上海），1919 年 7 月 20 日，版 6。

5　孫乃民主編，《吉林通史》，第 3 卷，頁 181-182。

黑龍江省的勢力擴張則頗有斬獲。該年 7 月底，張作霖的兒女親家鮑貴卿（1867-1934）接任黑省督軍與省長，12 月初在奉軍的鼎力相助下，掃除了所有的反對勢力，黑省遂成為奉系的勢力範圍。張作霖更因積極介入北京政府內部的直皖政爭，於 1918 年 9 月 7 日受任為東三省巡閱使，該職為其提供了在名義上統轄東三省軍政的正當性；而孟恩遠面對張作霖的虎視眈眈，亦積極在吉省擴軍以為因應。1919 年 6 月，張作霖函斥孟恩遠私自擴軍，導致吉省財政紊亂，同時運動吉省仕紳向國務院及巡閱使署控訴其「縱兵殃民」八大罪，要求中央將其撤職，並舉薦奉系將領孫烈臣（1872-1924）繼任為吉林督軍。[6]

7 月 6 日，代理內閣總理龔心湛（1871-1943）特任孟恩遠為惠威將軍，並著即來京供職；黑龍江督軍鮑貴卿則調任為吉林督軍，未到任前由吉林省長郭宗熙（1878-1934）暫行兼署；另命孫烈臣繼任為黑省督軍，試圖藉此緩和張、孟二人劍拔弩張的局面。7 月 13 日，國務院電催孟恩遠星馳來京。然而，孟恩遠堅拒這項明升暗降、意在奪權的派令，以地方父老再三挽留與惟恐軍隊譁變為藉口，於 7 月 14 日電覆中央拒絕赴任，同時命令參謀長暨第 1 師師長高士儐（1887-1922，孟恩遠外甥）速將中東鐵路駐軍調回長春與哈爾濱一帶布防，還指使吉省各團體與軍官聯名通電中央，強力反對更動吉督一事；高士儐甚至還擬以護法名義宣布吉省獨立，後因郭宗熙及各團體反對而未成，但吉軍上下已準備不惜一戰。7 月 15 日，北京政府改派江朝宗（1861-1943）赴吉調解。[7]

7 月 19 日，孟恩遠再度通電中央不能離任，否則吉軍 60 餘營立見譁

6　〈奉吉間形勢未緩和〉、〈龍沙近訊〉，《申報》（上海），1919 年 7 月 21 日，版 7；佟冬主編，《中國東北史》，第 6 卷，頁 38-42。

7　〈專電〉，《新聞報》（上海），1919 年 7 月 16 日，版 3；〈長春交涉最近情形〉，《時事新報》（上海），1919 年 8 月 14 日，第 2 張版 1；〈奉吉間形勢嚴重〉，《申報》（上海），1919 年 7 月 13 日，版 6；中國科學院上海歷史研究所、復旦大學歷史研究所編，《(民國)大事史料長編》，第 2 冊（北京：北京圖書館出版社，2008），頁 390。

變；但國務會議仍維持決議，將其
調離吉林。張作霖遂以孟恩遠抗命
為由，請求中央下達討伐令，同時
調動5萬奉軍與2萬鮑軍，準備對
其進行包圍；吉軍則以3萬兵力，
集中主力在長春嚴陣以待。[8]（圖1）

圖1　孟張兩軍戰鬥準備概要圖

資料來源：〈孟張兩軍戰鬥準備概要圖〉，《東京朝日新聞（朝刊）》（東京），1919年7月19日，版2。

當時日本政府顧慮奉吉兵禍必將危及當地日僑生命財產的安全，[9]關東軍司令部[10]遂嚴令保持中立，不許奉吉黑三省在中東與南滿鐵路運兵之外，還調動日本第7師團在哈爾濱至長春一帶填防，第20師團在綏芬河至哈爾濱一帶接防。[11]是以，奉吉日三方勢力可謂一觸即發。

8　〈吉林兵長春集中〉、〈奉天軍北征〉，《東京朝日新聞（朝刊）》（東京），1919年7月15日，版2；〈孟張兩軍對抗〉，《東京朝日新聞（朝刊）》（東京），1919年7月19日，版2；〈張作霖の強要〉、〈吉林軍攻擊準備〉、〈高士儐兵を前む〉，《東京朝日新聞（朝刊）》（東京），1919年7月25日，版3；〈吉奉間之怒潮近訊〉，《申報》（上海），1919年7月17日，版6；〈專電二‧北京電〉，《申報》（上海），1919年7月21日，版6。

9　〈孟張妥協成立：日本政府の警戒〉，《東京朝日新聞（朝刊）》（東京），1919年7月13日，版2；〈兩督軍へ警告：赤塚領事より〉，《東京朝日新聞（朝刊）》（東京），1919年7月18日，版2。

10　1905年日俄戰爭結束後，俄國依據《樸茨茅斯條約》（*Treaty of Portsmouth*），將旅順口、大連灣並其附近領土領水之租借權，以及長春（寬城子）至旅順口鐵路和一切支路、權利財產及其附屬煤礦等均移讓日本政府；日本則於1905年在遼陽設立關東總督府，1906年改稱關東都督府，並遷至旅順，下設民政部與陸軍部，以管理關東州政務、監督南滿洲鐵道株式會社業務及指揮屯駐部隊，迄1919年4月12日廢除關東都督府，分設關東廳與關東軍。

11　〈吉奉間之最近形勢〉，《申報》（上海），1919年7月20日，版6。

（二）吉日兩軍在衝突前嫌隙已久

1918 年間，中美英法日等協約國出兵干涉俄國內戰，自 8 月開始共管西伯利亞鐵路與中東鐵路。當時吉軍受命負責警戒寬城子車站附屬地，但實際僅派有 25 名兵士與 18 名巡警，平時負責監視車站的列車出入，其餘警戒任務概付闕如，故每當該地出現馬賊肆虐時，仍由日本守備隊擔任警備主體。

1919 年 7 月中旬，因奉吉兩軍對峙益烈，導致省內人心動搖，市井間流言蜚語不斷。當時由團長孟星魁（孟恩遠之侄）所率領的混成旅第 3 旅步兵第 2 團（督軍直系部隊）約 1,000 人，奉命從哈爾濱調赴他處，路過長春時，暫駐在寬城子站界內待命開拔。吉軍幕營所在位置鄰近日本守備隊，往來時因須繞行日本附屬地，故兵士多有埋怨，有時倚仗人多勢眾，任意通過日本軍用道路，或在車站內禁菸處吸菸，甚至還出現威脅日本步哨、違犯步哨規則、輕侮日本軍隊，以及任意徵發日人車馬以輸送軍需品等不當舉動。吉軍兵士的桀傲不馴與軍紀渙散，造成了諸多爭端與日僑營業困擾，日本領事（後文簡稱日領）對此頗有責言。

7 月 18 日，又有 5 名吉軍在鐵路北方的日本煤場抓車，日本巡警栗坪前往處理時遭其刺傷，兇手隨即逃逸無蹤。日領遂向吉長道尹兼吉林長春交涉員陶彬提出詰問，並要求中東鐵路司令官旅長高峻峯（孟恩遠女婿）擔保，嗣後不再有類似情事發生，吉軍亦不得任便在附屬地內抓車或結隊遊行。陶彬等人最後允諾，將在頭道溝東西兩橋派隊嚴為監視，日本守備隊亦在橋北設置數人隨時監查。[12] 故早在爆發衝突之前，寬城子一地

---

12 「寬城子二於ケル日中兩國兵衝突事件詳報ノ件」，收入外務省編纂，《日本外交文書》，大正 8 年第 2 冊下卷（東京：外務省，1970），頁 978；「寬城子事件發生前二於ケル日中兩國兵ノ 態及相互感情二關シ報ノ件」，收入外務省編纂，《日本外交文書》，大正 8 年第 2 冊下卷，頁 990-991；「長春案肇事原因及事後詳細情形附呈高師長與森田日領議定維持治安辦法」（1919 年 7 月 25 日）、「長春案抄送駐大連聯絡員報告並關東司令官來電請查照備考」（1919 年 8 月 11 日），〈長春中日兵衝突〉，《北洋政府外交部》，中央研究院近代史研究所檔案館藏，檔號：03-33-015-

的吉日兩軍已累積了諸多不快與嫌隙。

（三）寬城子衝突案的事發重建 13

　　7 月 19 日上午 11 點半時，南滿鐵路末端的寬城子車站職員船津藤太郎行經二道溝的吉軍幕營旁時，因故遭 20 名吉軍毆昏，14 旁觀日人隨即向該地日本守備隊報告。日本守備隊大隊長林少佐獲報後啟動警備，除了派遣副官住田米次郎中尉帶兵 4 名趕赴現場，還命令中隊長谷中尉會同副官隅田中尉，帶上能通華語兵士及傳令兵各 1 名，率領 30 名兵士至距離吉軍幕營約 200 米處駐紮。

　　住田中尉趕抵事發現場時，船津藤太郎已被人救至日本兵營內治療，遂由剛抵達的谷中尉偕同隅田等 3 人進入吉軍幕營內交涉。當時吉軍團長與第 1、第 2 營長皆不在營，據第 3 營長所述，參與鬥毆者應係第 2 營兵士。談話間，第 1 營營長戰福返回，雙方行禮交換名片後，戰福答應將調查肇事兵士，但同時也要求日方應先行離營歸去；谷中尉亦允諾傳令後退。當時適遇大隊長派來傳令，稱據日本領事館電話指示，中國道尹陶彬等人正在該領館內，即將前來查辦此事，現可立即回營，不必再與華軍交

01-015、03-33-015-02-012。

13　參見「寬城子日中兩國軍衝突二付報告ノ件」、「寬城子露國鐵道附屬地內二於ケル日本軍卜吉林軍卜ノ衝突二關シ報告ノ件」、「寬城子二於ケル日中兩國兵衝突事件詳報ノ件」，收入外務省編纂，《日本外交文書》，大正 8 年第 2 冊下卷，頁 976-981；「長春案肇事原因及事後詳細情形附呈高師長與森田日領議定維持治安辦法」（1919 年 7 月 25 日）、「中日兵衝突案抄呈長春警廳調查報告及駐長日領調查書又附略圖一紙」（1919 年 8 月 5 日）、「長春事據吉長道尹奉陳近日各情形經實地調查無異咨請鑒察」（1919 年 8 月 6 日），〈長春中日兵衝突〉，《北洋政府外交部》，中央研究院近代史研究所檔案館藏，檔號：03-33-015-01-015、03-33-015-02-009、03-33-015-02-010；〈日支兵衝突事件顛末：陸軍省發表〉，《東京朝日新聞（朝刊）》（東京），1919 年 7 月 22 日，版 2；〈寬城子事件調查要領〉，《東京朝日新聞（朝刊）》（東京），1919 年 7 月 31 日，版 2。

14　關於船津藤太郎被毆一事，中日官方檔案內的說法各執一詞。中國方面調查報告的紀錄係船津不聽勸阻，硬闖吉軍警戒線所致；日本方面調查報告內則說明船津本已刻意讓路，卻仍遭吉軍兵士故意挑釁並圍毆之。

涉。正當谷中尉向戰福說明此意之際，帳棚內突然射出數顆子彈，[15] 戰福
雖厲聲制止但未能奏效，雙方軍官只得緊急四散避險。

谷中尉等人在槍戰中倉促逃至日兵駐紮處應戰，繼而率部轉進松之
家料理店內藏身（事後指控曾受數名中國巡警從背後射擊，以致腹背受
敵）。另一方面，日本守備隊大隊長林少佐在營內聽聞槍聲後，旋以電話
向頭道溝日本守備隊緊急求援，並率領殘留兵隊出戰。但因日兵僅數十
人，面對吉軍千餘人圍攻，眾寡懸殊，故雙方射擊未久，日兵即全數退回
營內緊守營盤，俟日軍增援部隊抵達後方才反擊，吉軍遂在午後 2 時餘逐
漸朝北方退去。（圖 2）此外，第 1 營長戰福於衝突發生後即向南退避，
擬趕赴城內四旅旅部報告，途中遇駐頭道溝日軍前來增援，雖以白布手巾
表示並未參加戰鬥，但仍遭扣留至翌日始得釋出。

（四）戰鬥中止與雙方死傷情形

7 月 19 日午後 1 時，吉長交涉員陶彬與吉軍旅長高峻峯正在日本領
事館交涉之際，[16] 突然接到電話通知，因吉軍毆傷日人，日本守備隊官已

15　關於開槍衝突的原因，中日兩國的調查報告雖然立場迥異，但日本關東軍的調查報
　　告亦認為中國營長戰福態度殷勤且厚意折衝，認為華兵之所以有此開槍暴行，應是
　　誤認日軍為毆打船津一事而前來報仇，確信中國軍官並無參與戰鬥之事。不過，
　　吉林督軍孟恩遠於 7 月 30 日的報告內容則有異於陶彬，更具文詳細指控中日軍事
　　衝突，乃是數名間諜刻意製造事端所致，並影射應係奉軍派人所為。另外，長春警
　　察廳長沈崇祺於 7 月 20 日的調查報告，則敘及係中國兵一人先與日人口角鬥毆，
　　因而引發旁觀中日兵士數人互相群毆，嗣後日本官兵六十餘人全副武裝，奔至二道
　　溝中國營房外百餘步處散開，日本軍官帶兵十餘人入營，強令營長戰福交人不得
　　後，日本軍官遂解開手槍皮套鈕扣，其他日兵見後隨之抬槍，導致雙方互相攻擊。
　　筆者比對中日兩國各方檔案紀錄後，合理推測沈崇祺可能不免受其長官孟恩遠影響
　　而有此說。參見「長春中日軍隊衝突詳情據探報暗中有人挑釁日本方面正在調查
　　並附送高師長與森田日領議定辦法」（1919 年 8 月 4 日）、〈中日兵衝突案抄呈長春
　　警廳調查報告及駐長日領調查書又附略圖一紙〉（1919 年 8 月 5 日）、〈長春中日兵
　　衝突〉，《北洋政府外交部》，中央研究院近代史研究所檔案館藏，檔號：03-33-015-
　　02-006、03-33-015-02-009。
16　陶彬考量城內等處至二道溝附屬地乃必經之路，倘若全然不許通過甚為不便，故於
　　本日前往領事館磋商辦法。參見「長春案肇事原因及事後詳細情形附呈高師長與森

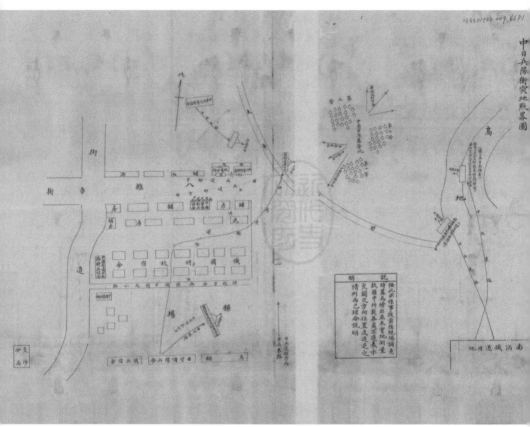

圖 2　中日兵隊衝突地點略圖

資料來源：「中日兵衝突案抄呈長春警廳調查報告及駐長日領調查書又附略圖一紙」（1919
　　年 8 月 5 日），〈長春中日兵衝突〉，《北洋政府外交部》，中央研究院近代史研究
　　所檔案館藏，檔號：03-33-015-02-009 。

率兵向吉軍幕營而去。陶彬當即面請日本學習領事新山及橋本警長，立即
去電該守備隊速將兵隊撤回，並將即刻動身前往處理。橋本警長旋以電
話切囑日本守備隊等萬勿輕動；不意電話通時，日本守備隊 30 人已抵幕
營，迨日本守備隊長命令退回時，雙方已開始射擊。陶彬在領事館內耳聞

　　田日領議定維持治安辦法」（1919 年 7 月 25 日），〈長春中日兵衝突〉，《北洋政府
　　外交部》，中央研究院近代史研究所檔案館藏，檔號：03-33-015-01-015。

　　槍聲隆隆，隨即以電話告知團長孟星魁趕往，並與高峻峯、新山等一行人馳往現場，分頭冒險居中勸阻，吉日兩軍方停止射擊。陶彬、高峻峯與日領等人，再同往日本守備隊營內詳查肇事原因及死傷情形。[17]

　　當日，吉軍全體開拔退離 30 里外，僅留裴旅長麾下馬步兵 250 名鎮守地面；日軍則自午後 5 時開始陸續調集部隊增援，嚴密警戒南滿鐵路寬城子路界，並守衛其附屬地；當地遂謠言紛起，人心恟恟。7 月 20 日，吉軍第 1 師師長高士儐前往日本領事館，面晤長春領事森田寬藏與日本獨立守備隊司令官高山公通（1867-1940），三人共同議定了〈暫時維持治安辦法〉六條（參見附錄一），[18] 試圖穩定當地情勢。

　　至於中日兩方的死傷人數，因當日情勢極度混亂，兼之吉軍兵士多有逃亡情形，故其呈報北京與東京政府的初估死傷人數多有誤差及不明現象。茲據中國與日本事後官方檔案顯示，吉軍方面死傷應為 28 人，其中戰死者 14 人（軍官 1 人、兵士 13 人），負傷者 14 人；日軍方面則傷亡 35 人，其中戰死者 18 人（軍官 2 人、兵士 16 人），負傷者 17 人，日軍因人數寡眾懸殊而傷亡較多。（參見附錄二）[19] 值得特別注意的是，日本軍

17　「長春案肇事原因及事後詳細情形附呈高師長與森田日領議定維持治安辦法」（1919 年 7 月 25 日）、「中日兵衝突案抄呈長春警廳調查報告及駐長日領調查書又附略圖一紙」（1919 年 8 月 5 日），〈長春中日兵衝突〉，《北洋政府外交部》，中央研究院近代史研究所檔案館藏，檔號：03-33-015-01-015、03-33-015-02-009。

18　「寬城子地方ニ対スル暫定治安維持ニ付日中両国官憲間ニ協定ノ件」，收入外務省編纂，《日本外交文書》，大正 8 年第 2 冊下卷，頁 981-982；「長春案肇事原因及事後詳細情形附呈高師長與森田日領議定維持治安辦法」（1919 年 7 月 25 日），〈長春中日兵衝突〉，《北洋政府外交部》，中央研究院近代史研究所檔案館藏，檔號：03-33-015-01-015。

19　關於吉軍死傷人數，此前研究多有死亡 13 人、負傷 20 餘人之說法，但本文以吉林督軍孟恩遠 7 月 30 日的咨文為依據，應較為確切可信。參見「長春中日軍隊衝突詳情據探報暗中有人挑釁日本方面正在調查並附送高師長與森田日領議定辦法」（1919 年 8 月 4 日），〈長春中日兵衝突〉，《北洋政府外交部》，中央研究院近代史研究所檔案館藏，檔號：03-33-015-02-006；日軍死傷人數統計，參見「寬城子ニ於ケル日中両国兵衝突事件詳報ノ件」，收入外務省編纂，《日本外交文書》，大正 8 年第 2 冊下卷，頁 980-981；〈長春中日軍衝突案續聞〉，《申報》（上海），1919 年

官與領事在衝突過後，發現 5 名戰死者的屍身曾經遭受吉軍兵士的殘酷凌辱（參見附錄四），日本政府對此不文明的舉動表示難以接受，於日後交涉中，堅持要求北京政府必須對施暴者進行追究與嚴懲。

三、北京政府懲處吉軍與派員調查

（一）北京政府對吉軍採取嚴厲態度

　　寬城子案爆發後，東三省各官長紛紛急電北京當局。吉長交涉員陶彬與吉林省長郭宗熙於 7 月 19 日即各電呈外交部，簡報衝突經過及初估死傷人數。[20] 吉林督軍孟恩遠則於 20 日致電大總統徐世昌（1855-1939）、國務院及參、陸、外各部，辯稱吉軍遭日軍攻擊而互有傷亡，現在市面人心均安，並已派師長高士儐與日本總領事交涉，以期迅速了結。[21] 孟恩遠試圖降低本案對吉軍的衝擊；而吉林督軍鮑貴卿則於本日電請北京當局盡速裁奪對付吉軍之和戰辦法。[22]

---

　　7 月 26 日，版 6。

[20]「長春中日軍隊衝突情形及死傷兵數」（1919 年 7 月 21 日）、「報告長春中日軍隊衝突事」（1919 年 7 月 20 日）、「據吉長道尹電報長春中日軍衝突情形當派高士儐會同查辦」（1919 年 7 月 21 日），〈長春中日兵衝突〉，《北洋政府外交部》，中央研究院近代史研究所檔案館藏，檔號：03-33-015-01-002、03-33-015-01-001、03-33-015-01-005。

[21] 孟恩遠提及：「有日人行近二道溝防線，阻止不服互相毆擊，日人受微傷離去後，喚來守備隊 50 名到我駐所開槍射擊，我兵亦開槍抵禦，互有傷亡。」參見「長春中日兵衝突確情已派高師長會同駐吉日領查勘交涉」（1919 年 7 月 22 日），〈長春中日兵衝突〉，《北洋政府外交部》，中央研究院近代史研究所檔案館藏，檔號：03-33-015-01-008。

[22] 函內提及：「此事關係較鉅，東省為外兵雜處之地，吉軍任意行動，早慮有衝突發生。貴卿前電軍部轉呈請予以最後命令，俾可速了。意即為此現在吉軍有招撫匪徒之意，如果一再遷延，更難收拾。前次電陳孟督希望各條，中央如能俯念邊局艱難，曲予照准，地方之福；否則務請迅速決定辦法，即以高士儐擅調軍隊為詞下令討伐，亦極正當。」參見「函送鮑督軍號電陳報長春案情形」（1919 年 7 月 21 日），〈長春中日兵衝突〉，《北洋政府外交部》，中央研究院近代史研究所檔案館藏，檔號：03-33-015-01-004。

　　原本因反日風潮而趨於緊繃的中日外交關係，此刻因寬城子案直接牽涉日軍而益發詭譎，日本政府除了擔心奉吉對峙可能危及當地日僑安全之外，更憂慮本案再激化逐漸高漲的中國排日運動。[23] 7 月 21 日，國務院秘書長郭則澐（1882-1947）將張作霖前日來電案情，抄錄函請代理外交總長陳籙（1877-1939）酌量應付；[24] 國務院亦為本案特開參陸兩部會議，會後分電張作霖、鮑貴卿兩督切實查辦，俟查明肇事軍官後，先行撤差聽候懲處，[25] 並派遣陸軍次長張志潭（1883-1946）向日本駐京公使小幡酉吉（1873-1947）表達遺憾，告知已將涉案的團營長予以免職。[26]

　　不久後，小幡酉吉趕赴外交部向陳籙提出警告，要求北京政府應盡速對本案有適當處置；陳籙則表示對本案衝突實感意外。[27] 同日，外交部還收到駐日代辦使事莊璟珂（1886-1934）來電，報告東京各報號外均刊載日軍遭襲，死傷慘重，咸認為此次衝突之咎在於華軍，日本政府如不提出嚴重交涉，「既無以伸威嚴且招輕視」。[28] 外交部翌日旋電覆莊璟珂本案概要，並提及小幡昨日到部面談時，仍然語氣平和。[29]

23　「寬城子事件ニ關連シ中国ノ排日運動取締ノ必要ニ付回電ノ件」，收入外務省編纂，《日本外交文書》，大正 8 年第 2 冊下卷，頁 992-993。

24　「長春中日兵衝突事節抄張巡閱使皓電請酌量應付」（1919 年 7 月 21 日），〈長春中日兵衝突〉，《北洋政府外交部》，中央研究院近代史研究所檔案館藏，檔號：03-33-015-01-003。1918 年 5 月，陳籙任外交次長，在總長陸徵祥（1871-1949）啟程赴歐任巴黎和會專使時，以次長暫代部務。

25　〈吉林中日軍隊衝突〉，《申報》（上海），1919 年 7 月 24 日，版 7。

26　「寬城子事件ニ關中国陸軍部ヨリノ使者來訪シテ遺憾ノ意ヲ表シタル上關係ノ團長營長等免職決定ノ旨内話シタル件」，收入外務省編纂，《日本外交文書》，大正 8 年第 2 冊下卷，頁 985。

27　〈小幡公使警告〉，《東京朝日新聞（朝刊）》（東京），1919 年 7 月 23 日，版 2；「長春中日兵士衝突事」（1919 年 7 月 23 日），〈長春中日兵衝突〉，《北洋政府外交部》，中央研究院近代史研究所檔案館藏，檔號：03-33-015-01-011。

28　「報載長春中日兵衝突事實情若何懇速電示」（1919 年 7 月 21 日），〈長春中日兵衝突〉，《北洋政府外交部》，中央研究院近代史研究所檔案館藏，檔號：03-33-015-01-006。

29　「長春中日兵衝突情形」（1919 年 7 月 22 日），〈長春中日兵衝突〉，《北洋政府外交部》，中央研究院近代史研究所檔案館藏，檔號：03-33-015-01-007。

　　7月22日，國務會議針對寬城子案討論甚久，最後決定對吉軍採取嚴厲態度。大總統徐世昌當日頒令申斥孟恩遠，並開革高士儐師長一職，同時急電張作霖與鮑貴卿準備一切。[30] 7月23日，徐世昌交付國務院外交委員會討論本案應付辦法。[31] 同日，莊璟珂致電外交部，報告日本報界輿論對本案反應激烈，甚至出現日本應援引德國佔領膠州灣前例之強硬主張；至於政府方面，除軍方稍不平和外，尚屬平穩，惟無論如何，賠償、懲戒兩事，終恐難免。[32] 當日下午5時，陳籙接晤日使館山內參贊，並力主中日雙方先從派員調查著手，將來或移歸北京議結。[33] 山內表示日本政府重視本案，特來探詢國務院將派何員前往調查；陳籙答覆大總統已詔令調查，應係派遣陸軍部官員於兩日內動身，並允諾代詢該調查員身分。[34]

30　「著陸軍部查明職名，先行呈請免職，師長高士儐擅將軍隊調集長春附近，致釀重案尤屬謬妄，著開去師長職務，一併交巡閱使張作霖暨新任督軍鮑貴卿切實查辦。孟恩遠身統軍符，不能嚴申紀律亦有應得之咎，既經調任，著鮑貴卿迅速馳往接替，一應善後事宜，即由鮑貴卿妥善辦理。該省地方重要，孟恩遠未經交卸以前，仍當約束軍隊維持秩序，不得以先經奉調遽行卸責也。」參見「通知大總統命令全文並道歉」（1919年9月12日），〈長春中日兵衝突〉，《北洋政府外交部》，中央研究院近代史研究所檔案館藏，檔號：03-33-016-01-012；「寬城子事件ノ責任者処分ニ關スル大總統令公布ノ件」，收入外務省編纂，《日本外交文書》，大正8年第2冊下卷，頁986；〈命令〉，《申報》（上海），1919年7月24日，版3；〈長春中日軍衝突案續聞〉，《申報》（上海），1919年7月26日，版6。

31　〈專電・北京電〉，《申報》（上海），1919年7月25日，版4。

32　日本政府內主張和平處理本案的理由約略有：「張孟交惡，日本此次交涉如過強硬，不啻助張而抑孟，則日本為張所利用，故須慎重而避此嫌」、「現正融和兩國惡感，此事似可不必移歸中央，只作地方微題，由地方自行解決」。參見「長春案日報頗有激烈之論政府方面探尚平和惟賠償懲戒兩事終恐難免」（1919年7月23日），〈長春中日兵衝突〉，《北洋政府外交部》，中央研究院近代史研究所檔案館藏，檔號：03-33-015-01-014。

33　外交部迄24日夜間10時餘，方收到陶彬23日函報本案肇事原因、事後詳細情形與〈暫時維持治安辦法〉。參見「詢問吉林中日軍隊衝突事」（1919年7月24日）、「電復長春中日兵衝突情形」（1919年7月24日）、「長春案肇事原因及事後詳細情形附呈高師長與森田日領議定維持治安辦法」（1919年7月25日），〈長春中日兵衝突〉，《北洋政府外交部》，中央研究院近代史研究所檔案館藏，檔號：03-33-015-01-012、03-33-015-01-013、03-33-015-01-015。

34　「長春案派員調查事」（1919年7月25日），〈長春中日兵衝突〉，《北洋政府外交

　　7 月 22 日，日本駐奉天總領事赤塚正助（1872-1942）奉命北上調查。[35] 7 月 24 日，大總統徐世昌派遣傅良佐（1873-1924）出京調查，[36] 外交部與陸軍部則分派僉事呂烈煌與副官吳經明於翌日啟程前往調查。呂、吳二人於 7 月 27 日抵達後，向當地查詢情形，隔日再前往交涉使署詳詢一切，並偕同該署科長及鐵路交涉分局局長進行實地查勘。[37]

　　當時寬城子案已引起中外輿論關注，中日兩國政府均認為在尚未判明真相之前，無從開始交涉；但坊間與中外報紙的各式謠傳不斷，一時間充斥著諸多揣測及謠言。上海《大陸報》（*China Press*）社論更提出建言，認為本案後果重大，日人未必可輕放此事，中國當須按照國際法條例，由公正團體之人調查之。[38]

（二）張作霖趁勢掌控吉林省

　　突如其來的寬城子案，對於張作霖的奉軍來說，無論是北京當局態度、對日外交形勢與社會輿論，均有利其加強對吉軍的軍事壓迫。7 月 25

部》，中央研究院近代史研究所檔案館藏，檔號：03-33-015-01-016。

35 〈赤塚總領事北行〉，《東京朝日新聞（朝刊）》（東京），1919 年 7 月 26 日，版 2。

36 〈徐總統寬城子事件調查〉，《東京朝日新聞（朝刊）》（東京），1919 年 7 月 27 日，版 2。

37 「奉命赴長調查中日軍衝突事開陳查明各節並附呈陶道尹及日本方面報告附圖各件請鑒核」（1919 年 8 月 7 日），《北洋政府外交部》，中央研究院近代史研究所檔案館藏，檔號：03-33-015-02-011。

38 諸如「路透社」、《大陸報》、《字林西報》（*North China Daily News*）、「東方通訊社」與「中美新聞社」等媒體，均報導或刊載寬城子案發經過與中日議定維持秩序辦法，甚至還出現了駐長日領向中國地方官提出三項要求：（一）不得於距長春三十里內駐紮華軍；（二）吉省伊蘭、甘原二縣闢為商埠；（三）伊蘭城內日人有經營自來水廠之專利權。以及日領提出三項條件：（一）嚴懲肇事軍隊；（二）給予傷亡恤金；（三）禁止中國軍隊入附屬地等消息，惟事後證明上述的日領要求與條件均屬謠言。參見〈吉林中日兵衝突之外訊〉，《時事新報》（上海），1919 年 7 月 26 日，第 2 張版 2；〈長春中日軍衝突案續聞〉，《申報》（上海），1919 年 7 月 26 日，版 6；〈專電・北京電〉，《申報》（上海），1919 年 7 月 27 日，版 4；〈長春中日軍衝突案近況〉，《申報》（上海），1919 年 7 月 28 日，版 6；"Japanese and Chinese at Kuanchengtze," *North China Daily News* (Shanghai), 23 July 1919.

日，大總統徐世昌去電張作霖，要求對本案須處置細密並須顧及外交；張作霖則回報吉軍有意擾亂，近復勾結鬍匪，情勢洶洶，非集大軍剿辦不能定亂，現又與日軍衝突，請求中央速下討伐令。[39]

至於吉軍方面，高士儐自遭免職後憤慨異常，拒絕接令，並在 7 月 23 日於南滿鐵路大屯車站附近與奉軍交火。[40] 然而孟恩遠眼見大勢已去，遂於 7 月 26 日致電總統府與國務院，表示已遵飭高士儐等人聽令候辦，並催促鮑貴卿即日來吉交接。[41] 8 月 3 日，鮑貴卿應張作霖之召，至長春與孟恩遠會晤，商定除了保證孟恩遠與親信的安全，對於高士儐也既往不咎。8 月 5 日，鮑、孟二人辦妥督軍交接事宜，孟、高等人則分赴天津、上海。至此，張作霖終於掌控了吉林省的軍政大權。[42]

四、肇事責任歸屬與日本提交解決辦法

（一）中日政府對肇事責任之各自看法

在奉吉對峙落幕與案情調查陸續完成之際，中日兩國政府亦準備就寬城子案開始交涉。7 月 23 日午後 5 時，日本公使館派人訪問外交部，預告準備開始交涉。[43] 但其時日本政府尚未定調本案的解決方式，外務大臣內田康哉（1865-1936）後來在 8 月 6 日答覆國會議員質詢時，表示寬城子一案「究竟應認定係地方問題，或是外交問題而解決之，日本尚須考

39　〈專電・北京電〉，《申報》（上海），1919 年 7 月 27 日，版 4。

40　〈高士儐處罰令〉、〈高士儐罷免〉，《東京朝日新聞（朝刊）》（東京），1919 年 7 月 24 日，版 2；〈吉奉戰鬥開始〉、〈吉奉衝突地點〉，《東京朝日新聞（朝刊）》（東京），1919 年 7 月 26 日，版 2；〈奉吉間戰禍已迫〉，《申報》（上海），1919 年 7 月 28 日，版 6。

41　〈孟督軍電請〉、〈高士儐南方に檄す〉，《東京朝日新聞（朝刊）》（東京），1919 年 7 月 28 日，版 3；〈專電・北京電〉，《申報》（上海），1919 年 7 月 28 日，版 4。

42　〈吉林風潮平息之餘聞〉，《申報》（上海），1919 年 8 月 9 日，版 7；佟冬主編，《中國東北史》，第 6 卷，頁 44。

43　〈交涉開始豫告：寬城子事件〉，《東京朝日新聞（朝刊）》（東京），1919 年 7 月 26 日，版 2。

慮也」；[44] 至於北京政府自始即希望就地解決，避免本案交涉升級為中央層級。[45]

　　8 月 7 日，外交部收到特派調查員呂烈煌來呈報告。該呈除了部份案情敘述略異，[46] 其重點在於轉述陶彬建言，堅持中國應力爭本案肇事責任者究竟為何。據陶彬轉述，日本駐奉總領事赤塚正助認為責任應在中國：「其初態度甚為和平，擬即在長了結。後見中央發表高士儐免職命令，態度忽變謂中國政府免高士儐之職，是中國政府已自認為衝突之責任者，故改為由該國政府向中國政府交涉」。但陶彬認為肇事責任應在日本：「查本案發生後，日本守備隊不俟該國領事會同地方官調查辦理，即貿貿然派兵士數十人且全係武裝，分佈於吉軍營幕西、北兩方面以為警備，是日軍來意已含有爭鬥性質，而日本方面反謂日軍諸部隊並無何等戰鬥之準備，又謂吉軍似已預先準備射擊，似與事實不甚符合。」[47] 其實，陶彬認為日本應承擔本案的肇事責任，並非毫無道理可言；若依照美國駐華官員旁觀本案的意見，亦認為日軍攜械入營之舉，依照國際法慣例，可視為蓄意尋

44　〈寬城上海兩事件〉，《東京朝日新聞（朝刊）》（東京），1919 年 8 月 8 日，版 2；〈東報記日本外交之方針〉，《時事新報》（上海），1919 年 8 月 14 日，第 2 張第 1 版。

45　國務院於 7 月 29 日電飭吉長交涉員陶彬，指示「此次中日軍隊衝突，經執事彈壓解散，措理具臻妥協。仍望商承督軍省長妥籌善後，務期弭患無形；並與日領就近交涉，設法辦結為要」；陶彬遂與日本駐吉林領事森田寬藏進行交涉。參見「安置吉軍事又中日兵隊衝突與日領就近交涉」（1919 年 8 月 1 日），〈長春中日兵衝突〉，《北洋政府外交部》，中央研究院近代史研究所檔案館藏，檔號：03-33-015-02-002；〈長春中日軍衝突案近訊〉，《申報》（上海），1919 年 8 月 14 日，版 6。

46　呂烈煌所調查的衝突原因係屬傳聞，故內容稍異於陶彬，還提及吉省兵士向以遺屍敵人為恥，倘有戰死者隨即掩埋，故實際死傷數據恐怕不止於 12 人死 14 人傷；且吉軍被日軍擊散後，攜械逃亡等失蹤者尚有百數十人。至於日本方面指控曾遭中國巡警從後背射擊一事，經查證該處彈痕情形後，明顯與其所述不合，應為藉口。

47　「奉命赴長調查中日軍衝突事開陳查明各節並附呈陶彬尹及日本方面報告附圖各件請鑒核」（1919 年 8 月 7 日），〈長春中日兵衝突〉，《北洋政府外交部》，中央研究院近代史研究所檔案館藏，檔號：03-33-015-02-011。

釁。48

（二）日本政府提交解決辦法六項與希望文件

7月下旬時，日本政府已將寬城子案定調為係因誤會而起的私鬥事件，認為肇事原因與兩國政府及軍隊統帥者無涉，全因中國兵的橫暴無識而致無端衝突。至於對中談判之結局，應「以不毀損威嚴」為原則，交由地方解決，但在北京亦當同時交涉。日本外務大臣內田康哉遂將解決本案六項方針，於8月15日訓電駐京公使小幡酉吉及駐奉總領事赤塚正助，並指示本案根本問題由小幡在京交涉，至於細部問題則分由奉天、長春與吉林等地領事交涉。49

9月5日，外務省將各方應備資料匯送小幡酉吉，準備三日內開始交

---

48 8月13日，外交部收到疑似呈送美國駐京公使芮恩施（Paul Samuel Reinsch, 1869-1923）的秘密公函抄本，該函內提及：「況此等毆辱事理當訴諸該國領事，由領事向中國交涉員交涉方為合法，乃據長春道尹兼交涉員語爾穆云（渠當中日兵衝突時適在日領事館，至日警由電話中報告領事時尚在彼處）並無此等手續。朝自協約各國同盟監管俄路會在葳議決，保護中東路權委諸華軍，今日人持槍步行至寬城子站，可認為有意尋釁，況不俟華兵之出外相談即進營房，日人存心昭然可見，嗣後復提出要求數條，其最要者為華兵、華警須一併退出寬城子一條。抗命之陸軍少將高士儐為鞏固個人勢力起見，已全行承認，爾穆與駐東京美使館譚佛司大佐自長回哈，路過寬城子站，獨見日兵站崗於站旁，華兵則無形消滅矣；不寧惟是日兵復持槍登車，見有服中國軍衣之人即解除之，車中祇有二巡警回哈，一兵隨一軍官回滿州里，均得有長春日領事允服軍衣之証，故能乘車站，即寬城子。日本統軍官帶有吹號筒者一人，顯其欲於必要時號召眾人之記號。如華人善用才能，此次交涉能立於不敗之地位。」參見「寬城子中日兵士衝突之始末原因」（1919年8月13日），〈長春中日兵衝突〉，《北洋政府外交部》，中央研究院近代史研究所檔案館藏，檔號：03-33-015-02-015。

49 「寬城子事件ノ解決条件及交涉手続ニ関シ訓令並右ニ付意見提示方要請ノ件」，收入外務省編纂，《日本外交文書》，大正8年第2冊下卷，頁994-997；〈交涉開始訓電：寬城子事件〉，《東京朝日新聞（朝刊）》（東京），1919年8月23日，版2；〈各通信社電二：北京電〉，《申報》（上海），1919年9月2日，版6；〈通信社電〉，《新聞報》（上海），1919年9月2日，版3；〈日人對於長春交涉之主張〉，《大公報》（天津），1919年8月4日，版6；〈寬城子事件解決〉，《大公報》（天津），1919年8月12日，版2；〈東省政聞一束：寬城子交涉開議〉，《大公報》（天津），1919年9月9日，版6。

涉。[50] 9 月 8 日午後 4 時半，中日兩國就寬城子案進行第一次談判。小幡向代理外交總長陳籙表示，案情已由中日官憲會同調查，毋庸贅述，日本政府願以公正寬大的態度解決本案，隨即面遞節略〈日本政府解決辦法〉六項（參見附錄三）與日軍驗屍單〈慘殺寫真摘要〉（參見附錄四）。該辦法的第一項要求中國政府致歉（中央交涉問題），其餘五項則要求張巡閱使應赴日領館陳謝、懲處滋事軍警、撫卹日兵並賠償日僑損失，以及保證當地日後安全等（地方交涉問題）。

陳籙閱畢該節略後認為「當屬平允」，允諾將於明日國務會議提出公議，以期盡快和平解決。小幡聞言後，再遞送〈日本政府解決辦法〉內第一項的代擬希望文件給陳籙，說明「此件乃日本政府之希望並非要求。但日本政府辦理此案時，國中主張激烈者甚多，即內閣中亦頗有主張嚴重交涉者。內田外務大臣毅然主持上述辦法，不為眾議所搖，實亦不易。現內田外務大臣希望貴國宣布一事，切望即允照辦，應不負內田大臣之盛意」。[51] 陳籙閱後，答覆：「宣布一事余意以不用政府名義，另採他種手段為佳。緣中國政界事情極為複雜，凡屬政府所為立遭強烈之反對。此案若以政府名義宣布，必又有種種不良之批評，致使宣布一事毫無功效，不知貴公使以為何如？」小幡回應：「此節容回館後詳細斟酌，惟望貴部長於

50　〈寬城子事件交涉地〉，《東京朝日新聞（朝刊）》（東京），1919 年 8 月 22 日，版 2；〈寬城子事件訓電：我が外務省より〉，《東京朝日新聞（朝刊）》（東京），1919 年 9 月 10 日，版 2。

51　日本代擬的希望文稿內容如下：「本年七月拾九日，在吉林寬城子中國之一部軍隊，並未受何等挑撥，對日本將士竟突然開槍，並對其將士之屍身加以重大殘虐凌辱，中國政府接報後深為遺憾。今見日本政府為解決此案所提之要求甚屬妥當，足徵具有善鄰之誼，中國政府當經照允，令該管官吏趕速辦理。案中日國交原應敦睦，此次日本政府表彰之友誼，我亦宜以誠意報之。」參見「長春案日本所提解決辦法六條並附擬宣布文稿傷單像片文件」（1919 年 9 月 11 日），〈長春中日兵衝突〉，《北洋政府外交部》，中央研究院近代史研究所檔案館藏，檔號：03-33-016-01-005；〈寬城子事件交涉：第一回會見內容〉、〈我提出條件：寬城子事件要求〉、〈日本要求寬大：支那側は非常に滿足〉，《東京朝日新聞（朝刊）》（東京），1919 年 9 月 11 日，版 2。

明日國務會議時先行提議。」陳籙答應明日當即提議。[52]

　　9月10日，小幡向陳籙探詢昨日國務會議結果；陳籙回應昨日因故未開議，但已將節略等件傳示各總長，「大約明日國務會議時，必有可以滿足之辦法」，並再次確認「節略所載六條辦法，除第一條係由本部與貴公使直接辦理外，其餘五條是否即由奉天日本總領事直接與張巡閱使商辦？」小幡答覆昨日已電飭駐奉總領事，「除第一條外，餘五條由日本領事與張巡閱使在奉天商辦」。[53] 9月11日，外交部將小幡所提的六項辦法電知東三省巡閱使張作霖，請其就近酌商，以和平了結。[54] 自此，寬城子案的中日交涉分別在北京、奉天與長春等三地同步進行。

五、奉天交涉〈日本政府解決辦法〉第二至第六項

（一）張作霖拒絕對日交涉及致歉

　　9月13日，駐奉總領事赤塚與副領事吉原二人連袂往訪張作霖，但張作霖對於寬城子案緘默以對。[55] 外交部亦於本日收到張作霖來電，其對於日使提交的解決辦法，表示「逐一審核，殊堪駭異」。張作霖認為，案發原因係「即彼越境至長春二道溝地方家國兵營內開釁，其曲實在彼方」，日使卻反要本使至奉天日領署表明謝意。況且案發時，大總統明令責成吉林督軍鮑貴卿逕與駐吉日領交涉，該省既有軍政兩長，又有特派交

---

52 「長春案日本提出解決辦法六條並擬宣布文稿」（1919 年 9 月 10 日），〈長春中日兵衝突〉，《北洋政府外交部》，中央研究院近代史研究所檔案館藏，檔號：03-33-016-01-003；〈最近之兩交涉案〉，《申報》（上海），1919 年 9 月 11 日，版 6；〈長春交涉已開始談判〉，《申報》（上海），1919 年 9 月 12 日，版 6。

53 「日本所提辦法除第一條由部辦理外餘五條由駐奉日領與張使在奉商辦」（1919 年 9 月 11 日），〈長春中日兵衝突〉，《北洋政府外交部》，中央研究院近代史研究所檔案館藏，檔號：03-33-016-01-006。

54 「長春案日使面交解決辦法除第一條由部與日使商辦外餘款希就近酌商」（1919 年 9 月 11 日），〈長春中日兵衝突〉，《北洋政府外交部》，中央研究院近代史研究所檔案館藏，檔號：03-33-016-01-007。

55 「張作霖と折衝」，《東京朝日新聞（朝刊）》（東京），1919 年 9 月 16 日，版 2。

涉員，自應由吉林辦理。若以案情論，則上年「鄭家屯事件」[56]亦並無由
奉省軍政長官前往道歉之舉。張作霖強調「前車可鑒，成例具在，似未
可如是自餒，致傷國體」，更以「官廳稍有讓步致損利權，此尤為民氣所
關，本使能輕易退讓貽人口實」、「赤塚總領前曾以私人資格與本使談及此
案，彼亦頗知曲在彼方」為由，拒絕在奉與日總領事談判，並建議本案應
遵照大總統前令，由吉林地方長官飭長春交涉員逕與日領交涉，其仍當從
旁協助。[57]

　　外交部面對張作霖嚴拒交涉與致歉，先於 13 日當天將對日致歉照會
及兩次日使問答等件，函致國務院與吉林督軍鮑貴卿存查，望其能隨時與
張作霖會商辦理。[58]復又於 16 日致函國務院秘書長郭則澐，函附代為預
擬的〈擬致奉天張巡閱使電〉，希望國務院能依本函內容勸告張作霖接受
委任。[59]同日，代理外交總長陳籙與日使小幡面談時，表示張巡閱使對貴
國六項要求不甚滿意，現正擬派員前往接洽，同時亦允諾明日將第一條要

56　「鄭家屯事件」係指 1916 年 8 月 13 日，日軍因故與奉軍第 28 師發生衝突，雙方各
　　有死傷，中日兩國展開外交交涉，最後以北京政府同意申飭該師師長、懲辦有關軍
　　官與賠償日軍等條件而宣告落幕。

57　「長春案不能在奉談判請向日使聲明由吉林地方官飭長春交涉員與駐吉日領交涉」
　　（1919 年 9 月 12 日），〈長春中日兵衝突〉，《北洋政府外交部》，中央研究院近代
　　史研究所檔案館藏，檔號：03-33-016-01-013；〈奉天の交涉行惱〉，〈張氏態度如
　　何〉，《東京朝日新聞（朝刊）》（東京），1919 年 9 月 18 日，版 2。

58　「抄送問答電稿照會各件」（1919 年 9 月 13 日）、「抄送日使所提條件希隨時會商張
　　使辦理」（1919 年 9 月 13 日），〈長春中日兵衝突〉，《北洋政府外交部》，中央研究
　　院近代史研究所檔案館藏，檔號：03-33-016-01-014、03-33-016-01-015。

59　「擬致奉天張巡閱使電」：「外交部鈔送文電悉。藎籌深佩，惟閣議所以允照日使所
　　提，將第二至第六各條，移歸尊處商辦。良以近日國內排日風潮甚烈，本案發生益
　　滋日本方面藉口，此次日使提出各條，經院部詳查，尚無何等軼出範圍要求，較之
　　上次因鄭家屯案提出條款，實有輕重之別，足見日政府於此不無顧全睦誼之意，正
　　宜就此了結，以免別生枝節。除一切詳情正由外陸兩部面告尊處秦參謀長回奉接
　　洽外，務望勉為其難，磋商了結。院」。參見「函送擬致張巡閱使電稿」（1919 年 9
　　月 16 日），〈長春中日兵衝突〉，《北洋政府外交部》，中央研究院近代史研究所檔案
　　館藏，檔號：03-33-016-01-016。

求的抄錄大總統命令照會送抵日本公使館。[60] 9 月 17 日，國務院將〈擬致奉天張巡閱使電〉全文電知張作霖，並婉言相勸：「其所以請由尊處商辦者，係因巡閱使為東省最高長官，事統於尊之意。」[61]

　　9 月 18 日，外交部收到吉長交涉員陶彬來電，表示：「此案曲誠在彼，而彼竟以自己應負之責任加之於我。」陶彬的反對理由可歸納為四點：

第一，日本軍官逕自帶隊、赴營究詰等手續不當，故肇事責任應在日本。
第二，即便處罰及撫卹，亦應屬兩方相互之責。
第三，張巡閱使於此案無可究責。
第四，我巡警並未幫同射擊，處罰全無根據。[62]

　　外交部於本日加班討論究竟應以何法解決本案。[63] 9 月 20 日，吉林省長郭宗熙致電贊同陶彬所言各節，並認為「任其片面要求，將來華軍營壘，外軍任便侵入乘釁，不但違背國際慣例，且何以振戒行而懲後來」。[64] 9 月 22 日，外交部電告郭宗熙，本案已由院電達張巡閱使與日領商辦，[65] 復於翌日再將陶郭二電函送張作霖查照備考。[66]

60　「日提條件及道歉照會事」（1919 年 9 月 17 日），〈長春中日兵衝突〉，《北洋政府外交部》，中央研究院近代史研究所檔案館藏，檔號：03-33-016-01-018。

61　「日使所提條件第二至第六各條移歸尊處商辦」（1919 年 9 月 17 日），〈長春中日兵衝突〉，《北洋政府外交部》，中央研究院近代史研究所檔案館藏，檔號：03-33-016-01-020。

62　「中日兵衝突曲在日軍」（1919 年 9 月 18 日）、「中日兵衝突事曲在日軍」（1919 年 9 月 20 日），〈長春中日兵衝突〉，《北洋政府外交部》，中央研究院近代史研究所檔案館藏，檔號：03-33-016-01-019、03-33-016-01-021。

63　〈京華短簡〉，《申報》（上海），1919 年 9 月 21 日，版 7。

64　「中日兵衝突事陶交涉員電陳駁斥日本所提六條各節頗有採由」（1919 年 9 月 22 日），〈長春中日兵衝突〉，《北洋政府外交部》，中央研究院近代史研究所檔案館藏，檔號：03-33-016-01-022。

65　「長春案已由院電張巡閱使與日領商辦尊處號電當即轉達備考」（1919 年 9 月 22 日），〈長春中日兵衝突〉，《北洋政府外交部》，中央研究院近代史研究所檔案館藏，檔號：03-33-016-01-023。

66　〈長春案吉省電以陶交涉員電陳各節頗多可採轉備參考由〉（1919 年 9 月 23 日），

（二）奉天對日交涉：力爭修正〈日本政府解決辦法〉條文

　　張作霖把握奉命解決寬城子案的時機，要求中央訂定東三省巡閱使官制，趁勢一舉統攬軍事、民政、外交、司法與財政等領域，權勢自此超越了前清東三省總督制。[67] 9 月 23 日，張作霖行函代理總長陳籙，表示：「長春交涉案，中央之意既注重由奉辦理，自未便堅持不允，日內即當與赤塚總領事開始談判」，[68] 應允承擔交涉之責；同時委任陶彬代表其與駐奉赤塚總領事晤面交涉，並於各項條件解決後再向其報告。當天下午 1 時，陶彬、秘書處長談國桓（1875-?）與奉天外交特派員關海清（1880-?）等五人在東三省巡閱使署內，舉行了日使六項辦法研究會議，同時秉承張作霖意志對其逐條修正，經吉林督軍鮑貴卿與吉林省長郭宗熙同意後，再行對日領交涉。該修正六項意見內容主要如下：

第一項：已由中央與日使商辦，應無庸議。

第二項：此案應負責之人，已由張巡閱使及鮑督軍遵令查辦，可收其結果通知駐奉總日領，其餘各節未便允認。

第三項：暴行時直接指揮中國兵之將校，依據日本方面報告並無其事，當然無庸置議。至於幫助暴行與實施凌辱行為之人亦無從查考。

第四項：巡警協助行為並無事實證據，應撤銷本項。

第五項：中日二方均應加意整飭駐軍。日後有事發生，應由外交官與領事官交涉，不得攜械越境自由行動，以免再生意外。

　　〈長春中日兵衝突〉，《北洋政府外交部》，中央研究院近代史研究所檔案館藏，檔號：03-33-016-01-025。

[67] 〈張官制を要求：同時に吉林省長の免職を〉，《東京朝日新聞（朝刊）》（東京），1919 年 9 月 19 日，版 2；〈東三省省長廢止：張巡閱使權限擴大〉，《東京朝日新聞（朝刊）》（東京），1919 年 10 月 5 日，版 2；〈張作霖與巡閱使〉，《申報》（上海），1919 年 9 月 29 日，版 6。

[68] 「長春案由奉辦理送交張巡閱使來電由」（1919 年 9 月 25 日），〈長春中日兵衝突〉，《北洋政府外交部》，中央研究院近代史研究所檔案館藏，檔號：03-33-016-01-026。

第六項：由吉長道尹與長春領事商約辦理。[69]

9月26日、27日與29日，奉日雙方代表先後在奉天總領事館與交涉使署內展開三次談判，並就第二、三、四、五等項內容逐條往來激烈辯駁，最後奉天代表關海清甚至不惜談判破局，以重回北京交涉為要脅，強硬逼迫日方代表對中方修正案讓步。[70]三次談判的破局癥結點在於：中方

---

69 「長春案中日談判情形及巡署會議紀錄」（1919年10月9日），〈長春中日兵衝突〉，《北洋政府外交部》，中央研究院近代史研究所檔案館藏，檔號：03-33-016-02-003。

70 9月26日第一次談判時，奉天特派員關海清對赤塚總領事提及「此案大體而論，可謂以誤會而致衝突，根據兩方面之報告，是非曲直本已顯然」，中方已讓步不願再事苛求，希望日方能接受前述四項修正提案；赤塚總領事則對其提案表示「殊屬奇怪，為本官初料所不及」，更無法接受張作霖拒絕前往日領館道歉等各項，認為本案全無磋商餘地，但同意以此為中國希望條件，盡力代向陸軍部接洽。會末，關海清請日方對張巡閱使之提案詳加考慮，曲為體察，以從速了結；赤塚則請中方體諒日本政府及本總領事之苦痛，務照原案辦理為望。9月27日下午3時，奉日雙方代表改在奉天交涉使署內展開第二次談判。關海清與吉原翻譯官二人就提案各項內容相互折衝辯駁，吉原甚至還質問大總統已經頒令道歉，則張巡閱使有無違反中央之嫌，並轉達對於凌辱屍身之人，日政府要求應處以死刑；關海清則回應大總統既已道歉，則張巡閱使更無再行致歉之必要，至於凌辱之人既難追查，亦難依預定辦法處置。會末，吉原說明本案「無論曲直何在，終屬不詳之事」，強調「此次日政府所提辦法均極寬大，毫無高壓之性質」；關海清則回答「竊望日本政府藉此長春事件問題，為中日外交史上放一異彩」。9月29日下午3時，關海清與吉原翻譯官仍在同地點展開第三次談判。二人談判再度陷入僵局，吉原轉達了赤塚總領事的態度，認為「本案無磋商之餘地」；關海清回應若是如此，「祇好仍將本案送回北京中國政府交涉」。吉原進而解釋因日本國內輿論對外交當局抨擊甚為激烈，赤塚總領事實陷於最痛苦之地位，並追問張巡閱使對本案最後之意見為何？關海清則說明張巡閱使對於日方提案「並無可以通融之餘地」，同時已盡力設法安撫吉省民情，「不願利用輿論為外交之後盾也」。會末，吉原探詢張巡閱使有無對日本死者遺族表示哀悼之意，並願將中方提案帶回與總領事商議；關海清回覆致哀一事當俟全案解決後再行討論，並認為本案辯論已大致詳盡，急應商量解決辦法，貴總領「僅可於本官可以承受之限度內，提出最少之修正，此案乃有磋商之餘地，不然唯有將全案返還北京政府交涉之一法矣。」參見「長春案中日談判情形及巡署會議紀錄」（1919年10月9日），〈長春中日兵衝突〉，《北洋政府外交部》，中央研究院近代史研究所檔案館藏，檔號：03-33-016-02-003；〈寬城子交涉愈開始〉、〈支那側對案提出〉，《東京朝日新聞（朝刊）》（東京），1919年9月29日，版2；〈張作霖報告長春交涉〉，《申報》（上海），1919年10月10日，版7。

認為，俟經調查中日雙方將校證詞，本案純屬兵士間私鬥，係為可大可小之事，「此次所以釀成命案，純由日兵逼近中國軍營所致，故此案之責任不應由中國軍隊專担，不能獨令中國負責」，故對日方提案尚須商議。日方則認為張作霖態度倨傲並蔑視北京訓令，況且本案率先開槍者為中國軍隊，日軍純屬正當防衛，而案發後「中國軍隊對於日兵死屍，又加以種種殘酷非人道之行為」，故認為肇事責任全在中國，「日本對於中國軍隊如此行為，僅提出如此要求，實屬寬大之至」。[71]

　　儘管三次談判未成，但奉日雙方代表仍持續設法磋商，並同意自 10 月 5 日起，先行撤銷前師長高士儐與日領所訂〈暫時維持治安辦法〉。[72] 嗣後，歷經一個多月的十餘次往來開議，日本政府囿於國會改選、國內輿論與中國排日運動高漲等多重壓力，決定大致接受張作霖意見，以盡早了結，最後訓電赤塚總領事「勉強允認」中國的提案，但有關第五項取締軍隊一事，堅持應照原案履行；而奉天特派員關海清歷經數次幾致決裂的磋商後，方將文字稍微改正，惟具體辦法終未獲允，直迄 10 月 29 日張作霖與赤塚二人會面後，方才拍板議定了〈最後解決辦法〉（參見附錄三），雙方終於對修正內容達成初步共識。惟雙方儘管已有定議，但張作霖仍未上報北京，其理由謂「擬俟全案完結，再行上告政府，蓋恐消息洩露或生意外反動也」。[73]

---

71 「日使希望中國政府將寬城子案公布」（1919 年 10 月 8 日），〈長春中日兵衝突〉，《北洋政府外交部》，中央研究院近代史研究所檔案館藏，檔號：03-33-016-02-001；〈寬城子交涉難：張作霖倨傲の態度〉，《東京朝日新聞（朝刊）》（東京），1919 年 10 月 6 日，版 2。

72 「暫定治安維持法撤廢交涉完了ノ件」，收入外務省編纂，《日本外交文書》，大正 8 年第 2 冊下卷，頁 1019-1022；「高師長前與日領所訂暫時維持治安辦法六條現已取消」（1919 年 10 月 8 日）、「取消高士儐與日領所訂辦法」（1919 年 10 月 29 日），〈長春中日兵衝突〉，《北洋政府外交部》，中央研究院近代史研究所檔案館藏，檔號：03-33-016-02-002、03-33-016-02-004；〈京華短簡〉，《申報》（上海），1919 年 10 月 12 日，版 6。

73 「函述長春案近日交涉情形」（1919 年 11 月 13 日），〈長春中日兵衝突〉，《北洋政府外交部》，中央研究院近代史研究所檔案館藏，檔號：03-33-016-02-006；〈北京

11月17日，張作霖電告大總統、國務院與外交部：「商定各節核與原提條件削減甚多，即令照此定議，以期早日結束。現已開始換文作為正式解決」，並已「轉令長春交涉員對於第六項從速議結」；[74] 關海清本日亦電告外交部，與日領磋商已於10月27日約略議定，不日全案可告結束。[75] 11月19日，外交部分別致電張作霖與關海清，表示「商改各節悉臻妥善，深堪嘉慰」，並請張作霖將所有與議出力各員擇優獎敘，開單送部核辦以示鼓勵。[76] 國務院對於談判結果甚表滿意，11月20日特電張作霖：「長春交涉案最後議決各節，與原提條件削減甚多，足見碩畫藎籌，殊感佩慰。」[77]

（三）長春對日交涉：關於〈日本政府解決辦法〉第六項的交涉

關海清在奉天對日交涉的同時，陶彬亦在長春與日本駐長春領事村上義溫（1889-1954）談判，二人就〈最後解決辦法〉第六項的求償實質內容進行交涉。10月27日，村上親赴交涉使署，首次向陶彬提出關於第六項的希望辦法，其求償項目有四：

第一，滿鐵驛夫船津應請優給，警察、休工靜養及遺失物件等費。

第二，松之家料理店損失。

之外訊〉，《申報》（上海），1919年10月11日，版6；〈寬城子事件近訊〉，《大公報》（天津），1919年10月17日，版3；〈各通信社電：北京電〉，《申報》（上海），1919年10月22日，版3。

74 「報告長春案議結情形」（1919年11月18日），〈長春中日兵衝突〉，《北洋政府外交部》，中央研究院近代史研究所檔案館藏，檔號：03-33-016-02-010。

75 「報告長春案議結情形」（1919年11月18日），〈長春中日兵衝突〉，《北洋政府外交部》，中央研究院近代史研究所檔案館藏，檔號：03-33-016-02-009。

76 「長春案俟將第六條辦妥即照會日使結案」（1919年11月19日）、「長春案俟將第六條辦妥即照會日使結案」（1919年11月19日），〈長春中日兵衝突〉，《北洋政府外交部》，中央研究院近代史研究所檔案館藏，檔號：03-33-016-02-012、03-33-016-02-013。

77 「長春案最後議決各節爭回甚殊深佩慰」（1919年11月22日），〈長春中日兵衝突〉，《北洋政府外交部》，中央研究院近代史研究所檔案館藏，檔號：03-33-016-02-016。

第三，境田、木村兩日人被流彈擊傷。

第四，日商 20 餘家自用大車於案發前後，迭被中國軍人徵發，所受損失
　　甚鉅，應一併酌予補償。

　　陶彬答以小幡公使所提原案第六項內，僅載明補給滿鐵驛夫醫藥費
一事，故日後磋商僅能就此事辦理，其他與本案無關者礙難承認。11 月 1
日，村上再度來署交涉，同時提出請求金額共 2 萬數千元；陶彬則堅拒並
與之辯論多時。此後，經過多次往返晤商，陶彬與村上二人終於在 11 月
11 日初步達成協商，陶彬成功地降低日方請求金額，同時撤銷所有車輛
與徵發車輛的補償費。

　　11 月 21 日，陶彬與晤村上，展開正式談判。最後二人議妥由吉長交
涉使署向日籍受傷者致函道歉，並補給醫藥費及補償金等共 2,000 日元
（滿鐵員工船津 300 日元醫藥費、松之家料理店及岩吉商會等 1,700 日元
恤款），並由日領自行支配作為了結第六項及其附帶各案全部償款。12 月
11 日，陶彬以交涉使名義正式致函三封，分別向船津、境田與木村以及
栗坪巡警等受傷者致歉並予以慰問。[78]

六、外交部力爭第一項改用照會形式

（一）日本代擬希望文件的磋商

　　就在張作霖指揮對日交涉〈日本政府解決辦法〉第二至第六項條文
時，外交部亦正與日使小幡酉吉在北京同步交涉其第一項內容。9 月 11
日，外交部秘書熊垓（1882-?）向小幡表示關於解決辦法第一項，「今日

---

78 「寬城子事件長春交涉ノ諸案件ニ関スル交渉経過報告ノ件」，收入外務省編纂，
《日本外交文書》，大正 8 年第 2 冊下卷，頁 1035-1043；「長春案已解決惟關於第
六條辦理如何請電復」（1919 年 11 月 18 日）、「長春交涉第六條已令陶交涉員迅與
議辦」（1919 年 11 月 20 日）、「長春案經交涉擬給日金 2000 元完案」（1919 年 12
月 3 日），〈長春中日兵衝突〉，《北洋政府外交部》，中央研究院近代史研究所檔案
館藏，檔號：03-33-016-02-011、03-33-016-02-014、03-33-016-02-023。

已由部長提出國務會議，眾議以為可以照辦。至貴公使所希望之宣布文件，國務會議亦不願由政府出名，擬以國民名義宣布」，故奉命特來詢問尊意為何？小幡詢問「所謂用國民名義宣布，究是如何辦法？」熊垓回應「大約即由報館作為自己意見，登載前項文件」。小幡回答日本嚴重傷亡35人，「日本輿論異常激烈，閣員中亦頗主張嚴重交涉；於此之時，內田外相毅然排除眾議，力主寬和，其意實不為不盛。今內田外相所希望之宣布文件，中國猶不允照辦，中國政府實太不諒日本之誠意」，若以國民名義宣布，未免離題太遠，仍望轉告部長，從速允為照辦為幸。熊垓則連忙解釋中國政府甚感日本好意，故即允照辦第一項，惟「至宣布文件若以政府名義行之，有似出告示稱述日本好處，其結果必招種種惡批評，不惟不能使國民咸知日本之好意，或反增惡感。為兩國親交計，斷不能不避開此種辦法」。小幡回答「貴部只知貴國政府之為難，須知日政府刻下亦處為難之時，宣布文件如辦不到，於日本政府亦甚不便」。小幡進而以私人身分建議，貴部若認為以政府名義登報不妥，則可再擬一變通辦法，由中國總理或外交部長召集各報館，說明本案經過情形及解決辦法，末後再按照希望文稿稱述日本解決本案之好意，由報館錄出登報，望先以此意轉達部長。最後，小幡還提及東三省巡閱使張作霖以未接中央電報為由，拒絕與駐奉總領事交涉，希望能即行電知其與日領商辦為要。[79]

9月12日，外交部照會小幡：「查此次吉林軍隊未能嚴申節制，以致釀成重案。除關於本案詳細辦法，已電奉天張巡閱使與貴國駐奉天總領事和衷商議外，本國政府對於此案深表歉忱，相應照會貴公使，即希查照轉達貴國政府為荷。」[80]

79　「日本所提解決辦法及希望宣布文件」（1919 年 9 月 12 日），〈長春中日兵衝突〉，《北洋政府外交部》，中央研究院近代史研究所檔案館藏，檔號：03-33-016-01-009。

80　「寬城子事件日本要求第一項二関シ中国政府ノ公文写送付ノ件」，收入外務省編纂，《日本外交文書》，大正 8 年第 2 冊下卷，頁 1013-1014；「通知大總統命令全文並道歉」（1919 年 9 月 12 日），〈長春中日兵衝突〉，《北洋政府外交部》，中央研究院近代史研究所檔案館藏，檔號：03-33-016-01-012；〈北京政府快諾：寬城子事件

（二）外交部拒絕以政府名義公開致歉

10 月 3 日，小幡向代理外交總長陳籙表示「此次日本所提出之要求，實屬公平妥當，務望貴政府速允日政府之希望，以貴政府名義公布為幸」；陳籙回應「此項條件本屬貴國之希望而非要求，且辦理此事亦必在諸事議妥之後。余意俟奉天交涉辦妥後，再行商議」。小幡進而建議「貴國政府若實有不便以政府名義公布之處，則請貴國政府於前次照會中，加入希望文稿中各語亦可，此兩種辦法聽憑貴國自由採用」；陳籙回覆「容斟酌後再辦」。[81]

11 月 10 日，陳籙詢問日使小幡是否曾接獲赤塚總領事的報告，小幡答覆已久未獲報，並聽聞其以張巡閱使提案請示日本政府，現仍未聞知結果如何。[82] 11 月 11 日，長春繼奉天之後，亦已達成談判協議，小幡遂催促外交部應盡快圓滿解決本案。[83] 11 月 12 日，小幡向陳籙表示「昨晚得政府訓令，言長春案不日即可了結，囑即與貴部商辦希望文件一事」，並緩言「貴國政府如實有不便宣布之處，則改用加入照會辦法亦可」；陳籙回應「宣布一事政府實有不便，緣宣布之法只有登之於政府公報，公報本登大總統命令及各部部令，若今忽登載此項文件，舊事重提，必使國民重加注意」，其結果必將傷害兩國政府利益，應改用第二辦法為善，「俟奉天結案後，由本部再發一照會為宜」。小幡亦表贊同，並願電詢本國政府意願，更強調「希望文件日本政府極為注重，日政府原議本望貴政府自行公布，現亦不堅持，若再不用希望文稿中辭句，未免有負日本政府之意」；

要求の一箇條〉，《東京朝日新聞（朝刊）》（東京），1919 年 9 月 15 日，版 2。

81 「日使希望中國政府將寬城子案公布」（1919 年 10 月 8 日），〈長春中日兵衝突〉，《北洋政府外交部》，中央研究院近代史研究所檔案館藏，檔號：03-33-016-02-001。

82 「長春案日總領事對於張巡閱使所提對案已請示政府」（1919 年 11 月 11 日），〈長春中日兵衝突〉，《北洋政府外交部》，中央研究院近代史研究所檔案館藏，檔號：03-33-016-02-005。

83 「寬城子事件停滯」，《東京朝日新聞（朝刊）》（東京），1919 年 11 月 15 日，版 2。

陳籙答覆俟 15 日國務會議議定後，再行奉告。[84]

　　11 月 16 日，外交部秘書熊垓銜命攜帶照會初稿前赴日本公使館，並向小幡說明「原稿中挑撥及凌辱死屍云云，因有碍軍人名譽，政府萬难照辦。至末段誠意報答改為誠意感記，則因現在改用照會，与前情形不同，故不得不改」，極力遊說並要求小幡同意修改照會文句。小幡閱畢後，闡明「此稿日本政府決不能允。緣公布一事，日本政府所注重者，即在原稿中挑發及凌辱死屍等語，此事日本朝野甚為注意。現在日本將開國會，反對政府之憲政會，正在運動彈劾政府，此案中國政府如不允用原稿加以刪改，則日政府將無以塞反對黨之口，內政必生困難。日本現政府對於中國靳內閣頗懷好意，刻方着手為財政上及其他各種之援助；此事不允日本政府所請，援助將難實現，且憲政會對中國之政策，比較上似不如政友會（即現政府）之有好意。現政府倘為憲政會所推倒，憲政會當國組閣恐於中國無益，務望轉達貴部長允用原稿，予日本政府以面子為要。」小幡最後僅答應留稿再詳細斟酌。[85]

（三）外交部達成改用照會形式致歉

　　11 月 26 日，小幡向陳籙表示關於上次所議希望文件改用照會，以及熊秘書面遞照會文稿等事，目前已接獲本國政府訓令：「改用照會一節可以照辦；至貴部所辦照會文稿，政府礙難允從。」小幡說明拒絕理由有二：第一，本案已經張巡閱使交涉辦結，其所議條款內第三項亦明載凌辱等語，可見確有其事。第二，國務院總理靳雲鵬已見過此項文稿，可見靳總理並非絕對不願用凌辱等字樣，故希望貴部能從速辦理，盡早依稿照會本館。陳籙則解釋「此項文件原為貴國希望條件，從前又議定俟奉天辦結

84　「長春案即可了結日使對於希望文件一事詢問辦法」（1919 年 11 月 14 日），〈長春中日兵衝突〉，《北洋政府外交部》，中央研究院近代史研究所檔案館藏，檔號：03-33-016-02-007。

85　「公布文件尚須刪改字句」（1919 年 11 月 17 日），〈長春中日兵衝突〉，《北洋政府外交部》：03-33-016-02-008。

後再議此事。現在奉天公事未到，且靳總理既向貴公使有此談話，余亦須
與總理接洽方能議辦，好在奉天公事不久即到，決不致久延也」，故應待
奉天公文到後再行商議。[86]

　　12 月 1 日，外交部秘書熊垓赴日本公使館面晤小幡酉吉。小幡向其
質問：「希望文件一事，貴部何以延置不辦？」熊垓解釋部長近來異常忙
碌，一時無暇及此。小幡表示：「日本政府日來催促此項文件甚急，余殊
為難。余與靳總理相熟，本可自行接洽；惟念此係外交部權限中事，不必
如此。望轉達部長即速辦理為要。」[87]面對日本方面頻頻催促，外交部於翌
日致電吉林省長與督軍公署，探詢：「第六項已否辦結？盼電復，以便結
案。」[88]

　　12 月 2 日，外交部秘書熊垓以電話告知日本公使館，希望文件可照
日使所交最後草稿辦理。12 月 3 日，陳籙向小幡證實「准照草稿辦理」，
說明此事因攸關軍隊名譽，不得不與陸軍部接洽而稍有延遲，並表示昨
日已去電吉林催詢，俟其約明後日覆電後，當即繕寫照會送交貴館。[89]同
日，吉林督軍鮑貴卿亦電覆外交部，關於第六項交涉經過陶彬戮力磋商，
現已議妥給予日金 2,000 元完案。[90]

　　12 月 8 日，外交部正式照會日本公使館：

本年七月十九日，在吉林寬城子中國之一部軍隊，對於日本將

士突然開槍，致生日本將士之多數死傷，且對於屍身加以重大

86 「日使請將希望文件早日送交結案」（1919 年 11 月 28 日），〈長春中日兵衝突〉，
　　《北洋政府外交部》，中央研究院近代史研究所檔案館藏，檔號：03-33-016-02-019。
87 「日使請將希望文件從速辦理」（1919 年 12 月 2 日），〈長春中日兵衝突〉，《北洋政
　　府外交部》，中央研究院近代史研究所檔案館藏，檔號：03-33-016-02-021。
88 「長春交涉第六項已否辦結」（1919 年 12 月 2 日），〈長春中日兵衝突〉，《北洋政府
　　外交部》，中央研究院近代史研究所檔案館藏，檔號：03-33-016-02-022。
89 「長春案希望文件俟得吉林復電即辦理」（1919 年 12 月 5 日），《北洋政府外交
　　部》，中央研究院近代史研究所檔案館藏，檔號：03-33-016-02-024。
90 「長春案經交涉擬給日金 2000 元完案」（1919 年 12 月 3 日），〈長春中日兵衝突〉，
　　《北洋政府外交部》，中央研究院近代史研究所檔案館藏，檔號：03-33-016-02-023。

之殘虐凌辱一案，中國政府接報後深為遺憾。今見日本政府為
解決此案所提之要求甚屬妥當，足徵具有善鄰之誼，中國政府
當經照允，令該管官吏趕速辦理。按中日國交原應敦睦，此次
日本政府表彰之友誼，本國政府亦宜以誠意感記。[91]

　　寬城子事件歷經四個月餘的中日交涉，終於在發出這項照會後完全落
幕。

七、結語

　　本文藉由北京外交部與日本外務省外交檔案等史料，基本重建了「寬
城子事件」的衝突原因、事發經過與談判過程，並可從中觀察而對本案有
以下的認知：

　　首先，本案發生於奉吉交惡的軍事對峙背景下，儘管孟恩遠及高士
儐曾影射或指控本案係張作霖一手策劃，[92] 惟依照中日雙方現存檔案等證
據，以及事後談判的結果看來，本案性質應屬於擦槍走火的突發事件；至
於張作霖勾結日本或日本一手策劃等既有說法，應是主觀的揣測之詞，不
值識者一哂。不過，本案確實促成了奉吉對峙的落幕，張作霖不僅趁機收
編孟恩遠在吉林省的勢力，更藉本案交涉機會，要求中央確立東三省巡閱
使官制並擴張其職權，自此全方位地統轄東三省，可謂是本案的最大受益

---

91 「寬城子事件ニ關シ我方申入ノ通リノ文句ヲ記入シタル公文ヲ外交総長代理ヨ
　　リ送付越ノ件」，收入外務省編纂，《日本外交文書》，大正 8 年第 2 冊下卷，頁
　　1032；「寬城子事件交涉顛末要領ヲ在支主要領事官ニ通報シタルニ報告ノ件」，
　　收入外務省編纂，《日本外交文書》，大正 8 年第 2 冊下卷，頁 1045；「長春案日本
　　政府要求甚屬妥當足徵友誼本國政府誠意感記」（1919 年 12 月 8 日），〈長春中日
　　兵衝突〉，《北洋政府外交部》，中央研究院近代史研究所檔案館藏，檔號：03-33-
　　016-02-027；〈寬城子事件解決〉，《東京朝日新聞（朝刊）》（東京），1919 年 12 月 12
　　日，版 2。
92 〈高士儐氏語ろ：寬城子事件は張作霖の使嗾〉，《東京朝日新聞（朝刊）》（東京），
　　1919 年 7 月 28 日，版 2。

者。

　　其次，北京與日本政府均將本案定調為兵士私鬥的地方事件，不欲在「五四運動」後再升高兩國對立及刺激中國社會的反日情緒。日本政府所提出的解決辦法六項條件，除第一項要求中國致歉，因涉及國體，由駐京公使負責交涉之外，其餘五項如撫卹賠償、追究懲凶與整飭軍隊等事，均由駐奉總領事等人交涉。本案的談判程序、對象與地點雖均由日本政府所主導，但其囿於日本國會改選、國內輿論批評與中國排日運動高漲等內外壓力，於盡早了結本案的期望下，最後同意對中國的修正意見予以讓步，這也反證了日本政府其實無意製造或憑藉本案在華擴張勢力。

　　再者，東三省巡閱使張作霖奉命與駐奉總領事赤塚正助進行地方交涉，其針對日方要求所擬定的六項修正意見，應係受到吉長交涉員陶彬的影響。對日談判過程中，奉天特派員關海清負責交涉第二至第五項條件；陶彬則在長春交涉第六項條件，二人均秉承張作霖維護國體的意志，分頭與日本代表往來折衝樽俎，不僅最後順利地刪去了原本巡閱使須親往日領館道歉的屈辱要求，還大幅度地降低了日方所提的撫恤及賠償金額，同時堅守中國軍隊的懲戒自主權，並對等要求日方亦須戒飭在滿洲軍隊，日後有事應由領事照約辦理，不得再逕自率隊攜械直接交涉。

　　最後，代理外交總長陳籙與日使小幡酉吉在北京交涉，面對〈日本政府解決辦法〉第一項致歉要求與其代擬的希望文件，堅拒以政府名義公布並設法周旋，力爭修改致歉文句與公布形式，最後達成了將公開宣布修改為以照會形式致歉之目的。

　　綜觀上述的交涉過程，顯見北京與日本政府均堪稱理性，避免讓「寬城子事件」擴大成中日間矛盾，雙方各自為維護本國顏面與權益而據理力爭。就結果而言，外交部與張作霖主導下的中央及地方談判，在交涉過程中錙銖必較，並設法爭取平等地位，最後成功地將對日致歉與賠償的條件調降到合理程度，可謂已竭力地維護了國家尊嚴與權益。

附錄一
〈暫時維持治安辦法〉(至督軍問題終了為止)[93]

一、駐寬城子(二道溝)巡警於七月二十日全部撤退。

二、第一步先令南嶺砲兵退離附屬地三十華里以外。

三、第二步限於步兵及騎兵,並以從來屬於裴中將部下者為限。殘留
二百五十名分布城內城外,其他駐紮附屬地周圍軍隊統令退離附屬
地三十里外,但除去南嶺步兵四營輜重兵一營,此項軍隊中國方面
以責任嚴重取締。

四、南嶺砲兵之退去,應即時辦理至七月二十一日退訖。其他駐紮附屬
地周圍軍隊之退去,其大部分至七月二十二日為限,殘餘部分至七
月二十四日退訖。

五、此後若有軍隊擬進入離附屬地三十華里以內,應向駐長春日本領事
館通知得其承認。

六、此時所有華兵一切不准出入附屬地內,但有日本領事許可書者不在
此限。

---

93 「寬城子地方ニ対スル暫定治安維持ニ付日中両国官憲間ニ協定ノ件」,收入外務省
編纂,《日本外交文書》,大正 8 年第 2 冊下卷,頁 981-982;「長春案肇事原因及事
後詳細情形附呈高師長與森田日領議定維持治安辦法」(1919 年 7 月 25 日),〈長
春中日兵衝突〉,《北洋政府外交部》,中央研究院近代史研究所檔案館藏,檔號:
03-33-015-01-015。

附錄二

1919 年「寬城子事件」的日軍傷亡名單

編號	戰死者	職銜	姓名	編號	負傷者	職銜	姓名
1	戰死者	步兵中尉	住田米次郎	1	負傷者	步兵中尉	横山鑑
2	戰死者	步兵軍曹	森井音吉	2	負傷者	同少尉	川原直一
3	戰死者	同軍曹	白羽治三郎	3	負傷者	同特務曹長	山田貫造
4	戰死者	同	和田仙次郎	4	負傷者	同一等卒	堀川惣一
5	戰死者	同上等兵	村井恒治	5	負傷者	同一等卒	沢辺清太郎
6	戰死者	上等看護卒	下出則通	6	負傷者	同	高岡佐一郎
7	戰死者	同一等卒	出尾栄吉	7	負傷者	步兵二等卒	増井藤四郎
8	戰死者	同	足高奈良造	8	負傷者	同	菊川儀末
9	戰死者	同	井上俊三	9	負傷者	同	谷孫十郎
10	戰死者	同	池田善吉	10	負傷者	同	杉本喜三郎
11	戰死者	同一等卒	山本亀太郎	11	負傷者	同	金水滝蔵
12	戰死者	同	前川正一	12	負傷者	同	杉本亀太郎
13	戰死者	同	辻本順一	13	負傷者	同	寺田藤地
14	戰死者	同	吉岡米吉	14	負傷者	同	丸谷角治
15	戰死者	同二等卒	乾一男	15	負傷者	同	稲葉善次郎
16	戰死者	同	中尾儀一	16	負傷者	同	稲田末吉
17	戰死者	同	中島新太郎	17	負傷者	同	中西浅治郎
18	負傷後死亡者	步兵中尉	椎原修一				
日軍總傷亡人數：戰死者 18 人，負傷者 17 人，共 35 人。							

資料來源：「寬城子ニ於ケル日中両国兵衝突事件詳報ノ件」，收入外務省編纂，《日本外交文書》，大正 8 年第 2 冊下卷，頁 980-981。

附錄三
〈日本政府解決辦法〉暨〈最後解決辦法〉[94] 修正對照表

	〈日本政府解決辦法〉	〈最後解決辦法〉
第一項	中國政府應抄錄 7 月 22 日大總統命令全文,通報北京日本公使館並表明對於日本政府抱歉之意。	已由中央辦結,勿庸置議。
第二項	張巡閱使及鮑督軍應遵據大總統命令,迅速查辦本案應負責之人。張巡閱使並須從速將查辦結果,通知奉天總領事館求其承認,同時張巡閱使須親至奉天日本總領事館表明陳謝之意。	改為:案內應負責任之人,張巡閱使會同鮑督軍遵令查辦之結果,通知駐東日總領事查照。 差異:較原案刪去求承認一節及巡閱使親往陳謝一節。
第三項	暴行時直接指揮中國兵之將校及幫助暴行之下士卒與實行凌辱行為之人,均須嚴重處罰,並須將處罰之結果通報吉林日本總領事求其承認。	改為:直接指揮之軍官及加害擔任士兵並實行凌辱之人,俟查明分別嚴辦。 差異:較原案刪去通知吉林領事求承認一節。
第四項	協助軍隊為暴行之巡警兵須加處罰,其直屬指揮者亦須處分。吉林全省警察當局者,對於部下全體須發一通諭,嚴重戒飭其部下,使以後不得再有如斯暴行。	改為:當時保護不充分之巡警,其直接長官應加以申飭並警戒其將來。 差異:較原案刪去處罰一節,並改協助暴行為保護不充分字樣,並省去警察當局通令一層。
第五項	中國官憲須講求最有效力之方法,整飭東三省中國軍隊之規律,使將來對於日本官民及軍隊,不致再有如斯暴行。並須將所議定方法由張巡閱使通報奉天日本總領事。	改為:張巡閱使通令三省軍隊以最適切之方法嚴重取締,對於日本官民暨軍隊不得再加暴行。 差異:較原案刪去將具體辦法通告日總領事一節。
第六項	南滿鐵道公司長春驛夫受傷一案,所有處罰加害者及補給被害者醫藥費等事,應由長春日本領事與中國官憲另行商議。	應歸長春直接辦理。
附項		改為:張巡閱使以書信表示遺憾及悼惜遺族之意。 差異:較原案範圍縮小。

94　《北洋政府外交部》檔案內原無〈日本政府解決辦法〉與〈最後解決辦法〉等標題,筆者為方便行文敘述,故以此概稱其內容,特此說明。

	〈日本政府解決辦法〉	〈最後解決辦法〉
另項		張巡閱使提出公文，希望日本官憲戒飭駐在滿洲軍隊，遇有事件應經由領事官照約辦理，不得率隊攜械直接交涉，致生枝節。日總領事答覆同意。
		備註：本項於事後，由駐奉總領事赤塚正助自動提出公文，照中方要求全體聲明，同意於換文前先行辦結，請求不與解決案同時發表。

資料來源：「長春案日本所提解決辦法六條並附擬宣布文稿傷單像片文件」（1919 年 9 月 11 日）、「函述長春案近日交涉情形」（1919 年 11 月 13 日）、「報告長春案議結情形」（1919 年 11 月 18 日）、「長春案另項規定取締日軍一節日領提出公文聲明同意」（1919 年 11 月 25 日）、「抄送日使關於取締日軍同意文稿」（1919 年 11 月 28 日）、「同二十五日電」（1919 年 11 月 29 日）、〈長春中日兵衝突〉，《北洋政府外交部》，中央研究院近代史研究所檔案館藏，檔號：03-33-016-01-005、03-33-016-02-006、03-33-016-02-010、03-33-016-02-017、03-33-016-02-018、03-33-016-02-020。

附錄四

日軍驗屍單〈慘殺寫真摘要〉

編號	單位	職銜	姓名	驗傷情形
1	日本步兵第五十三聯隊	陸軍步兵中尉	住田米治郎*	1、頭部受貫通槍創。 2、顱頂部受打撲傷，頭蓋骨粉碎。 3、前額部被中國兵以銃劍亂刺。 4、頭蓋腔內空虛，左眼球被挖去。
2		陸軍步兵軍曹	森井音吉	1、頭部及左大腿受貫通槍傷。 2、頭部受槍托打傷，頭蓋骨粉碎。 3、頭部被銃劍亂刺，腦漿流出。 4、左眼珠及口部遭銃劍挖傷。 5、左耳被割去。
3		陸軍步兵一等卒	足高奈良三*	1、胸部受貫通槍傷。 2、右臉頰部全被挖傷。 3、腹部遭銃劍亂刺。 4、股部被割裂。
4		陸軍步兵二等卒	中尾義一*	1、頭部受貫通槍傷。 2、右前膊筋骨被削，腕關節脫離。 3、拇指球部筋骨被削。 4、臉面遭刺傷數處。
5		陸軍步兵一等卒	井上俊三	1、胸部受貫通槍傷。 2、右頰受銃劍刺傷。 3、臉面數處被最銳利之兵刃亂砍砍傷。

說明：＊住田米治郎、足高奈良三、中尾義一，亦寫作：住田米次郎、足高奈良造、中尾儀一。參見「寬城子ニ於ケル日中両国兵衝突事件詳報ノ件」，收入外務省編纂，《日本外交文書》，大正 8 年第 2 冊下卷，頁 980-981。

資料來源：「長春案日本所提解決辦法六條並附擬宣布文稿傷單像片文件」（1919 年 9 月 11 日），〈長春中日兵衝突〉，《北洋政府外交部》，中央研究院近代史研究所檔案館藏，檔號：03-33-016-01-005。

1920 年代的胡惟德使日與中日關係[*]

任天豪
國防大學通識教育中心副教授

一、前言

　　1920 年 1 月初，國際聯盟（League of Nations）正式開議，一種具有康德（Immanuel Kant, 1724-1804）式理想主義（Idealism）性質的國際組織終於出現，世界局勢彷彿正朝向國家地位平等、訴諸集體安全等不同於以往的外交概念發展。[1]然而，隨著美國國會拒絕加入國際聯盟，以致國聯威信下挫，即連歐陸本身都還無法確保和平，一年之中爆發多次軍事衝突，遑論其他地區。同一時間的中國則在年中爆發直皖戰爭，原與日本關係頗佳的段祺瑞（1865-1936）從此失勢，輔以五四運動燃起的民族主義風潮，中國政局也需重新洗牌。[2]也就是說，原先所期待的穩定，至此

* 本文曾於 2020 年 1 月 17 日假國立政治大學人文中心「近代亞太地區的張力：海權、陸權與國際互動研討會」發表，承評論人國立臺灣師範大學楊凡逸教授、東京大學川島真教授等學界先進之指教；送審後又經匿名審查人惠予卓見，獲益良多。謹在此向以上諸位先進致以謝意。

1 著名歷史學者卡爾（Edward H. Carr, 1892-1982）之 *The Twenty Years' Crisis, 1919-1939: An Introduction to the Study of International Relations*（1939）便係認為兩次大戰期間，全球「過於側重理想主義的缺失，重新強調現實主義觀點」的著作，參見唐欣偉等著，《國際關係理論入門》（臺北：五南圖書出版股份有限公司，2018），頁 23-24。而有關康德思想與理想主義的關係，則可參見陳士誠，〈論康德之國際聯盟與國家理念〉，《歐洲國際評論》，第 6 期（2010 年 7 月），頁 129-150。

2 巴黎和會與中國國內運動，以及民族意識所致氛圍之間的關係，學者無論從外交或內政的角度，均已覷見端倪。參見唐啟華，《巴黎和會與中國外交》（北京：社會科

實已體現其未必如是的趨勢。此種表裡不一的形勢，是中國必須面對的問題，也形成 1920 年代以後權力格局的關鍵所在。在此格局之下，原即與日本處在緊張關係的中國，自也面臨維持和平、避免戰端的對外局勢。

若根據柯偉林（William C. Kirby）對整個民國時代對外關係的敘述，似可描繪出一幅 1920 年代中國外交的概括圖像：當中國總算因西方「開始從中國撤退」而稍微擺脫既有的壓力時，日本不免已在列強先於 20 世紀初便「把日本囊括進來」、且「從而極其嚴重限制了清帝國的外交自由」的基礎上，有效地將西方退位後的權力空間加以充填。此使 1920 年代以前的中國，即使「成為重組中的多極國際體系的一員」，看似相較清季「未能加入十九世紀末二十世紀初的國際盟約體系，縱使他想加入時也不行」的狀況大有進步；且亦「如張永進所闡明，民國在其 1918-1920 年外交中第一次自覺地進入『國際社會』，並同意遵守理論上約束國際行為的條例和規範」，也「成了國際聯盟『宇內合作』的積極分子」。然因日本已是此間施壓於中國的主要來源，故此中國對外關係裡的外力從未消失，只是方向漸從「列強」轉為「日本」一元而已。[3] 據此，在此外來壓力程度未必減輕、方向則更集中於日本一角的情況下，如何維持其程度而不向危局邁進，不可不謂重要的外交工作。兼以日本此時正好亦因處於華盛頓體制之下而走回相對穩定的對中協調外交之路，[4] 在此形勢下，外交折衝的重要性更為體現。

「外交官」（diplomat）是外交折衝的第一線，彼時中日之間的交涉，

學文獻出版社，2014）；鄧野，《巴黎和會與北京政府的內外博弈：1919 年中國的外交爭執與政派利益》（北京：社會科學文獻出版社，2014）。

[3] 以上描述係就柯偉林所言之民國以來國際環境內涵所改寫，請見柯偉林（William C. Kirby）著，魏力譯，〈中國的國際化：民國時代的對外關係〉，《二十一世紀雙月刊》，總第 44 期（1997 年 12 月），頁 38。另按其中之張永進者，應為張勇進，該譯文可能有誤；「宇內合作」一詞，則係柯偉林借用基歐漢（Robert O. Keohane）的說法而來。

[4] 川島真，〈戰後日中「和解」への道程とその課題：安倍談話の観点をふまえて〉，《問題と研究》，第 44 卷 4 号（2015 年 12 月），頁 7。

也有賴於駐使與當地政府直接進行的成效，駐日公使的責任之大，自不待言。然自章宗祥（1879-1962）離任之後，中國已有超過一年未能順利派遣公使駐日。對此主要壓力來源的日本，中國竟然長期未有使節派駐，委實難以置信；何況中國此時民族意識昂揚，如蔡元培（1868-1940）等知識分子，亦直言斯時「全國國民所最注意者，殆莫過於山東問題矣」，[5] 可見日本在當時中國外交事務裡的關鍵地位。[6] 這便顯現出此一使任之懸缺，及其後來的派任成功等過程，內中必有值得探討之處。而在 1920 年 8 月 17 日時，著名的外交官顏惠慶（1877-1950）履任外交總長，[7] 更動駐外使節。三日之後，即傳出將以胡惟德（1863-1933）使日的消息。[8]

　　由於日本自甲午戰爭之後，便即成為中國最重要的外交對手；迨自中華民國成立，更有諸多事件與其相關，其中尤有不少導致中國外交界的大動盪。例如 1915 年的「二十一條」，使袁世凱（1859-1916）、陸徵祥（1871-1949）大受抨擊，1919 年五四運動的發生，則令曹汝霖（1877-1966）、章宗祥、陸宗輿（1876-1941）等人身敗名裂。而 1919 年 8 月 19 日，報載中國政府「擬將派駐英、美、日、法、義五公使改為大使」，[9] 更可見中國外交界對日本的重視。

5　馬建標，〈「亡國陰影」下的政爭：華盛頓會議期間的中國民族運動〉，收入金光耀、欒景河主編，《民族主義與近代外交》（上海：上海古籍出版社，2014），頁 127。

6　許多學者都注意到外交官在此時期中的表現，對於中國外交成果的影響程度，包括前述唐啟華、川島真等。川島真所著《中国近代外交の形成》係為日本學者大量採集相關檔案，且系統性針對清季北洋外交史進行探討的研究成果，同樣也能體現中國在此段逐步走向現代化的時期中，遭遇的難題與如何嘗試克服的歷程，以及諸外交官的態度與行動所致結果。參見川島真，《中国近代外交の形成》（名古屋：名古屋大学出版会，2004）。該書已有中譯版，請見川島真著，田建國譯，《中國外交的形成》（北京：北京大學出版社，2012）。

7　〈專電一〉，《申報》（上海），1920 年 8 月 18 日，版 3。

8　「駐日使定胡惟德。」參見〈專電一〉，《申報》（上海），1920 年 8 月 21 日，版 3。另按本文引註中，有時會出現胡「維」德之名，係當時報導之用法。為尊重史料故，恕不更改。

9　〈各通信社電一〉，《申報》（上海），1919 年 8 月 19 日，版 4。

　　然而對此重要的外交對象，中國卻長期以「一等秘書官」代辦使事，著實不可思議。1919 年 4 月，原任日使章宗祥離職，故自 10 日起即由「一等秘書官代辦使事」莊景珂（1886-1934）代理使日職務，隔年 9 月 19 日，則轉為「參事銜一等秘書官代辦使事」王鴻年（1874-1946）負責，至 11 月 8 日方才卸任。在此長達一年半以上的時日中，中國未派新使駐節日本。[10] 此種狀況，可能與當時之出使日本一事，已被部分外交官視為畏途的環境有關。蓋如《申報》曾謂：

> 自章宗祥免職，駐日公使至今尚未定人，吾國既拒絕簽字，對日外交此後急形棘手，莊景珂必不能勝任，政府亦知之。前有擬任姚震之信，聞姚已表示不就；又有擬調胡維德之說，胡至今尚未歸國。當此青黃不接之時，而後任公使呼聲最高之江庸，適於此際歸國，於是大惹世人之注目。在欲得公使方面之人，皆謂江氏此行實為運動公使；而江氏方面消息，則謂決意不復赴東，此來特面向當局請辭留學生監督差缺。聞江昨日謁東海時，歷述在東辦事為難情形，並表示決不再任之意，雖經東海慰留，尚未有結果。[11]

　　另外，如胡惟德也曾推辭該任；[12] 原擬派任的劉鏡人（1866-?）尚未到任，[13] 亦立刻稱病辭退，[14] 或許都是因為如同江庸所謂「在東辦事為難」

10　中華民國外交部檔案資訊處編，《中國駐外各公、大使館歷任館長銜名年表》（臺北：臺灣商務印書館，1989），頁 10-11。
11　〈京華短簡〉，《申報》，1919 年 7 月 17 日，版 7。按文中之「東海」，係為徐世昌（1855-1939）之號。
12　「駐日公使比擬胡維德，胡表示不就。」參見〈京華短簡〉，《申報》（上海），1919 年 7 月 29 日，版 6。
13　中華民國外交部檔案資訊處編，《中國駐外各公、大使館歷任館長銜名年表》，頁 11。
14　「本日閣議，駐日公使劉鏡人因病辭職，准以胡惟德調任」，〈專電〉，《申報》（上海），1920 年 8 月 25 日，版 3。

的情勢使然。是以本文著眼於此，乃以胡惟德終於成為此一時勢中，首位駐日公使的前因後果，及其赴日之後的表現概況，做為探討前述中國對日局勢及其內涵的切入點。

二、胡惟德外交生涯與出使日本

此時的胡惟德，擔任駐外使節已長達十五年左右，與其輩分、資歷接近者，大約僅伍廷芳（1842-1922）、孫寶琦（1867-1931）、梁誠（1864-1917）三人，連汪大燮（1860-1929）亦稍有不及。畢竟汪大燮首次出使時間為光緒 31 年（1905），較光緒 28 年（1902）真除駐俄公使的胡惟德晚了三年左右。胡惟德雖是中國外交界中數一數二的資深前輩，但精力與專業素養究竟難比國外西學出身的第三代外交官。然而，甫任外長的後生小輩顏惠慶出身留學界，精明幹練，卻未自國外西學之士中揀擇使日人選，而以胡惟德任之，應有特別仰仗之處。

胡惟德離職法使後，行蹤少見於各資料，可能於歸國後即長留中國，且至少在隔年 7、8 月間居於北京。因為顏惠慶履任外長後一週左右，即為派胡惟德使日一事，「親往胡寓徵求同意」。[15] 可見胡惟德雖長年在外，心理上似仍較習慣中國的生活方式，不似陸徵祥、顧維鈞等西化較深之外交官，即使身無使務，猶願經年居於外國。此一差異，或可做為胡惟德在屬性上較為接近傳統士人、而非西學洋化之士的例證。另外，顏惠慶為派使駐日特別親赴胡惟德宅邸，一方面可能出於表達尊重外交界前輩之意，一方面則與駐日公使人選的難產有關。

在章宗祥遭到免職之後，[16] 中國的繼任日使人選始終難定，其間多人被傳即將駐日。例如在前述姚、胡、江、劉等人之外，也曾傳出「駐日公

15　〈專電〉，《申報》（上海），1920 年 8 月 24 日，版 3。
16　章宗祥於 1919 年 4 月 11 日離職，6 月 10 日免職，參見中華民國外交部檔案資訊處編，《中國駐外各公、大使館歷任館長銜名年表》，頁 10。

使聞已內定曾宗鑒，惟又有劉式訓說，未知孰是」等說法。[17] 另除以上諸人外，暫時代辦的莊景珂則被外界認為「虎視眈眈」，有志於此；「吉黑權運局長曾宗鑒亦謀此席」，為駐日公使一職誰屬，憑添諸多變數。[18] 但 1919 年 7 月 28 日，傳出確定將由曾宗鑒（1882-1958）出使的消息，[19] 看似終於得能解決此問題。然而，或因國內政情不穩，政府遲未發表新使命令，相關耳語不絕於報，甚至又有高而謙（1863-1918）出線之說。[20] 總之駐日公使一職，眾論紛紛，但始終只聞人聲、不見人影，確認人選曖昧難明。

此種情況，可能與當時中國正值所謂「國無共識」的時代氛圍有關。在此「似乎正處於一個轉變的臨界點」之時，國內政壇很難對於重要事務能立即而有效率的反應。直到 8 月 14 日，報載「駐日公使決任劉鏡人」，[21] 17 日更為篤定。[22] 19 日閣議時，終於「提出任命劉鏡人為駐日公使案」並「決議即日提交新國會同意」。[23] 27 日「劉鏡人使日案，參院以八十九票通過」，[24] 9 月 3 日任命令下達，[25] 使日波折才暫告底定。此一過程，可以體現在中日關係不睦的形勢下，即使日本尚未採取行動，既有的壓力便已造成中國內部對抗意識昂揚的局勢了。

---

17 〈各通信社電〉，《申報》（上海），1919 年 7 月 27 日，版 6。

18 〈京華短簡〉，《申報》（上海），1919 年 7 月 29 日，版 6。

19 〈各通信社電一〉，《申報》（上海），1919 年 7 月 28 日，版 4。

20 〈專電〉，《申報》（上海），1919 年 8 月 7 日，版 6。也有謂「駐日公使尚未定人，在中日交涉未了前，由莊景珂維持現狀，一說將任高而謙。」參見〈專電〉，《申報》（上海），1919 年 8 月 10 日，版 4。然此消息顯係謬說，高而謙早於 1918 年 5 月便已辭世。

21 〈專電〉，《申報》（上海），1919 年 8 月 15 日，版 4。

22 「駐日公使先擬劉式訓、繼擬高而謙，均未確定。聞最近又改擬劉鏡人，現已電商同意，一俟商定即可發表。」參見〈京華短簡〉，《申報》（上海），1919 年 8 月 18 日，版 6。

23 〈京華短簡〉，《申報》（上海），1919 年 8 月 22 日，版 7。

24 〈專電〉，《申報》（上海），1919 年 8 月 28 日，版 3。

25 「九月三日大總統令：任命劉鏡人為駐日本國特命全權公使，此令。」參見〈命令〉，《申報》（上海），1919 年 9 月 6 日，版 3。

　　然而，劉鏡人對此職敬謝不敏，[26] 使原以此職無望而「請辭日館參事」的莊景珂，[27] 又得續任代辦使事之職。但當局始終不願真除莊景珂，又傳出將再以汪大燮使日的消息，[28] 此說係因胡惟德歸國後向外部推薦所致，惟汪大燮仍「以交際多繁，力辭不就」，[29] 故年底又有將以胡惟德使日之說，[30] 但最終仍未落實。此後，因劉鏡人堅不赴任，駐日公使繼續懸缺。揆諸劉鏡人、劉式訓（1869-1929）乃至胡惟德、汪大燮等久歷使職的外交官，均不願就任駐日公使，可見此職之難為；至於莊景珂、曾宗鑒等資淺官員仍欲追求，可能是將此職視為終南捷徑，並不表示其必定適任，符合當時中國所需。

　　駐日公使久懸難決，不僅顯現中國對日關係不夠週到的缺失，亦使中日無法商議山東問題的情形更加嚴重。1920 年 4 月 26 日，傳出日本駐華使署致一「公文書送外部，催山東交涉之答覆」的消息。[31] 隔日該照會正式送達，「大意謂德人山東權利移轉，已得完全證據，只為中日友誼計，不得不催請開議。原文極長，言外有不議亦可自由行動意。」[32] 對日方的積極舉動，中國當局隨即召開閣議，決定「由外部討論辦法」，並「在未經決定以前，對於日使催促來文暫緩答復」。[33] 此顯示中國不派駐日公使，已經使得日方感到不悅，而中國暫時仍無法給予明確答覆。

　　事實上，山東問題早在巴黎和會之時，便已因為《中日密約》的桎

26　「劉鏡人使日令頃發表，劉尚辭。」參見〈專電二〉，《申報》（上海），1919 年 9 月 4 日，版 6。顏惠慶稱「劉鏡人去東京是明升暗降」，不知為何。參見顏惠慶著，上海市檔案館譯，《顏惠慶日記》，第 1 卷（北京：中國檔案出版社，1996），頁 929。

27　〈京華短簡〉，《申報》（上海），1919 年 9 月 8 日，版 6。

28　〈專電〉，《申報》（上海），1919 年 10 月 7 日，版 3。

29　〈專電〉，《申報》（上海），1919 年 10 月 9 日，版 3。

30　「駐日公使決以胡維德調任。」參見〈專電一〉，《申報》（上海），1919 年 12 月 31 日，版 3。

31　〈專電一〉，《申報》（上海），1920 年 4 月 27 日，版 3。

32　〈專電一〉，《申報》（上海），1920 年 4 月 28 日，版 3。照會內容可見〈專電一〉，《申報》（上海），1920 年 4 月 29 日，版 3。

33　〈京華短簡〉，《申報》（上海），1920 年 4 月 30 日，版 7。

楛，致使中國採取不承認密約而欲透過國際調停的立場，降低了雙方直接
交涉的可能性。然在國際現勢之下，閣議雖有暫緩答覆的共識，中國各界
卻均知此事「已無延宕餘地」。[34] 然則此時竟連駐日公使且不得其人，遑
論有效交涉？同時，駐日使館尚由莊景珂暫理，但外部對其處事態度已經
有所不滿；[35] 而外部答覆日方照會送致日館後，中日關係更形緊張。[36] 故至
5 月之時，使日問題復起，此次即將人選指向胡惟德。[37]

　　雖說如此，胡惟德卻極力否認，不願擔任駐日公使。胡惟德曾幽默
地對他人言之，「安有舍巴黎而就東京之理？」表示拒絕受任的態度，而
《申報》亦言「觀其於政治上之興味，似甚淡薄」，而傳出當局欲以李家
鏊（1863-1926）出任之說。[38] 筆者推測，胡惟德在民國建立之後，便即有
意淡出外交前線，或者尋求相對「輕鬆」的出使職務，[39] 此時更可能認為
當時中日局勢艱難，使日之職自須有能者居之，而其個人已屬落伍，恐不
能膺任。

　　另外，斯時中國內政亦紛擾不堪，內閣常有重組之說。在胡惟德拒絕
使日後，亦傳出將「暫時不提」駐日公使，而任命顧維鈞、王正廷（1882-
1961）、施肇基（1877-1958）「為國際聯盟代表」、原外次陳籙（1877-

34　〈魯案已無延宕餘地〉，《申報》（上海），1920 年 4 月 29 日，版 6。
35　如「外部電莊代辦，詰責不應對館役張金海交付日人，喪失體面，責令索還。但
　　莊來電謂已交涉多次，日人不理。」參見〈專電一〉，《申報》（上海），1920 年 4 月
　　29 日，版 3。
36　該覆文拒絕日方所提開議之說，稱「中國對膠、澳問題，在巴黎和會之主張，未
　　能貫徹，因之對德約並未簽字，自未便依據德約逕與貴國開議青島問題。」參見
　　〈魯案回文已送達日使〉，《申報》（上海），1920 年 5 月 25 日，版 6。另外，日本也
　　因中國之答覆，「擬先向各國聲敘中國不願開議，日無從踐約還青島。」參見〈專
　　電〉，《申報》（上海），1920 年 5 月 25 日，版 3。
37　如「胡維德有駐日說。」參見〈專電〉，《申報》（上海），1920 年 5 月 22 日，版 6。
38　〈京華短簡〉，《申報》（上海），1920 年 5 月 26 日，版 6。
39　有關胡惟德在民國後主動採取相對退讓姿態的探討，可參見任天豪，〈被「大人物
　　視角」遮蔽的北洋外交史：從胡惟德重看北洋外交與民國外交官的世代交替〉，
　　收入廖敏淑主編，《近代中國外交的新世代觀點》（臺北：政大出版社，2018），頁
　　279-282。

1939）使法、胡惟德則為外交總長的說法。[40] 但胡惟德對仕宦或許已不熱衷，亦早有閒居之意，對使日、外長等吃力而難有表現的職務，自無太大興趣。

　　當時適逢張作霖（1875-1928）入京「調停」之時，周樹模（1860-1925）有繼靳雲鵬（1877-1951）組閣之說。[41] 胡惟德出掌外部，即係周樹模內閣所欲進行之安排。[42] 但周樹模與胡惟德之間似乎並無特別瓜葛，故周樹模此舉可能係出自總統徐世昌之議。蓋徐世昌與胡惟德交情頗佳，且此次內閣名單「係徐〔世昌〕、段〔祺瑞〕直接商定」，[43] 原則在於「不用安〔福〕系、延攬聲望較好、南北同認者充選」。據此標準，原本有以顏惠慶任外長之意，[44] 後則確定為胡惟德。[45] 但因張作霖堅擁已辭職之靳雲鵬，周樹模組閣之望落空，於是乃暫由海軍總長薩鎮冰（1859-1952）續領內閣，閣員一如原靳雲鵬內閣，直至 8 月 9 日靳雲鵬重新組閣為止。[46] 在靳雲鵬的新內閣中，原本仍有胡惟德掌外部之說，[47] 然或因徐世昌欲使早已離京的靳雲鵬早日歸來，以符合曹錕（1862-1938）、張作霖的期望，

---

40 〈中國之對外各問題〉，《申報》（上海），1920 年 6 月 18 日，版 6。
41 〈周閣決定之經過與將來〉，《申報》（上海），1920 年 7 月 2 日，版 6。
42 「周內閣照昨電外，農商張志潭、外交胡維德，陸海軍不動。但此係府單擬定，均尚未徵本人同意。」參見〈專電一〉，《申報》（上海），1920 年 7 月 1 日，版 4。
43 〈專電〉，《申報》（上海），1920 年 7 月 4 日，版 4。周樹模內閣與當時北京政權的關係，可參見〈北京通訊〉、〈北京通信〉，《申報》（上海），1920 年 7 月 3 日，版 6。
44 〈專電一〉，《申報》（上海），1920 年 7 月 2 日，版 4。
45 〈專電〉，《申報》（上海），1920 年 7 月 6 日，版 6。
46 劉壽林、萬仁元、王玉文、孔慶泰編，《民國職官年表》（北京：中華書局，1995），頁 103-104。
47 「新內閣組織之人物，傳說不一，惟據政界人云，靳雲鵬代理總理、胡維德長外交、潘復長財政，可望成事實。」參見〈太平洋路透電〉，《申報》（上海），1920 年 8 月 3 日，版 6。此極有可能確為徐世昌之意，因「靳閣以派署形式成立……聞其〔閣員〕決定之大致，除海軍由薩氏蟬聯外，其餘各部，聞頗屬意……顏惠慶之外交。而外間所傳則稍不同，謂閣員分配問題，仍非靳氏完全自主，係由曹〔錕〕、張〔作霖〕兩使與東海所派代表會商，昨日完全決定：外交胡惟德……」參見〈派署令將下之靳閣〉，《申報》（上海），1920 年 8 月 7 日，版 6。

遂不得不接受靳雲鵬所提之閣員名單，胡惟德因此被棄。此次派任胡惟德出任外長之舉，不知是否徵得胡惟德同意；即便胡惟德同意，恐亦有難辭徐世昌美意的成分。故對胡惟德而言，此次的無法入閣，或許反而更合其意。

得能閒居的胡惟德，悠閒之日並無多久。8 月 23 日，又有將以胡惟德出任日使消息，傳出「胡惟德將轉任使日，以陸徵祥使法，兼充國際聯盟全權代表」之說。[48] 隔日即有新任外長顏惠慶親赴胡宅懇請之事。而除顏惠慶外，徐世昌亦曾「因引渡禍首及魯、閩、廟街各案急待解決，是以疊與胡維德磋商，令其勉力擔任駐日公使之職，以便上列各案有人負責交涉。」但「胡氏個人對於駐日公使一職，刻已表示同意，惟於外交各案，仍請中央負責，個人決難單獨進行，並要求關於駐日使館之公費，亦須按月撥發，以免無法籌措時發生困難。東海已允所請，胡遂允就。」[49] 8 月 31 日，日方對胡惟德使日一事表示同意，胡惟德乃決定「先回滬、再就任」。[50] 9 月 10 日，徐世昌下令解除從未赴任的劉鏡人使日職務，改令胡惟德駐日，[51] 懸宕多時的駐日公使一職，終告塵埃落定。

由胡惟德接任日使前的人選波折，到其應允出任以後所開的就職條件觀之，使日一職除須面對日方壓力外，使館經費也有不足之虞。胡惟德即在舊識徐世昌、顏惠慶的屢次敦請下，猶需提出條件，方願允任，可見當時駐日公使之難為。而胡惟德將對日諸多交涉之責交由中央擔負，自居交涉之二線，也可解釋何以其使日任上多處理一般事務交涉的原因。不過，斯時中日關係緊繃，胡惟德不可能完全迴避來自日方的壓力，因此他在日之時，仍有部分重要交涉值得注意，其中又以山東問題最為重要。

48　〈專電一〉，《申報》（上海），1920 年 8 月 23 日，版 3。
49　〈胡維德就職條件〉，《申報》（上海），1920 年 9 月 8 日，版 7。
50　〈專電一〉，《申報》（上海），1920 年 9 月 1 日，版 3。
51　「九月十日大總統令：又令署外交總長顏惠慶呈駐日本國特命全權公使劉鏡人懇請辭職，劉鏡人准免本職，此令。又令調任胡惟德為駐日本國特任全權公使，此令。」參見〈命令〉，《申報》（上海），1920 年 9 月 12 日，版 3。

三、迭經波折的使日行

　　胡惟德決定出使日本前，中日間最直接的交涉要事，除山東問題外，乃是九名安福系「禍首」如徐樹錚（1880-1925）、段芝貴（1869-1925）等投奔日使館要求庇護之事。[52] 段祺瑞之安福系在直皖戰爭後崩潰，曹錕、張作霖等皆要求懲治其黨羽，但日本之庇護卻讓此計畫不能實行。因此，胡惟德使日後的第一要務，即為「引渡禍首案」。[53] 優先辦理此案「係政府所授意」，政府甚至「囑其早日赴任」，以「先從事於禍首引渡之交涉」。於是，胡惟德「擬調王鴻年為一等秘書、張元傑為二等秘書」，妥定人事概要後，即大致完成出發前的準備，「允於兩星期內啟程前往」。[54]

　　但其實「不引渡政治犯」大抵係當時國際公法中的原則，胡惟德引渡禍首交涉本非易事；[55] 當時中日各類交涉糾結，感情亦非甚睦，成功達成駐日公使的使命更難。故當胡惟德準備赴日時，日人進兵琿春等要事爆發，中日情勢更形緊張。原訂即將出行的胡惟德，竟突然微感小恙，「因病不能即赴東京」；[56] 無法遂意充任日使的駐日代辦莊景珂，亦於此時電催胡惟德，聲稱自身「多病，精神不振，對於代理公使職務實難支持，擬懇速飭胡公使剋日來日接任，以專責成。」[57] 有病難以視事是中國官場向有之理由，胡、莊的患病很難斷定是否為真，或許各有打算。例如莊景珂不無心灰意冷、不願流連之故；而衡諸胡惟德性格，亦難免讓人懷疑其為逃避不易而又難以有功的引渡禍首、琿春等交涉，因而刻意稱病拖延。輿論亦如此猜測：

52　〈日使保護禍首之通告〉，《申報》（上海），1920 年 8 月 11 日，版 6。

53　「胡維德使日令發表後辭赴滬，半月內東渡，預計到任先辦引渡禍首案。」參見〈專電一〉，《申報》（上海），1920 年 9 月 3 日，版 3。

54　〈胡維德赴日準備〉，《申報》（上海），1920 年 9 月 7 日，版 6。

55　周鯁生，《國際法大綱》（上海：商務印書館，1933），收入《民國叢書》編輯委員會編，《民國叢書》，第一編第 31 集（上海：上海書店，1989），頁 153。

56　〈北方政局記〉，《申報》（上海），1920 年 9 月 14 日，版 6。

57　〈莊景珂電催胡維德〉，《申報》（上海），1920 年 9 月 18 日，版 6。

> 魯、閩懸案未決，琿春事件又來，新任日使胡維德，遲不□
> 〔按：原文不清，推測為「赴」〕任，莊景珂代使軟弱無能，竟
> 使中日交涉集中之地，無一折衝樽俎之人，於外交上之危險，
> 實屬無可諱言。近當局迭催胡使迅速履新，並傳胡氏有於下月
> 三日由滬起程赴日之說。但詢某方面，據稱胡氏旋里，舊疾復
> 發，年內恐不能赴任。是否畏難而退、託病以辭，尚未證實。
> 惟當局則深恐貽誤事機，已令駐日公使館一等秘書王鴻年以代
> 辦公使名義，赴日與莊實行交代，並令對於琿春事件，嚴拒日
> 本出兵。[58]

總之，胡惟德雖已受命使日，卻未照預定之「兩週啟程」計畫成行。

經過一番折騰，胡惟德終於確定「下月〔10月〕五日出京，取道上海赴日使任」。[59] 然而 10 月 1 日時，又改定「十一月一日自滬搭日船赴任」，極盡拖延之能事。[60] 對此，胡惟德個人的理由係因其使日首要任務為日本悍然拒之的「引渡禍首」案，因此不能再以一般交涉手段進行。胡惟德認為「此種引渡之要求，純以法院所檢舉之罪證為依據，故請顏外長咨請法院，迅速檢舉該禍首等犯罪之證據，以便赴任後向日政府要求引渡之張本。」[61] 但咨請法院檢舉罪證，實可與啟程赴日同時進行，胡惟德此言無異推託。10 月 4 日，胡惟德入晉徐世昌，得其「又將魯閩兩案之情況詳為告知，以便抵日本後根據辦理」，[62] 顯示胡惟德此行之任務，實以山東問題為主。隔日，胡惟德終於按約離京，乘上午 8 時 35 分「快車出京」，「府、院方面均派代表至車站歡送，而外交總長顏惠慶及日本駐華公使

58　〈琿春交涉仍無進步〉，《申報》（上海），1920 年 10 月 24 日，版 6。

59　〈專電〉，《申報》（上海），1920 年 9 月 30 日，版 3。

60　〈專電二〉，《申報》（上海），1920 年 10 月 1 日，版 6。

61　〈胡維德預備赴日〉，《申報》（上海），1920 年 10 月 2 日，版 7。

62　〈胡維德晉辭大總統〉，《大公報》（天津），1920 年 10 月 5 日，第 1 張。

小幡酉吉亦均至月臺送行」。[63] 隔日抵上海後，又有「滬交涉署科長陳世光、[64] 淞滬警察廳長代表、滬寧滬杭二路趙局長及各機關人員」至車站歡迎胡惟德，並有「地方警察及路警均在站照料」，胡惟德亦「下車與歡迎諸人一一握手，由警察陳巡官引導出站，即乘汽車而去」，頗為風光。[65] 由胡惟德出京及抵滬時所受禮遇來看，雖非中國外交界空前絕後之舉，但已可充分顯示胡惟德此時使日的重要性，及其在中國外交界的前輩地位。

　　11 月 6 日，胡惟德抵達日本神戶，同船抵日的尚有「前駐法日使松井」。[66] 該人即為松井慶四郎（1868-1946），1906 年曾在法任職，1915 年任日本駐法大使，巴黎和會時亦為日方全權之一，與時為中國駐法公使的胡惟德應有不少往來。二日後，胡惟德至使館履新，接任駐日公使，[67] 只是部分事務因其遲至，早已「由代辦公使向日政府提出矣」。[68] 12 月 1 日，胡惟德至日皇宮中，謁見代表大正天皇（1879-1926）的日本皇太子裕仁（1901-1989）。除呈遞國書外，「且入見日后」，[69] 正式成為中日之間的溝通橋樑。

　　對中國外交部而言，以胡惟德使日的最大目的，或許即在此處。蓋其時不止山東問題未決、引渡禍首未了，日人進兵琿春、廈門等事，在在皆使中日關係緊張不已。而外交總長顏惠慶係一才幹傑出、識見卓越的外交家，不少中日交涉乃由其在國內親理，態度堅定果決，難免令日方不滿。而留胡惟德在日折衝，即可以其資歷輩分使日人敬、忠篤性格使日人信，

63　〈胡維德出京盛況〉，《申報》（上海），1920 年 10 月 8 日，版 6。
64　陳世光為胡惟德長子胡世澤（1894-1972）之岳父，亦即胡惟德之兒女親家，參見 Mona Yung-Ning Hoo, Painting the Shadows: The Extraordinary Life of Victor Hoo (London: Eldridge & Co., 1998), p. 22.
65　〈新任駐日公使抵滬紀〉，《申報》（上海），1920 年 10 月 7 日，版 10。
66　〈日本近事記〉，《申報》（上海），1920 年 11 月 8 日，版 6。
67　中華民國外交部檔案資訊處編，《中國駐外各公、大使館歷任館長銜名年表》，頁 11。
68　〈胡維德已赴日履新〉，《申報》（上海），1920 年 10 月 30 日，版 7。
69　〈中國近事記〉，《申報》（上海），1920 年 12 月 2 日，版 6。

或許便有促使僵局軟化的效果。故顏惠慶之敦請胡惟德使日，或即看重胡惟德足以擔任其兩手策略中柔性一角的功能。或也因為顏惠慶借重胡惟德之處，係在溝通及敦睦，故其使日的交涉工作，多無太大重要性，原為首要工作「引渡禍首」，最後亦交由外交部直接負責。之所以如此，其實可能與日本的手段有關。

　　在胡惟德尚未赴日前，日軍忽於 10 月 20 日在中國東北用兵，導致所謂「琿春案」的發生。[70] 日外部聲稱在琿春之韓人攻擊日本領事館，係因中國土匪與其勾結，而中國當局取締不力，因而決定即使中國政府反對，亦將「派遣必要軍隊」，赴當地保護領事館及僑民。[71] 外部對此決定兩項方針：「對於業經抵琿之日軍，由外部負責與日使嚴重交涉，請其一律撤退。其在出動中而尚未抵境者，即由奉吉長官就地向日領切實阻止，以省事□〔按：原文不清〕之周折。」[72] 中國方面在顏惠慶的主持下，「始終守定穩靜態度，以免其他枝節」，[73] 但因日本所提要求「關係太大，政府決定拒絕」，故此問題恐非易與。[74] 尤其顏惠慶又主「非俟日本退兵後，不能與日本公使談判」，局勢更僵。[75] 11 月 16 日，日本所提意見遭中國否決，故日方亦拒絕撤兵。[76] 此事雖由中國在京、奉兩地直接交涉，胡惟德

70　「奉張電：琿春日兵藉剿匪進兵不已，經〔張作〕霖再三阻止無效。據報日兵又開赴延屬三百餘名，請中央再與日使嚴重交涉。頃外部已轉電莊〔景珂〕，并提抗議。」參見〈專電一〉，《申報》（上海），1920 年 10 月 22 日，版 4。

71　〈日外部聲明間島出兵事〉，《大公報》（天津），1920 年 10 月 17 日，第 1 張。

72　〈琿春交涉仍無進步〉，《申報》（上海），1920 年 10 月 24 日，版 6。

73　〈琿春事件近訊〉，《申報》（上海），1920 年 11 月 2 日，版 6。

74　「琿春日兵依然自由行動……政府雖訓令竭力維持主權，然事實上實無主權可維持。聞日本已提出間島善後辦法若干條，要求中國會同辦理，其中十分之九，均為取締朝鮮人方法，并將宣統年間所訂之華韓雜居區域條約改訂。此事關係太大，政府決定拒絕。惟是韓人方面，對於排日舉動仍不少懈，一旦或生變故，又是中國負責，故延琿問題，恐將亙數世紀而不能解決也。」參見〈日本提出善後之辦法〉，《申報》（上海），1920 年 11 月 4 日，版 6。

75　〈最近之琿春交涉〉，《申報》（上海），1920 年 11 月 10 日，版 6。

76　「日本以琿春案要求，我既駁拒，撤兵一節又復食言。」參見〈專電〉，《申報》（上海），1920 年 11 月 17 日，版 3。

功用不大；但同日即傳出託庇日使館的徐樹錚「忽然逸去」的消息，[77]仍使胡惟德的首要工作無法順利進行。

　　日本似有意以縱放徐樹錚之舉，做為報復中國在琿春案上強硬態度的手段。徐樹錚失蹤後數小時內，日使小幡酉吉（1873-1947）即發表照會，謂：

> 本公使護衛隊兵營內所收容之徐樹錚氏，日前迭向本使請求撤廢其當初請求保護，退出公使館外之旨。本公使對之曾切令其反省之措置，迄十一月十四日夜，該氏尚確在該兵營內，乃至翌日十五清晨，徧覓該氏竟不見其所在。護衛隊長現將此旨報告過來，本使不外認該氏十四夜至十五晨之間單身逃出該處。本使曩之收容該氏，僅基於國際通義，並無何等他意，當時收容後，即將事實通告貴國政府，茲該氏逃出事，亦特從速通知貴國政府，即希查照。[78]

　　中國不信小幡之說法，認為係「日署放走小徐」，擬向日本提出抗議，「並求引渡餘犯」。[79]此後引渡禍首案與琿春案似結為一體，不待琿春案解決，引渡禍首案亦無從結之。胡惟德赴日後的首要任務，也成為中日在華直接交涉的事務之一，胡惟德僅負責各犯情報偵蒐等工作而已。[80]1922 年 1 月 1 日，北京政府決定赦免段芝貴等武人，使胡惟德毋須再理

77　「日人方面消息，徐樹錚往日本營房，前晚忽然逸去，現在何處未查出。」參見〈專電〉，《申報》（上海），1920 年 11 月 17 日，版 3。

78　〈專電〉，《申報》（上海），1920 年 11 月 18 日，版 6。

79　〈專電〉，《申報》（上海），1920 年 11 月 18 日，版 6。

80　如 12 月 1 日，胡惟德電致外部，稱中國亦欲追捕的王揖唐（1877-1948）「仍在神戶，並未離日」。參見〈專電〉，《申報》（上海），1920 年 12 月 2 日，版 3；29 日，又稱徐樹錚「確已逃匿大阪」。參見〈徐樹錚逃脫之經過〉，《申報》（上海），1920 年 12 月 5 日，版 7；外部亦「特為此事專電駐日公使胡維德，令其就近調查」。參見〈電令胡使調查小徐〉，《申報》（上海），1920 年 12 月 21 日，版 6。

此事。[81]

　　然則，胡惟德仍可在東京與日本外務省直接對談，對各交涉的順利進行仍有其功，外交部亦決定三項方針，促使琿春交涉早有結論，其中第三項即為「致電駐日本公使胡維德，囑其將我國民情向日本政府詳述」。[82]對此方針，胡惟德則不無政績，如在與日本力爭琿春退兵之事時，將日人的龐雜指控清楚歸類，一一駁斥，竟導致日內閣「即開秘密會議」回應。[83]另外，胡惟德亦曾將日本所提「在東三省之日本領事館，每所准其駐兵五十名，則允將琿春日軍即日撤退」，以「此舉於理不合，中國萬難允許而免各國效尤」嚴拒，令「日當局旋又聲明即將以上所議取消，聲明下次談判，雙方互提條件另行談判」。[84]凡此種種，皆已可見胡惟德不損國權、不辱使命的表現。

四、結語

　　在胡惟德二度使日之時的日本外務大臣，乃是曾於 1901 至 1906 年間駐節中國的內田康哉（1865-1936）。雖然內田在清時日，猶是胡惟德駐俄之時，待胡惟德返國擔任外務部右丞時，內田已改使奧國，兩人並無職務上的直接接觸機會。但一則胡惟德正值日俄爭奪滿洲之時駐俄，兩人不免已「隔空交手」數回；二則至少表示年歲差距僅在兩年左右的胡惟德與內田，實是資歷與輩分在伯仲之間的資深外交人士。故此，以胡惟德為此刻之駐日公使，應代表中國對於中日關係方面的慎重及尊重，圖以胡惟德的名聲做為雙方關係的「潤滑劑」。而真正尖銳的雙邊交涉，則透過北京的後進顏惠慶，直接與輩分接近且更具強勢姿態的小幡酉吉周旋即可。由此

---

81 〈安福罪魁免緝之內幕〉，《申報》（上海），1922 年 1 月 7 日，版 7；〈安福罪魁免緝之一原因〉，《申報》（上海），1922 年 1 月 1 日，版 7。

82 〈琿春交涉之延緩〉，《申報》（上海），1920 年 12 月 3 日，版 7。

83 〈對日外交之兩使電〉，《申報》（上海），1920 年 12 月 12 日，版 6。

84 〈琿春交涉之新條件〉，《申報》（上海），1920 年 12 月 14 日，版 6。

即可看出，派遣胡惟德使日的重點並非真在實質交涉的進展，而是**雙邊關係的維護**。若非胡惟德，當時的中國或許也沒有更適當的人選。

　　大體而言，無論在琿春、引渡禍首等各交涉中，胡惟德所扮演之角色仍與過去使外時相差無幾，多僅為中外兩國的溝通管道之一，或提供外部各交涉之情報與建議，並未實際解決單一交涉。這雖部分出於胡惟德應允使日的條件，但日本當時對此的交涉重心亦在北京，而非東京，故胡惟德的工作內容自亦受到限制。日本黑龍會要人葛生能久（1874-1958），曾歸納胡惟德使日前後的中日五大交涉要項，為寬城子、琿春、福州、湖南、尼港等五事件，但因日本政府皆以小幡酉吉在華直接交涉為手段，故實無甚胡惟德的發揮空間。[85] 惟日方以小幡在華與顏惠慶往來之舉，與前述中國亦欲在京與日直接周旋的規劃相符，是以胡惟德此時的使日任務，實已不是真正的外交前線了。然而，對一名駐外使節而言，達成任務要求、聯繫中外交誼、維持國體與禮儀，仍是其重要職責；尤其胡惟德在中日問題紛雜而令各外交官皆不願使日的情況下，即使本身早有退志，猶在最後應允出使，顯見其尚有一定程度的擔當。或者，也是胡惟德對顏惠慶等後輩的一番掖助之誠。

　　不過，以當時中國的外交情況而論，中日間最重要的問題實為山東問題。此事自巴黎和會時中國拒簽和約以來，雖成為外交懸案，但中國卻從未放棄解決此問題的準備。胡惟德使日後期，恰是中國欲將山東問題提交華盛頓會議（Washington Naval Conference, 1921-1922）解決之時。因此胡惟德使日後期的交涉，大多集中在此事之上，最終也在促使日本需在華盛頓會議與中國協商山東問題的事務方面，提供了一定的助力。[86]

85　葛生能久，《日支交涉外史》，下卷（東京：黑龍會出版部，1939），頁 206-211。

86　參見任天豪，〈華盛頓會議與中國的外交官世代：以顧維鈞、施肇基與胡惟德的行動對照為例〉，「20 世紀的中國與世界：顧維鈞的檔案整理與研究學術研討會」，上海：復旦大學歷史學系，2019 年 12 月 28 日。大致說來，筆者的看法是胡、顏分別在東京、北京扮演白臉與黑臉，「由顏氏在華力主強硬、拒絕直接交涉之態度，而以胡氏在日，負責與日虛與委蛇，拖延魯案交涉的進行」云云。

　　整體來說，在歐戰前後此一被定義為「舊外交到新外交」的歷史事件之後，各國開始致力構築新的外交架構，華盛頓會議正是其具體表現。[87] 故在巴黎和會對歐戰後的世界新局規劃大致浮現，並逐漸在華盛頓會議之時底定的期間裡，中日關係自難不受時局影響，從而進入調整階段。此間早已屬於上一世代外交官的胡惟德，自知其能力不敷時勢所用，仍在顏惠慶敦請之下出馬擔任駐日公使。相較與其同一世代的外交官，不僅多數幾已不在政壇，尚在中央政界或外交領域服務者，大抵只有孫寶琦、汪大燮、沈瑞麟（1874-?）、劉式訓、劉鏡人、施肇基及胡惟德等 7 人，不及原 29 人中之四分之一。（表 1）甚至在此 7 人中，除較「非典型」的施肇基外，也僅胡惟德猶任使職。（表 2）

表 1　1920 年代初期的第二代外交官去向狀況

年分	姓名	清季首次出使國	華會前後之主要職務或去向
1901	張德彝	英義比	1918 年離世
	廕昌	德荷	民國後基本為侍從官，不服務於外交界
	蔡鈞	日	民國後少見記載
	許台身	韓	民國後少見記載
1902	胡惟德	俄	駐日公使
	楊兆鋆	比	1917 年離世
	梁誠	美西秘	1917 年離世
	孫寶琦	法	曾任外長、二任總理，1920 年為稅務督辦
	許玨	義	1916 年離世
	吳德章	奧	民國後多任職海軍，不服務於外交界
1903	楊樞	日	1917 年離世
	楊晟	奧	1919 年短暫任駐滬交涉員，1921 年代表政府考察南洋，基本上未居要職
1904	曾廣銓	韓	歸國後致力文化事業，民國後少見記載

87　此為入江昭的說法，請見入江昭，《極東新秩序的摸索》（東京：原書房，1968），頁 3-4。轉引自川島真，〈再論華盛頓會議體制〉，「北洋政府的中國外交學術討論會」，上海：復旦大學歷史學系，2004 年 8 月 27-28 日。

表 1　1920 **年代初期的第二代外交官去向狀況（續）**

年分	姓名	清季首次出使國	華會前後之主要職務或去向
1905	陸徵祥	荷	以駐瑞名義在瑞士生活，然實已淡出
	劉式訓	法西	外交部次長
	汪大燮	英	中國紅十字會會長，多次擔任外長、總理
	李經邁	奧	閒居上海，親近宗社黨
	黃誥	義	遺老自居，無官職
1907	薩蔭圖	俄	民國後少見記載
	錢恂	荷	大抵退出政界
	李家駒	日	閒居青島
	雷補同	奧	閒居上海松江
1909	張蔭棠	美墨秘古	1914 年後即大抵退出政壇
	吳宗濂	義	大抵服務於居地上海
1910	劉玉麟	英	大抵服務於居地廣州、澳門等
	沈瑞麟	奧	1922 年 1 月起任外交部次長
	李國杰	比	安福國會解散後，基本上避居上海
1911	劉鏡人	荷	1919 年原訂駐日未赴任，大抵服務於外部
	施肇基	美墨秘古	1921 年起由駐英公使轉使美國

資料來源：依任天豪，〈胡惟德與近代中國的「弱國外交」〉（臺中：國立中興大學歷史學系
　　碩士論文，2004）並綜合資料考察。

表 2　1920 **年代初期尚在外交領域的第二代外交官及其出身**

姓名	出身	此前最高外交相關職務
胡惟德	廣方言館，算學舉人	代理外交總長，駐法公使
孫寶琦	蔭生	外交總長、臨時國務總理
劉式訓	廣方言館，曾短暫入巴黎大學學習	外交部次長
汪大燮	舉人	外交總長
沈瑞麟	舉人	駐奧公使（1910-1917）
劉鏡人	廣方言館，短暫在法留學	駐俄公使（1912-1918）
施肇基	美國康乃爾大學（Cornell University）	駐美公使

資料來源：依任天豪，〈胡惟德與近代中國的「弱國外交」〉並綜合資料考察。

　　這些狀況體現清季以來，以國內西學機構出身為主，間雜以傳統士人及更少數的西學背景者，受迫於時勢而被「推上火線」的第二代外交官（表2），確實已經交棒予更為適合時局所需的第三代外交官。尤其值得注

意的是，在輿論曾經提及的駐日人選之中，有胡惟德、劉鏡人、劉式訓、汪大燮四位第二代外交官，以及輩分相同，惟在清季僅為地方交涉層級而未被筆者列入該世代外交官之列的李家鏊。劉鏡人、劉式訓原無太多與使日相關的淵源，大約僅是從事外交的輩分夠高，且尚在外交領域貢獻所長之故而被提及。汪大燮一則曾經使日，二則又有當時政界、民間的聲望，成為人選也有道理。李家鏊則長期在滿洲、西伯利亞與日本勢力周旋，論其經驗也有派任之資格。然與這些資歷完整的外交界前輩相較，無論姚震（1884-1935）等留學日本的法界名人，或不僅留日出身、甚且早已在日服務的莊景珂、王鴻年，乃至新興的外交人才曾宗鑒等，無一不可謂為更有能力適任使日一職者（表3），惟最終該職仍舊落入自稱「安有舍巴黎而就東京之理」的胡惟德之手。此固表示當時使日任務的嚴峻，或也代表此時中國外交路線在顏惠慶的經營下，確有某些諸如在華直接交涉等安排。因此，委任胡惟德為駐日公使，應係盼以其聲望做為緩和日方態度的工具，而非寄希望於胡惟德的交涉表現。

表3　輿論提及之使日人選及其出身、專長

姓名	出身	專長
胡惟德	廣方言館	算學、法文交涉
劉鏡人	短暫在法留學	法文交涉
劉式訓	短暫在巴黎大學學習	法文交涉
汪大燮	舉人	難以歸類，惟曾任留日學生監督（1902-1903）、駐日公使（1910-1913）
高而謙	赴法國習法律	法學、法文交涉
李家鏊	早年留學俄國	俄文交涉
莊景珂	早稻田大學	法學
王鴻年	東京帝國大學	法學
姚震	早稻田大學	法學
江庸	早稻田大學	法學
曾宗鑒	劍橋大學	政治經濟學

資料來源：綜合資料考察。

　　然而這種規劃，則正顯示胡惟德此類第二代外交官於新時代裡的定位，是即在外交前線退位，依其輩分給予穩定後勤的時代需求。此即「典型」的胡惟德及「非典型」的施肇基以外之其他第二代外交官，當時何以多數退居二線的理由所在。只是胡惟德終究稍微特殊，蓋由於外交局勢瞬息萬變，正當日本走向協調之路、中國則受民族主義洗禮及聯美路線確定的 1920 年代初期，實務資歷完整、外交輩分高的「老外交官」胡惟德，即使能力有所不及，仍不無「有用」之處。對內，面對中國長期缺乏駐日使節的窘境，胡惟德的出使有效解決了此一難題；對外，他的聲望足以安定日本的對華疑慮，且因其與顏惠慶的關係尚佳，而能與之配合。另一方面，胡惟德的存在，也體現第二代外交官在「許多既存勢力也在主動試探機會的有無，探索改組或重組」，以致「很難形成相互讓步的妥協局面」之中，仍在穩定內部局勢方面具有一定力量。此亦與該世代當初即被賦予「臨時救火」任務，而躍上歷史舞臺的狀況類似，故可視為第二代外交官的特質之一。於是，駐外前線碩果僅存的前輩胡惟德，便在當時民族主義風潮熾烈的情勢下，成為別具價值的「緩衝因子」，完成其在外交前線最後一次持節出使之任務。

1923 年長沙案與保護日本僑民 [*]

朝野嵩史

國立政治大學歷史學系博士

一、前言

　　1923 年 6 月 1 日，在湖南長沙，日兵與中國群眾之間發生嚴重衝突，日兵最終向群眾實彈射擊，造成多數中國人傷亡，此次衝突事件史稱為「長沙案」。關於長沙案的爆發原因、事件過程，以及事後交涉，應俊豪已經進行深入的探討。[1] 長沙案的爆發與當時中日關係有著密切的關係。日本於第一次世界大戰期間向中國政府提出「二十一條」，在交涉過程中，日本採取強硬措施，迫使中國接受。具有侵略性的日本外交，點燃中國人的怒火，民族主義與排日情緒的高漲，阻礙中日關係發展。[2] 1923 年，由於旅順與大連「租借滿」25 年，中國輿論隨之提出「收回旅大」以及廢除「二十一條」等要求，[3] 但日本政府拒絕，導致排日情緒與活動日趨

---

[*]　本文係依據筆者博士論文〈日本在華武力護僑之研究（1911-1928）〉（臺北：國立政治大學歷史學系，2022），第二章第三節〈日本海軍的護僑舉措（二）：長沙案〉修改而成。本文承蒙匿名審查人審閱，並提供修改建議，特致謝忱。

[1]　長沙案的詳細過程以及事後的外交交涉部分，參見應俊豪，〈抵制日輪與中日衝突：長沙案及其善後交涉（1923-1926）〉，《東吳歷史學報》，第 19 期（2008 年 6 月），頁 111-180。

[2]　奈良岡聰智認為，「二十一條」要求是中日關係的重大轉折點，也是中日對立的原點。參見奈良岡聰智，《対華二十一ヵ条要求とは何だったのか：第一次世界大戦と日中対立の原点》（名古屋：名古屋大学出版会，2015），頁 324。

[3]　中俄於 1898 年 3 月簽訂《中俄條約》，中國根據此條約規定，將旅順、大連租與俄國 25 年，後來日本在日俄戰爭結束後繼承了旅大租借權。根據條約規定，日

激烈。長沙是排日活動比較嚴重的城市，其實長沙案爆發前，日本領事館、日商以及日輪乘客即受到各種騷擾與攻擊，日本方面對這些排日行動以及地方當局的取締措施感到不滿。[4] 中日雙方彼此的仇恨情緒不斷高漲，最終日本海軍陸戰隊向中國群眾實彈射擊，造成多人傷亡。事件爆發後，排日與仇日情緒急遽高漲，使得中日雙方不得不採取保護日僑的措施。本文在過去研究的基礎上，探討在長沙案爆發後，中日兩國政府如何因應護僑問題，確保僑民安全。

由於排日運動與中國民族主義發展有密切的關係，過去關於排日運動的研究均以展開運動的群眾觀點為主，至於在排日運動過程中的護僑問題一直沒有受到注意。但由外交層面來看，在排日運動爆發時，無論中國政府或日本政府都將護僑視為重要問題。中國政府依據 1896 年《通商行船條約》規定，必須保護在華日本僑民的安全。[5] 湖南當局基於條約規定，為了保護日僑安全，嚴加取締排日行為，但湖南當局的這些措施與排日輿論難免產生矛盾，因此中國政府以及湖南當局受到民族主義與保護日僑的兩種壓力。而日本從近代以來，每當中國發生動亂時，以護僑為由派出軍隊。[6] 然而，武力護僑措施通常引發中國群眾的不滿與排日情緒，由此來看，日本的護僑措施與排日運動有相互影響的關係。

本應於 1923 年歸還旅大予中國，然而日本希望繼續統治該地，為了達成目標，在「二十一條」的交涉中迫使中國將期限延長至 99 年。雖然中國政府接受日本的要求，但中國民眾提出收回旅大要求。1923 年的民眾運動是日本帝國主義外交，尤其是「二十一條」所產生的結果。

4　應俊豪，〈抵制日輪與中日衝突：長沙案及其善後交涉（1923-1926）〉，頁 116-118。

5　1896 年中日兩國簽訂的《通商行船條約》，其第一款規定：「大日本國大皇帝陛下與大清國大皇帝陛下、及兩國臣民。均永遠和好。友誼敦睦。彼此臣民僑居。其身家財產。皆全獲保護。無所稍缺。」中國政府根據此條約規定，須負保護在華日本僑民之責。條約部分，參見外交部編，《中外條約彙編》（臺北：文海出版社，1964），頁 273-275。

6　19 世紀至 20 世紀初期，在僑民受到威脅且以外交交涉無法確保僑民安全時，通常以武力方式保護僑民。參見松隈清，〈在外自国民保護のための武力行使と国際法〉，《八幡大学論集》，第 18 卷第 1、2、3 合併号（1967 年 11 月），頁 128-129。

二、中國的保護日僑措施

　　6 月 1 日上午，日清汽船公司「武陵丸」抵達長沙港，由於「外交後援會」調查員與中國群眾前往港口，日本駐長沙領事田中莊太郎指示「伏見」艦艦長丸山良雄（?-1934）派出 1 名指揮官與 16 名非武裝海軍陸戰隊員登岸驅散群眾。稍後日商戴生昌輪船公司「金陵丸」抵港，乘客下船時受到群眾的攻擊，導致日兵與群眾爆發衝突。群眾情緒持續高漲，指揮官指示 22 名武裝日本海軍陸戰隊員採取因應措施，首先，試圖以空包彈朝天開槍驅散群眾，但群眾仍攻擊日兵，日兵最後向中國群眾實彈射擊。此次衝突造成 2 名中國人死亡，傷員多名。

　　2 日，田中莊太郎透過駐漢口總領事轉告第一遣外艦隊司令官小林彥藏（1872-1942）、駐華臨時代理公使吉田伊三郎（1878-1933）以及外務大臣內田康哉（1865-1936），目前排日運動情況惡化，日本僑民的生命財產遭到威脅，因此請求加派軍艦。[7] 此時日本軍艦「伏見」艦仍停泊在長沙港，但田中認為只有該軍艦，無法確保當地僑民生命財產的安全。吉田伊三郎收到長沙案報告後，透過通譯官西田畊一向中國外交部次長沈瑞麟（1874-1945）要求立即保護日本僑民，沈瑞麟接受日方要求。[8]
3 日，田中莊太郎致電內田康哉，表示中國方面對排日活動嚴加取締，市區情況漸趨平穩，日本僑民的生命財產不會受到威脅。[9] 但田中在另外一個電報中稱，目前長沙的情況對日本僑民生命財產沒有直接危險，但「外交後援會」等團體的排日宣傳更趨激烈，當地日本僑民對此感到不安。[10]

7　「在漢口林総領事ヨリ內田外務大臣宛」，第 72 号（至急）（1923 年 6 月 2 日発），收入外務省編纂，《日本外交文書》，大正 12 年第 2 冊（東京：外務省，1979），頁 40-41。

8　「在中国吉田臨時代理公使ヨリ內田外務大臣宛」，第 510 号（1923 年 6 月 2 日発），收入外務省編纂，《日本外交文書》，大正 12 年第 2 冊，頁 41。

9　「在長沙田中領事ヨリ內田外務大臣宛」，第 35 号（至急）（1923 年 6 月 3 日発），收入外務省編纂，《日本外交文書》，大正 12 年第 2 冊，頁 42-43。

10　「在長沙田中領事ヨリ內田外務大臣宛」，第 36 号（1923 年 6 月 3 日発），收入外

「湖南外交後援會」是在 1923 年 4 月 5 日由工團聯合會等組織發起而建立，郭亮（1901-1928）被選為主席，發行《救國週刊》，並決議實行「對日經濟絕交」。長沙案爆發後，外交後援會立即召集臨時緊急會議，決定罷市、罷工、罷課。[11]

　　吉田伊三郎認為湖南當局對排日運動的取締仍然不足，為了確保日僑安全，決定將「伏見」艦繼續停泊長沙港。[12] 但是由於「伏見」艦的存在引發當地民眾的反感，吉田對於該軍艦水兵的登陸表示慎重態度。從田中莊太郎的報告可以知道，長沙當地狀況漸趨平穩，換言之，湖南當局對社會秩序方面認真採取措施。根據報紙報導，長沙案爆發後，湖南當局設法壓制中國群眾暴動，以免發生意外。[13] 此外，長沙總商會組織「臨時保安隊」，協助中國軍警。[14] 日本方面讓「伏見」艦繼續停泊在長沙港的決定，也引起北京方面的注意。6 月 3 日，外交部秘書熊垓（1882-?）奉沈瑞麟之命往訪吉田伊三郎，要求撤回「伏見」艦，降低當地民眾的反感，吉田回答說，為了保護日本僑民的安全，不能撤回軍艦，無論撤回軍艦與否，中國政府都有平息排日風潮的責任，也必須負責護僑。[15] 次日（4日），吉田伊三郎透過西田畊一向熊垓再度要求保護日僑，熊垓說中央已

務省編纂，《日本外交文書》，大正 12 年第 2 冊，頁 43。關於「外交後援會」，湖南當局認為該會影響長沙治安秩序，也會給日方派兵口實，因此決定加以取締。下面為《申報》的報導：「戒嚴司令布告，奉省長令，外交後援會逾軌行動，私擅逮捕，目無政府，違犯憲典，苟任橫行，內之影響秩序，外之授日人以口實，仰該司令解散該會，另行組織，並將該會違犯法紀之人，查明究辦等因，除飭隊解散外，合行布告。」參見〈長沙電〉，《申報》（上海），1923 年 6 月 11 日，第 1 張版 4。

11 《湖南省志》編纂委員會編，《湖南近百年大事紀述》（長沙：湖南人民出版社，1959），頁 476-477。

12 「在中國吉田臨時代理公使ヨリ內田外務大臣宛」，第 511 号（1923 年 6 月 3 日發），收入外務省編纂，《日本外交文書》，大正 12 年第 2 冊，頁 43-44。

13 〈長沙電〉，《申報》（上海），1923 年 6 月 3 日，第 2 張版 6。

14 〈漢口電〉，《申報》（上海），1923 年 6 月 7 日，第 1 張版 3。

15 「在中國吉田臨時代理公使ヨリ內田外務大臣宛」，第 515 号（1923 年 6 月 5 日着），收入外務省編纂，《日本外交文書》，大正 12 年第 2 冊，頁 47-48。

訓令湖南當局保護日僑，與此同時，也要求撤回「伏見」艦，西田畊一回答說，湖南當局嚴加取締排日行為且日僑生活恢復正常，日方才能考慮是否讓它撤退。[16]

　　湖南當局與日方進行交涉的同時，也呼籲民眾保持理性，不要攻擊日僑。6 月 3 日上午，湖南省長趙恆惕（1880-1971）召集各公團代表，在湖南省長署召開會議，與會人數約 40 人。趙恆惕在會議上首先表示，日本水兵開槍，造成多數中國人傷亡，「為國家極恥，政府應嚴重交涉」；同時也提到維持秩序的重要性。雖然趙恆惕也認為「各界舉行羣眾運動，是應該的」，但若是群眾傷害日本僑民，或者燒毀日貨，日本會施加壓力，為了避免這些情況發生，政府派出軍隊維持秩序。[17]根據長沙《大公報》報導，長沙縣知事周瀛幹布告，請求長沙市民保持冷靜，維持秩序，勿採取非理性行為，以免影響長沙案的交涉：

> 日昨日本水兵登陸槍殺市民一案，政府現在緊急據理嚴重交涉，務期達到圓滿結果，以雪大辱。凡我各界人士，務必忍痛忍憤，嚴守秩序，以待政府交涉。萬不可有絲毫激烈之舉動，或軌外之言論主張，弄出我方亦有無理之結果，反與他以口實，致使交涉失敗。若自失敗，則已死者枉死，而奇恥大辱終不可雪。各界人士務要注意看明此點，切不可徒逞一時之憤，而貽日後之悔。[18]

6 月 5 日，周瀛幹也在公團聯席會議上稱：

> 羣眾憤激不可抑制。但查通商條約政府有保護外僑之責，現在

16 「在中国吉田臨時代理公使ヨリ内田外務大臣宛」，第 515 号（1923 年 6 月 5 日著），收入外務省編纂，《日本外交文書》，大正 12 年第 2 冊，頁 47-48。

17 〈關於日兵慘殺案之□重要會議〉，《大公報》（長沙），1923 年 6 月 4 日，版 6。

18 〈長沙知事維持秩序之布告〉，《大公報》（長沙），1923 年 6 月 5 日，版 7。標點符號由筆者重新處理。

條約未至失效之期，政府為條約所束縛，不得不根據條約與日
人交涉。好在此案發生，我湘人並無違背條約之舉，將來交涉
必佔優勝。政府現正嚴切進行，竊恐羣情憤激，有不守條約之
舉，反授日人以口實，反將優勝理由變居失敗地步。[19]

周瀛幹對於長沙民眾的憤激表示同情，但他也強調根據《通商行船條約》
「政府有保護外僑之責」，同時呼籲民眾保持冷靜，以利交涉。由他的發
言可知，周瀛幹對於《通商行船條約》內容及其義務有相當的了解，也
表示負責保護日僑。湖南省交涉司長楊宣誠（1890-1962）通電各縣知
事，下面為其內容的一部分：

目下北外交部亦正向日使嚴重交涉。該使藉口日僑因處危境，
故請派兵保護。本司長因此迭次聲明，願對於在湘日僑，擔
負完全保護之責。冀於此次巨案，以堅忍之苦衷，收勝利之結
果。近據各該知事及各公團來電，同伸義憤，足微愛國熱忱。
惟本案交涉正在進行，各該知事，對於內地遊歷通商之日本
人，仍應照約保護，而地方秩序，尤當加意維持。仰即曉導人
民靜候解決。須知日本方面，正冀多生枝節，以為搪塞之方。
故我國人民對於日人，決不宜有激烈舉動，俾資口實。[20]

由此可知，楊宣誠也認為中方必須負責保護日僑安全。楊宣誠同時與日
本領事交涉，一面要求撤回軍艦，一面聲明保護日本僑民的生命財產，
顯示湖南當局的護僑努力。[21] 根據《申報》的報導，湖南當局打聽到搗
毀日本商店、放火等傳言之後，立即派出軍警，在長沙日本僑民住宅地

---

19 〈長沙知事召集公團聯席會議〉，《大公報》（長沙），1923 年 6 月 6 日，版 6。標點
　 符號由筆者重新處理。
20 〈交涉司通令保護內地日僑〉，《大公報》（長沙），1923 年 6 月 7 日，版 7。標點符
　 號由筆者重新處理。
21 〈政府對外之通電〉，《申報》（上海），1923 年 6 月 7 日，第 3 張版 10。

區「晝夜認真巡防」。[22]

　　每當排日情緒高漲的時候，日本領事館通常成為群眾攻擊的對象。其實，長沙案爆發前，已經出現群眾闖入日本領事館搗毀玻璃等案件。長沙案爆發後，當地排日情緒急劇高漲，情況變得十分緊張，日本領事館需要得到有效保護。透過長沙《大公報》的報導，可以了解當時日本領事館的情況。6 月 5 日下午，長沙《大公報》的記者赴日本領事館觀察情況，記者稱：領事館「門外有湘政府所派之武裝兵士十餘人，與崗警二人，巡哨保護，來往行人甚稀，極冷落安閒之至，並無一學生及檢查員蹤跡。」[23]該報紙記者於 8 日下午 1 時觀察日本領事館，報導稱：「見日本領事府，大門已開，招牌照常掛諸大門口，一輪紅日之國旗，亦飛翔空際，不似前日之關門掩旗下牌矣。領事府左右路口，各站有湘省所派武裝兵士八人，斷絕來往行人，以資保護。此時有日人二名，由領事府陸續抬米十餘包下河，由汽船運上兵艦，並無人阻止。日領事署秩序，已完全回復。」[24]11日晚，長沙《大公報》的記者又赴領事館觀察，記者稱：「領署兩旁各有湘省兵士數人攔在路口，斷絕交通，領署照常懸旗開門，安寧如恒。」[25]由報導可以清楚知道，湖南省政府向日本領事館派駐武裝兵士的保護措施，大幅降低其受到攻擊的風險。

　　由以上過程可以了解，長沙案爆發後，中國民眾要求湖南當局嚴重交涉，日本政府則要求湖南當局確保日僑安全，湖南當局蒙受兩者的強力要求與壓力。中國政府以及湖南當局對中國民眾的憤激與抗議表示同情，與日本政府開始嚴重交涉。但與此同時，湖南當局也十分了解依據《通商行船條約》必須保護日本僑民，因此加強維持治安，約束民眾的越軌行為，並派軍警確保日本僑民與領事館的安全。值得注目的是，由資料可以了

22 〈僑湘日人之布置〉，《申報》（上海），1923 年 6 月 7 日，第 3 張版 10。
23 〈昨日日人方面之觀察〉，《大公報》（長沙），1923 年 6 月 6 日，版 7。
24 〈昨日日人方面之觀察〉，《大公報》（長沙），1923 年 6 月 9 日，版 7。
25 〈昨日日領署前之狀況〉，《大公報》（長沙），1923 年 6 月 12 日，版 6。

解，湖南當局擔憂日本藉口護僑進行干涉。列強自 19 世紀中葉，多次以護僑為理由干涉中國，並取得在華權益，日本也不例外。湖南當局一方面認同群眾對日本的抗議，但另一方面，根據過去經驗，認為必須控制群眾情緒，以免日本以護僑為由施加軍事壓力。

三、日本的保護日僑措施

長沙案爆發後，6 月 2 日，田中莊太郎請求內田康哉加派軍艦，日本政府決定將軍艦開赴長沙，交涉司長楊宣誠對田中稱，加派軍艦會更引發中國民眾的怒火，請求日方慎重考慮。[26] 然而，日本方面堅持原本的計畫，派遣「安宅」艦開赴長沙，與「伏見」艦均停泊在日本駐長沙領事館附近。[27] 內田康哉於 7 日也致電駐華臨時代理公使吉田伊三郎及駐漢口總領事林久治郎（1882-1964）表示，因為在長江流域警備不足，為了保護當地日本僑民，4 艘驅逐艦將於三、四日內從佐世保前往長江流域。[28]「安宅」艦抵達長沙後，如同楊宣誠所言，更加引發當地民眾的不滿，排日意識急遽高漲，中國方面為了維持日本領事館以及市區的穩定，宣布戒嚴。但田中認為，以目前情況判斷中國官方難以繼續宣布戒嚴，若取消戒嚴，日本僑民的安全會受到影響。基於以上考慮，田中決定將日本僑民安置於日清汽船公司所屬輪船「沅江丸」以及日本領事館。[29]　6 日，「安宅」艦

---

26 「在長沙田中領事ヨリ內田外務大臣宛」，第 38 号（至急）（1923 年 6 月 3 日発），收入外務省編纂，《日本外交文書》，大正 12 年第 2 冊，頁 44。

27 「在漢口林總領事ヨリ內田外務大臣宛」，第 87 号（1923 年 6 月 6 日発），收入外務省編纂，《日本外交文書》，大正 12 年第 2 冊，頁 53。

28 「內田外務大臣ヨリ在中國吉田臨時代理公使、在漢口林總領事宛」，合第 101 号（1923 年 6 月 7 日発），收入外務省編纂，《日本外交文書》，大正 12 年第 2 冊，頁 56。根據日本方面的史料，4 艘驅逐艦為桃艦、柳艦、樫艦以及檜艦，在第一遣外艦隊司令官的指揮下展開行動。

29 「在漢口林總領事ヨリ內田外務大臣宛」，第 91 号（1923 年 6 月 6 日発），收入外務省編纂，《日本外交文書》，大正 12 年第 2 冊，頁 53-54。

長報告稱，同日上午 5 時，日本僑民遷往完畢。[30]

　　回顧中日關係，譬如在 1908 年「二辰丸案」以及 1915 年「二十一條」交涉時，日本動用軍隊，以軍事威嚇迫使中國接受日本要求。表面上日本在「二十一條」談判結果取得許多利益，但從另外一個角度來看，軍事威嚇的外交方式點燃中國人的怒火，許多民眾上街抗議，導致中日關係留下了嚴重傷痕。原敬（1856-1921）上臺及一戰結束後，日本跟著國際秩序的轉變，大幅度地修正過去「砲艦外交」，試圖在「國際協調」與「內政不干涉」主義的基礎上，重啟對華外交。[31] 但在護僑議題上，日本並未完全放棄動用軍隊的方式，譬如在 1919 年 11 月福州事件的交涉時，日本以護僑為由動用海軍，但武力護僑的結果更加引發中國民眾的不滿與抗議。[32] 護僑措施與排日運動的相互影響，形成惡性循環，從長沙案爆發後的護僑過程也可以看到類似的問題。

　　6 月 5 日及 6 日，中國外交部照會吉田伊三郎，對於日兵射擊中國群眾的行動，向日本政府提出抗議，並要求道歉賠償：「貴國政府並電飭伏見兵艦等迅速退出長沙，以平民憤，至貴國僑民在長沙之生命財產，已電飭地方官負責妥加保護。」[33] 中國外交部要求日本政府撤回「伏見」艦，與此同時，也聲明由湖南省政府負責保護日本僑民的生命財產。8 日，吉田

30　「小林第一遣外艦隊司令官ヨリ財部海軍大臣宛」（1923 年 6 月 6 日発），收入外務省編纂，《日本外交文書》，大正 12 年第 2 冊，頁 54。所有日本僑民男子遷往日本領事館，其他僑民則遷往日本輪船「沅江丸」。

31　在 1920 年代，日本試圖透過「對支文化事業」以及修改條約等方式鞏固所謂中日「親善」基礎。

32　塚本元，〈福州事件と中日交涉：「軍閥期」北京外交部の役割の一例〉，收入中央研究院近代史研究所編，《第三屆近百年中日關係研討會論文集》，上冊（臺北：中央研究院近代史研究所，1996），頁 392-398；朝野嵩史，〈排日問題與中日交涉（1919-1920）〉（臺中：東海大學歷史學系碩士論文，2017），頁 58-62。

33　「在中國吉田臨時代理公使ヨリ內田外務大臣宛」，公第 325 号（1923 年 6 月 7 日），收入外務省編纂，《日本外交文書》，大正 12 年第 2 冊，頁 64-65，付屬書；「在中國吉田臨時代理公使ヨリ內田外務大臣宛」，機密第 522 号（1923 年 6 月 7 日），收入外務省編纂，《日本外交文書》，大正 12 年第 2 冊，頁 65-67，付屬書。

伊三郎會晤外交次長沈瑞麟，討論一個半小時，沈瑞麟請求日本撤回軍艦，吉田伊三郎則指出，中國政府有保護日本僑民的責任，要求中國政府應認真保護日本僑民。[34]

6月7日，湖南省政府向日方提出抗議，並要求將「伏見」艦與「安宅」艦2艘軍艦一律撤退；同日晚9時，交涉司長楊宣誠親自赴日本領事館投遞公函，並當面交涉。該公函強調湖南當局為確保日本僑民安全，已經採取措施：「本省政府對於在湘日僑，仍當力謀切實保護，已責成軍警嚴重防衛。」[35] 9日晚，湖南省長趙恆惕與楊宣誠一同往訪日本駐長沙領事館，表示湖南與其他各省一樣難以取締民眾運動；湖南省政府為了保護日僑生命財產，已宣布戒嚴；「伏見」艦已成為當地人民的仇視對象等，並稱日本軍艦若不撤退，湖南省政府就不負保護日本僑民之責。田中莊太郎回答稱，無論如何，保護日本僑民的責任仍然在湖南省政府。[36] 趙恆惕表示如果「伏見」艦不撤退，中方就不會負責護僑。但日本認為無論如何，中國都必須按照條約規定護僑，從日本立場而言無法接受趙恆惕的談判方式。11日下午，田中與「安宅」艦長一同往訪趙恆惕，雙方討論了2小時以上。在此次討論中，田中表示希望趙恆惕積極取締排日活動，

34　「在中国吉田臨時代理公使ヨリ内田外務大臣宛」，第527号（1923年6月10日着），收入外務省編纂，《日本外交文書》，大正12年第2冊，頁72。

35　〈日兵慘殺案昨日交涉詳誌〉，《大公報》（長沙），1923年6月8日，版6。

36　「在漢口林総領事ヨリ内田外務大臣宛」，第108号（1923年6月12日発），收入外務省編纂，《日本外交文書》，大正12年第2冊，頁74-76。湖南省政府致函日本駐長沙領事稱：「伏見兵艦派兵登陸，事前不先聲明，是已違反國際公法，侵我主權，萬能承認該艦駐泊本港。若論保護僑民，本省政府迭向貴領事聲明，力任全責，乃該艦率爾派兵登岸，槍擊市民肇此慘禍，以致輿情憤激，羣相疾視。當時如不退出，則僑民愈增危險，是事實上已與主義相違，我方不任保護安全之責，自屬當然之義。假令此時該艦尚未出口，我方當仍如前說，不任保護。特此聲明」；日本領事於6月5日致函湖南省政府稱：「如該艦不開行出口，則貴政府對本國人生命財產之安全，即不負責一節，我方並不能承認。假令此時該艦尚未出口，如有加危害于本國僑民生命財產之事，其責任當然全在省政府，自無待言。」參見〈伏見艦一次開出後之交涉〉，《大公報》（長沙），1923年6月8日，版6。

早日讓日本僑民復歸原本住所，安居樂業。趙恆惕接受日方要求，表示：
「保護日僑，係守條約義務」，「我政府以誠意負責保護日僑」，向日本領
事表達了負責保護日本僑民的立場；同時也表示「伏見」艦繼續停泊在長
沙，反而將對日僑產生負面影響，請求立即撤回。[37] 田中要求趙恆惕嚴加
取締排日運動，其後於 17 日，趙恆惕致電軍政長官要求維持秩序並保護
日僑。[38] 由以上過程可以了解，趙恆惕一直強力要求撤回「伏見」艦。為
何他的態度如此的堅持？筆者認為，他的態度與當地民眾輿論有密切的關
係。長沙案爆發後，仇日情緒急遽高漲，民眾隨之要求「伏見」艦撤退，
但湖南當局卻無法順利得到日本的同意，也因為無法紓解當地民眾的不
滿，導致對湖南當局造成巨大的輿論壓力。[39] 趙恆惕除了負責護僑與維持
治安之外，還要滿足輿論要求，因此在巨大輿論壓力之下，多次要求撤
退，但都遭到日方拒絕，由此可以得知，他的處境十分艱難。

　　6 月 13 日，日本駐華臨時代理公使吉田伊三郎致電日本外務大臣內
田康哉，據從長沙當地報告，長沙的情況已恢復平穩，對日本僑民的保
護周到，因此吉田伊三郎認為「伏見」艦不需繼續停留在長沙，建議最
近幾日內撤回該軍艦。[40] 但關於「伏見」艦的撤回，反對或消極意見占多

---

37 「在漢口林総領事ヨリ内田外務大臣宛」，第 109 号（1923 年 6 月 13 日発），收入
　　外務省編纂，《日本外交文書》，大正 12 年第 2 冊，頁 76-77；〈長沙通信〉，《申報》
　　（上海），1923 年 6 月 16 日，第 3 張版 10。
38 〈長沙電〉，《申報》（上海），1923 年 6 月 18 日，第 2 張版 6。
39 6 月 10 日，熊垓奉外交部次長沈瑞麟之命往訪日本公使館，會晤 1 名日本外交人
　　員，熊垓稱據湖南當局報告，當地民眾要求日本軍艦「伏見」艦的撤退，但湖南當
　　局無法順利使日本接受要求，結果遭到民眾的批評。參見「在中国吉田臨時代理
　　公使ヨリ内田外務大臣宛」，第 528 号（1923 年 6 月 11 日着），收入外務省編纂，
　　《日本外交文書》，大正 12 年第 2 冊，頁 74。
40 「在中国吉田臨時代理公使ヨリ内田外務大臣宛」，第 536 号（1923 年 6 月 13 日
　　発），收入外務省編纂，《日本外交文書》，大正 12 年第 2 冊，頁 77-78；「在中国吉
　　田臨時代理公使ヨリ内田外務大臣宛」，第 537 号（1923 年 6 月 13 日発），收入外
　　務省編纂，《日本外交文書》，大正 12 年第 2 冊，頁 78。

數。田中莊太郎認為湖南當局還沒有完全排除對日本僑民的威脅。[41] 日本海軍方面不太支持撤回，[42] 加上外務省各層級也表示不支持撤回。15 日，中國駐日代理公使張元節（1880-?）會晤日本外務省亞細亞局長出淵勝次（1878-1947），並要求撤回日本軍艦，出淵勝次回答，據外務省收到的報告，在湖南仍有排日行動，湖南當局的取締措施並不澈底，鑑於目前情況無法撤回軍艦，日本政府派遣軍艦目的在於保護日本僑民的生命財產，如果中國當局嚴加取締排日活動，日本軍艦會自長沙撤退。[43] 內田康哉也向張元節表示，鑑於目前當地狀況，不能同意撤回軍艦。[44]

　　6 月 22 日，《申報》報導，日本又將 1 艘軍艦「樫」艦自漢口調至長沙，消息傳來，激起長沙群眾的憤激，楊宣誠用電話向田中莊太郎提出抗議，同時也電請北京政府與日方嚴重交涉。[45] 根據田中的解釋，此次派艦目的也是「保護日本僑民」。外交後援會、學生會等組織緊急開會決定繼續進行「愛國運動」；[46] 湖南省政府緊急開會，「並令軍警嚴行防範，以免市民因激於義憤」。[47] 加派軍艦引發輿論的怒火，這是從長沙排日狀況的演變來看很容易預想到的結局，而且日本僑民得到湖南當局的保護，並未受到嚴重的攻擊，在此情況下，日本加派軍艦，顯然是有害無利的錯誤選擇。

　　值得注目的是，日本僑民一直對於中國的護僑措施感到不滿，尤其是

---

41 「在漢口林総領事ヨリ内田外務大臣宛」，第 119 号（1923 年 6 月 15 日発），收入外務省編纂，《日本外交文書》，大正 12 年第 2 冊，頁 81-82。

42 「岡田海軍次官ヨリ田中外務次官宛」，官房機密第 884 号（1923 年 6 月 16 日），收入外務省編纂，《日本外交文書》，大正 12 年第 2 冊，頁 82。

43 「内田外務大臣ヨリ在漢口林総領事宛」，第 52 号（1923 年 6 月 17 日発），收入外務省編纂，《日本外交文書》，大正 12 年第 2 冊，頁 83-84。

44 「内田外務大臣ヨリ在本邦張中国代理公使宛」，三普通第 22 号（1923 年 6 月 20 日），收入外務省編纂，《日本外交文書》，大正 12 年第 2 冊，頁 91-92。

45 〈長沙電〉，《申報》（上海），1923 年 6 月 22 日，第 1 張版 4。

46 〈長沙電〉，《申報》（上海），1923 年 6 月 22 日，第 1 張版 4。

47 〈樫字艦來後之湘人憤慨〉，《申報》（上海），1923 年 6 月 24 日，第 3 張版 10。

在排日運動高漲以後，日僑態度變得相當強硬，並要求日本政府採取強硬
手段，迫使中國履行條約義務，認真護僑。筆者目前沒有關於當時在長沙
日僑輿論的資料，但透過漢口的日僑輿論可以得知，當時在長江流域日僑
有什麼樣的想法。6 月 14 日晚，日本僑民在漢口大正會館召開居留民大
會，與會人數達 700 名以上。在此大會上通過了決議文：「武漢及上游各
地排日舉動，蹂躪邦人通商航海條約之權利，危及邦人生命財產，並使兩
國國交陷於危殆，吾人迭次要求中政府及地方官憲，鎮壓此不法行為，而
排日妄動，終未平息，是政府無履行國際條約義務之誠意，並缺統率人民
之能力，應請帝國政府以最嚴肅手段，促起中國官民責任上之自覺。」[48]

　　從以上可以看出，隨著排日風潮的高漲，日僑的態度也變得強硬，日
本加派軍艦的背後有當地日僑的支持與壓力。首先，中國民眾要求廢除
《民四條約》，收回旅順、大連，這顯示出中日雙方的政治矛盾，也引發
日僑的不滿；再者，排日運動帶給日本在華商務負面影響，使得日僑開始
想要以武力威嚇壓制抵制日貨等活動。當然，除了長沙以外，在其他城市
的日僑也受到抵制。所謂「對日經濟絕交」運動從 4 月 1 日正式實行後，
包括上海、北京、武漢在內的中國各城市相繼出現排日運動，對日本在華
商務造成沉重打擊。[49] 政治與經濟矛盾使得日僑的態度更趨強硬，似乎對
日本海軍的護僑措施產生影響。

四、日僑復歸與「伏見」艦的撤退

　　6 月 24 日，駐華臨時代理公使吉田伊三郎建議外務大臣內田康哉，
讓僑民復歸原本住所，護僑任務交給中方負責。[50] 26 日，內田康哉透過

48　〈漢口電〉，《申報》（上海），1923 年 6 月 15 日，第 2 張版 6。

49　周斌，〈從對日經濟絕交到經濟援助：1923 年為收回旅順、大連的國民外交述
　　評〉，收入中國社會科學院近代史研究所編，《中國社會科學院近代史研究所青年學
　　術論壇（2004 年卷）》（北京：社會科學文獻出版社，2005），頁 469。

50　「在中国吉田臨時代理公使ヨリ内田外務大臣宛」，第 567 号（1923 年 6 月 24 日

駐漢口總領事林久治郎向駐長沙領事田中莊太郎提交意見，內田在此支持僑民復歸以及撤回「伏見」艦，同時也說需要讓中國當局嚴加取締。[51] 內田康哉原本拒絕撤回「伏見」艦，後來他的態度轉趨溫和，背後因素為何？筆者認為主要有兩個原因。首先，田中莊太郎報告內田康哉，長沙當地狀況漸趨平穩，日本僑民的生命財產不會受到威脅。[52] 吉田伊三郎也有同樣的看法。發自長沙的報告是內田康哉態度轉變的其中一個原因。其次，日本在長沙案爆發後，企圖以軍事威嚇壓制排日運動，此舉反而形成惡性循環，使得日本陷入窘境。當地民眾一直仇視「伏見」艦，該軍艦繼續停留必將影響到當地輿論與日本形象，根據領事報告判斷，即使該軍艦自長沙撤退，日僑也不會受到威脅。

雖然內田康哉支持撤回「伏見」艦以及日本僑民復歸，但第一遣外艦隊司令官小林研藏（1872-1942）以及田中莊太郎表達不同意見。27日，小林致電海軍大臣財部彪（1867-1949）表示，中國官方解除戒嚴，並觀察當地情況後才能令日本僑民復歸；日本僑民復歸後，觀察當地狀況才能撤回軍艦。[53] 7月2日，田中也致電內田稱，雖然目前當地情況平穩，但不能排除再次爆發排日活動的可能性，因此建議使「伏見」艦繼續停留，並展緩實行日本僑民的復歸。[54] 然而，內田指示田中即時施行日本僑民復歸以及撤回軍艦，[55] 並於8日及10日，再度致電田中，即時實行日本僑

着），收入外務省編纂，《日本外交文書》，大正12年第2冊，頁95。
[51] 「內田外務大臣ヨリ在漢口林總領事宛」，第57号（1923年6月26日発），收入外務省編纂，《日本外交文書》，大正12年第2冊，頁96-97。
[52] 「在長沙田中領事ヨリ內田外務大臣宛」，第63号（1923年6月22日発），收入外務省編纂，《日本外交文書》，大正12年第2冊，頁92。
[53] 「小林第一遣外艦隊司令官ヨリ財部海軍大臣宛」，第一遣外艦隊機密第27番電（6月28日海軍省着）（1923年6月27日発），收入外務省編纂，《日本外交文書》，大正12年第2冊，頁97-98。
[54] 「在長沙田中領事ヨリ內田外務大臣宛」，第72号（1923年7月2日発），收入外務省編纂，《日本外交文書》，大正12年第2冊，頁99-100。
[55] 「內田外務大臣ヨリ在漢口林總領事宛」，第64号（1923年7月3日発），收入外務省編纂，《日本外交文書》，大正12年第2冊，頁100。

民的復歸。[56] 日本政府在解除戒嚴前，決定讓日本僑民復歸住所，11 日，湖南省長趙恆惕會見田中時表示感謝，並表明澈底保護日本僑民以及取締排日活動。[57] 雖然日本領事指示日本僑民復歸，引發部分僑民的不滿，[58] 但根據田中的報告，所有日本僑民於 18 日完成復歸。[59] 由以上可以知道，關於日本僑民復歸的部分，田中與小林研藏持消極態度，但內田康哉堅持要求復歸住所，田中不得不按照內田指示進行復歸。

關於「伏見」艦的撤退，中國外交部 10 日照會日本駐華代理公使吉田伊三郎：「日本伏見艦水兵在長沙肇事槍斃人命一案，迭經本部照請將駐泊長沙日艦先行撤退，迄未邀貴代理公使諒解照辦，至為遺憾。」[60] 17 日，吉田伊三郎答復：撤回日本軍艦「伏見」艦與否，「須由該管長官酌量日本居留民及船舶等等保護緩急程度如何，以為決定」。[61] 19 日，在長沙實地調查的外交部參事施履本（1878-1938）會見田中莊太郎，要求撤回軍艦，田中對此回答，如果當地情況持續穩定，「伏見」艦不久將會自長沙撤退。[62] 根據施履本的報告，「戒嚴事亦向

---

56 「內田外務大臣ヨリ在長沙田中領事宛」，第 30 号（至急）（1923 年 7 月 8 日発），收入外務省編纂，《日本外交文書》，大正 12 年第 2 冊，頁 103；「內田外務大臣ヨリ在長沙田中領事」，第 31 号（1923 年 7 月 10 日発），收入外務省編纂，《日本外交文書》，大正 12 年第 2 冊，頁 106。

57 「在長沙田中領事ヨリ內田外務大臣宛」，第 85 号（1923 年 7 月 12 日発），收入外務省編纂，《日本外交文書》，大正 12 年第 2 冊，頁 107。

58 「在長沙田中領事ヨリ內田外務大臣宛」，第 83 号（1923 年 7 月 11 日発），收入外務省編纂，《日本外交文書》，大正 12 年第 2 冊，頁 107。

59 「在長沙田中領事ヨリ內田外務大臣宛」，第 90 号（1923 年 7 月 18 日発），收入外務省編纂，《日本外交文書》，大正 12 年第 2 冊，頁 112。

60 「發日本吉田代使〔伊三郎〕照會」，編號 475（1923 年 7 月 10 日），收入中央研究院近代史研究所編，《中日關係史料・軍事外交交涉：中華民國七年至十五年》（臺北：中央研究院近代史研究所，1996），頁 304。

61 「收日本吉田代使〔伊三郎〕照會」，編號 480（1923 年 7 月 17 日），收入中央研究院近代史研究所編，《中日關係史料・軍事外交交涉：中華民國七年至十五年》，頁 305。

62 「在長沙田中領事ヨリ內田外務大臣」，第 94 号（1923 年 7 月 19 日発），收入外務省編纂，《日本外交文書》，大正 12 年第 2 冊，頁 112-113。

日領言明，係中國內政，何時解嚴，無從預定，不能以此藉口，該領
亦允不再提此層。」[63] 中國方面認為日本將解除戒嚴作為撤回軍艦的前
提，因此向日本領事稱解嚴與否屬於中國內政，也要求不再提這件事。
由中國方面的史料可知，在長沙「日僑亦無危險」，該地治安穩定，但
近日發生「湘西事件」，需要宣布戒嚴，其戒嚴與長沙案無關。[64]「湘西
事件」應是指在 1923 年 7 月湘西鎮守使蔡鉅猷（1875-1933）奉譚延闓
（1879-1930）之命宣布湘西獨立，並組織討趙軍的事件。就結果而言，
趙恆惕得到吳佩孚（1874-1939）的援助，進逼譚延闓，同年 11 月，譚
離開湖南前往廣東，趙恆惕繼續統治湖南，所謂「譚趙之戰」宣告終
結。7 月 23 日，外務大臣內田康哉訓令田中向施履本提出如下要求：
日本方面進行日本僑民復歸時，雖然遭到強硬反對，但將其貫徹到底，
完成日本僑民的復歸，因此之後中方必須負責壓制排日運動。[65] 收到此
訓令的田中於 25 日會晤施履本稱，目前日本僑民的生命財產沒有受到
威脅，但中國方面取締仍然不足，因此難以解決長沙案以及撤回「伏
見」艦等問題，領事強調澈底取締排日運動是最關鍵的課題，施履本接
受要求。[66] 27 日，施履本報告稱：「撤艦事，與日領商談多次，大致約定
伏見艦先退，再由湘省頒發告示，以示取締，是此案已可告一段落。」[67]

63 「收本部施參事〔履本〕電」，編號 487（1923 年 7 月 20 日），收入中央研究院近代
　史研究所編，《中日關係史料・軍事外交交涉：中華民國七年至十五年》，頁 316。
64 「收本部施參事〔履本〕電」，編號 493（1923 年 7 月 21 日），收入中央研究院近代
　史研究所編，《中日關係史料・軍事外交交涉：中華民國七年至十五年》，頁 318；
　「收湖南交涉司電」，編號 495（1923 年 7 月 22 日到），收入中央研究院近代史研究
　所編，《中日關係史料・軍事外交交涉：中華民國七年至十五年》，頁 318。
65 「內田外務大臣ヨリ在長沙田中領事宛」，第 33 号（1923 年 7 月 23 日發），收入外
　務省編纂，《日本外交文書》，大正 12 年第 2 冊，頁 113-114。
66 「在長沙田中領事ヨリ內田外務大臣宛」，第 100 号（1923 年 7 月 25 日發），收入
　外務省編纂，《日本外交文書》，大正 12 年第 2 冊，頁 114。
67 「收本部施參事〔履本〕電」，編號 505（1923 年 7 月 28 日到），收入中央研究院
　近代史研究所編，《中日關係史料・軍事外交交涉：中華民國七年至十五年》，頁
　324。

30 日，施履本報告：「伏見艦已定於明日撤退」，[68] 同日，日本軍艦「嵯峨」艦抵達長沙，以代替即將撤退的「伏見」艦。[69] 31 日早上，「伏見」艦離開了長沙。[70] 8 月 8 日，《東京朝日新聞》報導，長沙當地情況穩定，3 日，驅逐艦「柳」艦離開長沙，5 日，「安宅」艦繼之，兩艘均開赴漢口，留在長沙的只有「嵯峨」艦與「桃」艦。[71]

關於長沙案責任歸屬的交涉部分，湖南省政府向日本領事提出賠償、懲凶、道歉等要求，但日本方面主張此次中日衝突是由於湖南當局對排日行動的取締不善造成的，其責任在中國方面，也認為日兵向中國群眾射擊是「正當防衛」。雖然湖南當局多次致電外交部要求解決長沙案，該案卻成為中日兩國懸案，未達成和解。[72]

五、結語

一戰時期，歐洲各國將注意力集中於歐洲戰線，無暇顧及東亞，日本趁機得以爭取中國權益，然而具有侵略野心的做法激起眾怒，中國民族主義的高漲，對 1920 年的中日外交產生嚴重影響。雖然日本於一戰結束後，跟著國際秩序的轉變，改變過去的外交路線，然而在一戰時期給中國留下的傷痕，引發強烈的排日情緒。到了 1923 年，隨著收回旅大運動的發展，在長沙的日本商務也受到損失，在此情況下，中日彼此的仇恨日益增長，最終導致雙方衝突。

68　「收本部施參事〔履本〕電」，編號 507（1923 年 7 月 31 日到），收入中央研究院近代史研究所編，《中日關係史料・軍事外交交涉：中華民國七年至十五年》，頁 326。

69　〈湖南排日依然　嵯峨長沙着〉，《東京朝日新聞（朝刊）》（東京），1923 年 8 月 3 日，版 2。

70　「在長沙田中領事ヨリ內田外務大臣宛」，第 105 号（1923 年 7 月 31 日發），收入外務省編纂，《日本外交文書》，大正 12 年第 2 冊，頁 116。

71　〈長沙排日下火　邦艦二隻引揚ぐ〉，《東京朝日新聞（夕刊）》（東京），1923 年 8 月 8 日，版 1。

72　應俊豪，〈抵制日輪與中日衝突：長沙案及其善後交涉（1923-1926）〉，頁 155-168。

　　6月1日，日本軍隊向中國群眾實彈射擊，造成2名中國人死亡，傷員多名，引發中國民眾的怒火，仇日情緒的高漲讓日本僑民的處境岌岌可危。衝突爆發後，湖南當局受到中國民族主義與保護日僑兩種不同的壓力。一方面，湖南當局對於怒火沸騰的輿論表示同情，並與日方展開交涉，提出道歉、賠償以及撤回軍艦等要求。然而由於日方態度相當強硬，中日交涉陷入僵局，導致民眾對湖南當局的不滿日益增長。與此同時，湖南當局仍按照條約規定以及日方要求，對日本僑民予以保護，根據史料可知，在長沙案爆發後，湖南省政府為了確保僑民安全以及恢復秩序，採取許多措施。

　　然而，日本方面認為中國當局對排日風潮的取締措施仍不周到，也尚未完全保護日僑的安全，以其為由，加派軍艦，增加海軍力量。日本海軍的舉措更加激起中國民眾的不滿，日僑處境更趨惡化，導致日僑不得不避難於日本領事館以及日本輪船，難以返回原本住所。值得注意的是，隨著排日風潮的高漲，當地日僑的態度也趨於強硬，開始要求日本政府以嚴厲手段應對局勢，似乎對日本的武力護僑產生影響。海軍的護僑措施引發惡性循環，使得日本陷入困境，根據長沙當地情況，最後決定令「伏見」艦自長沙撤退，並將護僑任務交給湖南當局。

　　由以上過程可以得知，中日雙方都懷疑對方的態度，嚴重缺乏信任，彼此的質疑使得圍繞護僑的交涉與過程變得更複雜。中國方面一直擔憂日本藉口護僑進行干涉、獲取利益。中國對日本的「護僑」保持懷疑的態度，甚至認為「護僑」只不過是侵略中國的藉口而已，並不是正當的理由。日本方面也一直不信任中國，認為中國始終沒有全面保障外僑權利，再加上中國的政治及社會等各方面都動盪不安，總是懷疑中國的護僑能力。一戰結束後，中日兩國都致力促進交流，然而從護僑的交涉來看，顯然雙方有許多分歧與誤解，中日之間如何建立互信關係，仍是重要課題。

東亞秩序與
國際博奕

從華夷變態到東亞聯盟：
近代日本型華夷秩序的形成與轉型

尤淑君 *

浙江大學歷史學系副教授

一、前言

　　周王朝確立了以王畿為中心、諸侯國、方國、夷狄部族往外展延的天下秩序體系，也奠定「內中華，外夷狄」、「夷不亂華」的華夷思想。華夷思想是中國傳統政治文化的重要因素，不但在中華文明形成過程中占有非常重要的地位，也形成傳統中國對外交往理念及其一元等級性世界秩序觀，連帶影響東亞周邊國家對自身文化的認同問題。中外學界對傳統中國對外交涉體制問題，多有成果，例如日本學者西嶋定生提出的「冊封體制」，或美國學者費正清（John King Fairbank）提出的「朝貢體制」，或臺灣學者張啟雄主張的「中華世界秩序原理」，或大陸學者黃枝連提出的「天朝禮治體制」等論點。[1] 他們認為，中華文明不但是東亞諸國文化發展

*　　浙江大學歷史學系副教授，博士生導師，浙江大學仲英青年學者，浙江省之江青年學者。本文為中國教育部人文社會科學研究青年基金項目「清代華夷觀與天下秩序原理的重構研究」（項目號：13YJC770061）成果之一，特以鳴謝。

1　西嶋定生，《東アジア世界と冊封体制》（東京：岩波書店，2002）；John K. Fairbank, *The Chinese World Order: Traditional China's Foreign Relations* (Cambridge: Harvard University Press, 1968)，中譯版：費正清編，杜繼東譯，《中國的世界秩序：傳統中國的對外關係》（北京：中國社會科學出版社，2010）；張啟雄著，伊東貴之譯，〈中華世界秩序原理の起源：先秦古典の文化的価值〉，《中國：社會と文化》，第 24 号（2009 年 7 月），頁 2-4、8-9、12-14；黃枝連，《亞洲的華夏秩序：中國與亞洲國家關係形態論》（北京：中國人民大學出版社，1992）。

的共同基礎，也是東亞諸國國際秩序的基本原理。在中華文化圈為基礎形成的東亞國際秩序體系之內，由中國皇帝冊封周邊諸國，周邊諸國向皇帝朝覲進貢，形成以中華帝國為中心，周邊諸國如同屏障的中華世界秩序，而「華夷觀」則以是否接受中華文化的「禮」，作為判別「華夏」與「蠻夷」的標準，並以「華夏」與「蠻夷」區別出我者與他者的差異。也就是說，傳統中華帝國對周邊國家的優越感，不在其武力的強弱，而在於中華帝國具有「禮」的文化。

　　不同於中國大一統帝國的統治型態，日本列島長期處於各地政權紛立的混亂。7世紀後期，日本大和政權大規模派留學僧赴中國，引入唐帝國的律令制，受容儒家經典的「天下秩序」與「華夷之辨」等概念，讓日本逐漸被包納入以中華文化為主的「漢字文化圈」。大和政權利用「天下秩序」概念，不但將自身政權塑造為唯一正統政權，也作為神化天皇的理論基礎，用以抬高日本天皇的政治地位，使天皇作為大和政權統治的最高權威來源，奠定日本「萬世一系」的天皇觀，不必外求於中國皇帝的冊封。更發展出「自我中心意識」，利用天皇制建立了日本文化的主體性，將大和朝廷直轄的區域比作「中國」，整個日本列島作為「天下」，自成一朝貢圈。換言之，在中國為中心的天下之外，還另存在以日本為中心的天下。[2]在這個日本自行建構的「天下」當中，天皇統治所及範圍稱「化內」，其天皇統治區以外區域稱「化外」。「化外」又可以分為與日本對等的鄰國，臣服日本、向日本朝貢的諸蕃，及夷狄之三種類型。在日本的「天下觀」裡，唐帝國是鄰國，諸蕃指的是朝鮮半島的新羅、百濟、渤海等國，[3]夷狄是指日本列島內部未被大和政權征服的蝦夷、隼人、南島人等

2　西嶋定生，〈7～8世紀の東アジアと日本〉，《日本歴史の国際環境》（東京：東京大学出版会，1985），頁106。西嶋定生認為，日本自創的小天下是包含在以中國為中心的大天下之中，這兩個世界有共通的儒家價值，所以是互動互通的，並不是單獨存在的。

3　濱田久美子，〈古代日本における賓禮の受容〉，收入佐藤信編，《日本と渤海の古代史》（東京：山川出版社，2003），頁143。

部落。[4]

　　日本這種自我中心意識的世界觀，被稱為「日本型華夷秩序」。最為著名的例子是，日本使者小野妹子呈交給隋煬帝（569-618）的日本國書寫有：「日出處天子致日沒處天子無恙」，[5] 暗示日本與隋帝國居於對等地位，不具有君臣關係，甚至隱隱有與隋帝國一爭天下之正統的野心，使隋煬帝覽之不悅，貶斥日本「蠻夷書有無禮者，勿復以聞」。[6] 日本孝德天皇（596-654）自設「大化」年號、未奉中國正朔之舉，突顯了日本試圖與中國對等的企圖，也與後來以中國年號為年號的朝鮮王朝有本質上的區別。[7] 然而，日本雖發展出「日本型華夷秩序」的優越意識，但受到當時東亞國際環境與日本國內政局的變化，使日本自成「天下」的願望無法澈底實現。除了大和政權分崩離析的原因之外，日本文化也走向了多元發展，未能形成像中國一樣的儒教國家，尤其是日本從朝鮮傳入佛教後，佛教勢力日益強大，讓日本天皇不得不援引佛教理論，將「神道教」揉合為「神佛習合」理論，形成特殊的神國觀，[8] 使日本自我定位為佛法所在的神國，日本天皇也不斷被神化，完成以天皇為中心的自國認同。天皇制的理論雖逐漸完善，但天皇卻逐漸被公卿貴族、武士階層架空，淪為有名無實的傀儡。豐臣秀吉統一日本後，欲消除內部的壓力，安置大量的外藩武士，決定征伐朝鮮王朝，擴張日本版圖，卻因明帝國協助朝鮮防守，使日軍不得不談判求和。豐臣秀吉欲與明帝國互爭天下的野心未能得逞，而日

4　羅麗馨，〈日本型華夷觀：七～九世紀日本的外交和禮儀〉，《臺灣師大歷史學報》，第 35 期（2006 年 6 月），頁 49。

5　〔唐〕魏徵等撰，《隋書》（臺北：鼎文書局，1980），卷 81，〈東夷傳・倭國〉，頁 1827。

6　〔唐〕魏徵等撰，《隋書》，卷 81，〈東夷傳・倭國〉，頁 1827。

7　唐建，〈中國儒教與日本大化革新〉，《復旦學報（社會科學版）》，1987 年第 1 期（1987 年 1 月），頁 61-67。

8　賈華，〈日本雙重文化中的神佛融合〉，《中央民族大學學報（哲學社會科學版）》，2010 年第 2 期（2010 年 3 月），頁 131。

本也在東北亞陷入孤立境地,有必要恢復與朝鮮、中國的通商關係。[9]

為了打破日本備受孤立的不利局面,江戶幕府努力恢復與朝鮮的交鄰關係,並嘗試與明帝國重修舊好,尋找在「華夷秩序」中的合理定位。[10]當明帝國滅亡後,江戶幕府不願與清帝國交涉,只好利用舊有的「日本型華夷秩序」,自行安排日本在東亞諸國的地位,建立以日本為中心的對外交涉體制,並以日朝關係為主軸,以日琉關係為副軸,再加上作為海外情報來源、受江戶幕府重視的中國與荷蘭被當作通商國,構建了以江戶幕府為媒介的「大君外交體制」,從此埋下日本對中國、朝鮮、琉球的優越意識。所謂「大君外交體制」,即江戶學者新井白石(1657-1725)構建的江戶幕府涉外體制,德川將軍代表「大君」,間接抽換概念,將軍被抬高到「日本國王」的地位,再結合江戶幕府的鎖國政策,將通信限於朝鮮與琉球,貿易限於中國與荷蘭,其他一概拒絕,成為日本獨自形成的國際秩序,卻又獨立於中華世界秩序之外。

日本學界對「大君外交體制」研究多有成果,如中村榮孝、信夫清三郎、荒野泰典等人都指出了「大君外交體制」仿行明代的勘合貿易,將通商口岸限定為:對蝦夷地的松前口、對朝鮮的對馬口、對琉球的薩摩口及對中國與荷蘭的長崎口,而朝鮮的通信使與琉球使者都需要前往江戶、參見德川將軍,並利用這些「異國」使者的覲見表演,變成幕府誇耀其擁有諸國前來入貢的政治資本。[11]值得注意的是,當德川將軍代表「日本國大君」,與朝鮮、琉球對等往來,而德川將軍是日本天皇的臣屬,朝鮮國王與琉球國王是中國皇帝的臣屬,這樣的等差禮秩一經比對,就讓日本具備與清帝國一爭天下正統的資格。也巧妙地彌合了「大君外交」與「日本型

---

9   壬辰倭亂研究成果,可參見김시덕(金時德),《동아시아, 해양과 대륙이 맞서다》(首爾:메디치,2015)。

10 林煒編,《通航一覽》,第 5 冊(東京:国書刊行会,1913),卷 207,頁 341-342、344-345。

11 池內敏,《大君外交と「武威」:近世日本の国際秩序と朝鮮》(名古屋:名古屋大学出版会,2006)。

華夷秩序」之間的君臣錯位，讓人不由得思考，在近代國際法秩序中展開的亞洲主義與前近代的華夷思想究竟有何關係？因此，本文將探討江戶幕府如何利用「華夷觀」建構「大君外交體制」，並考量江戶時期的日本儒家學者如何解釋「華夷變態」的概念，又如何設計中日兩國的通商關係，探討日本走向自我中心化的過程及其影響，最後分析日本如何從脫離中華世界秩序（脫亞），走向征服中華世界秩序（征亞）的道路。

二、近代日本對「華夷觀」的再敘述

16 世紀中期以後，歐洲諸國開始了大航海時代，葡萄牙人、西班牙人陸續開拓新航路，改變了既有的世界格局，並將殖民勢力伸展到美洲、非洲及亞洲，為這些地區帶來了歐洲的基督教與新知識，尤其是天文學、地理學、醫學及軍事技術引入日本，擴展了日本認識世界的新視野，多少會質疑傳統儒家文化「華夷秩序」的合理性，甚至指出「唐土」雖是大國，卻只是世界的一部分，也不是世界的中心。[12] 再加上壬辰之役（1592-1598）的影響，日本與朝鮮、明朝斷交多年，在東北亞陷入孤立狀態，而明帝國也因派遣大軍援助朝鮮而元氣大傷，國勢衰弱，以傳統中國為中心的東亞國際秩序體系逐漸走向瓦解。

德川家康（1543-1616）在江戶開府後，當時就有人主張日本與朝鮮不同，所以日本給朝鮮的外交文書應直接寫上日本年號，不必像朝鮮那樣書明朝年號。[13] 明清鼎革後，德川家光（1604-1651）命令對馬藩更改外交文書格式，改用日本年號，並要求朝鮮國王給德川將軍的國書上，換掉過去稱呼足利將軍為「日本國王」的用法，改稱德川將軍為「日本國大君」的稱號，借以脫離以中國為中心的天下秩序體系。[14] 爾後，日本與朝

12　西川如見，《華夷通商考》（京都：甘結堂，1695），早稻田大学図書館藏。
13　荒野泰典，《近世日本と東アジア》（東京：東京大学出版会，1988），頁 11-12。
14　川原秀城編，《朝鮮朝後期の社会と思想》（東京：勉誠出版，2015），頁 47；國史編纂委員會，《備邊司謄錄》（首爾：國史編纂委員會，1989），卷 62，朝鮮肅宗 37

鮮互通聘問，雖在名分禮秩上各有解釋，對內宣稱彼此為其臣屬，但日朝兩國通信聘問之間仍有一灰色地帶，在表面上保持著對等地位。直到日本明治政府建立後，欲釐清日朝兩國的灰色地帶，將朝鮮國王和德川將軍定義為對等關係，這樣日本天皇與中國皇帝便成為敵體，中日兩國自然是對等之國。日本國書的稱謂改變，等於違反以中國為主的天下秩序體系，也等於貶低朝鮮國王為天皇臣屬，使朝鮮君臣大怒，遂退回日本國書，埋下1875 年日本雲揚號軍艦砲擊江華島的導火線。[15]

　　江戶幕府雖欲恢復與中國的通商貿易，卻不願向清朝遣使朝貢，再加上有必要壓抑諸藩大名對外通商的可能性，所以制訂鎖國政策，只開通松前、薩摩、對馬、長崎四處，與蝦夷、琉球、朝鮮、中國、荷蘭通商往來。[16]江戶幕府的鎖國政策禁止日本人航行海外，卻未禁止新知識的傳入，反而積極搜集海外情報，欲探知國際形勢及科學知識，尤其關切清帝國的國內情形，往往透過中國商人、薩摩至琉球、對馬至朝鮮的情報搜集，瞭解清帝國的政治動向。當時江戶幕府要求旅居長崎的中國商人提供情報，並編輯為《華夷變態》和《清俗紀聞》等書，而對馬藩與薩摩藩也接到命令，紛紛將中國「唐船」船主提供的航行日記或漂流難民提供的情報，編成《清客新話》等書。[17]這些書籍的內容可謂包羅萬象，不但記載了江蘇、浙江、福建等地的風俗習慣，還有清帝國的司法法律、稅賦財政、民間宗教、地理人文、官話練習等資訊，使江戶幕府對清代中國的政治、社會、經濟、文化等方面仍有一定程度的瞭解。

年 5 月 26 日。

15　「伊達全權等ヨリ岩倉外務卿宛　清國卜ノ條約談判經過報告ノ件　附記　清國卜ノ修好條規竝二通商章程義解」，第 157 号（1871 年 9 月 19 日），收入外務省調查部編纂，《日本外交文書（明治期）》，第 4 卷（東京：社團法人日本國際協會，1938），頁 246。

16　朝尾直弘，〈鎖國制の成立〉，收入歷史学研究会、日本史研究会編，《講座日本史 4（幕藩制社会）》（東京：東京大学出版会，1970），頁 86。

17　大庭脩著，戚印平、王勇、王寶平譯，《江戶時代中國典籍流播日本之研究》（杭州：杭州大學出版社，1998）。

　　為了鞏固統治基礎、穩定社會秩序，江戶幕府重用儒學家藤原惺窩（1561-1619）、林羅山（1583-1657）、林鵝峰（1618-1680）等人，曾將京都學派朱子學作為官方意識形態，但因明遺民朱舜水（1600-1682）主張尊王攘夷的《春秋學》與西歐諸國新知識的傳入，引起日本知識人屢屢質疑朱子學的理氣論與道統論。[18] 再加上日本長期與清帝國沒有建立官方聯繫，對清帝國上層階級與精英文化認識很少，使日本知識人認為清帝國出身蠻夷，已沒有資格代表「中華」，而日本自有的「華夷秩序」證明日本有資格擔任世界的中心，可以取代清帝國成為新「華夷秩序」的核心。例如，林鵝峰在 1674 年編纂《華夷變態》之發題序文，指出明清改朝換代，正是華夷逆位之始，而《華夷變態》記錄的都是近 30 年來往返長崎與福州、漳州商船聽說的中國事情，並提到吳三桂（1612-1678）與鄭經（1642-1681）傳檄各省的傳言，似有推翻清朝、恢復中原之志，若能實現的話，就可以使華夷正位，透露出期待之情：

> 崇禎登天，弘光陷虜，唐、魯才保南隅，而韃虜橫行中原，是華變於夷之態也。雲海渺茫，不詳其始末，如《剿闖小說》、《中興律略》、《明季遺聞》等，粲記而已。按：朱氏失鹿，當我正保年中，爾來三十年所福、漳商船來往長崎所傳說。有達江府者，其中聞於公，件件讀進之、和解之，吾家無不與之，其草案留在反古。唯恐其亡失，故敘其次第，錄為冊子，號《華夷變態》。頃聞吳、鄭檄各省，有恢復之舉，其勝敗不可知焉。若夫有為夷變於華之態，態則縱異方域，不亦快乎。[19]

　　分析林鵝峰將這部內容豐富的海外情報集定名為《華夷變態》之動機，可推測林鵝峰有明顯的價值取向。所謂華夷變態，即利用韓愈（768-

---

18　林和生、林心純編，《朱舜水與德川光國》（太原：山西教育出版社，2012）。

19　林鵝峰，〈序〉，《華夷變態》（延寶二年），頁 1a，早稻田大學圖書館藏。

824）「諸侯用夷禮則夷之，進於中國則中國之」，[20] 強調日本有資格競爭「中華」的文化資格，並透過《華夷變態》一書，哀歎明朝崩亡就是華夷逆位的開始，妖魔化清朝政權，想像清代中國已是蠻夷世界，不再具備「中華」的文化資格。

　　事實上，林鵝峰的這些言論，側面印證「明清易代」帶給東亞諸國的震撼，也突顯日本不願意接受清帝國能代表「中華」的事實。由此可知，日本營造出華夷逆位的「新華夷」氛圍，讓江戶幕府的鎖國政策變得名正言順，甚至透過 1715 年「正德新例」的信牌制度，要求中國船主來日貿易時，必須手持日本發放的信牌，不再是以前明帝國發放的勘合符，象徵中日關係從此主從對調，由日本掌握了主動性。此外，從 1686 年《清客新話》對馬藩平田茂左衛門尉與福建人郭育齡的問答，其中提及清朝皇帝統治中國的情況及朝鮮是否臣服清朝等問題。當時，郭育齡回答說清朝皇帝統一中國後，省刑罰、薄稅斂，萬民皆受其恩澤，可謂堯舜再生。縱使是偏遠苦寒、窮鄉僻壤之處，都對清朝皇帝心悅誠服，四方臣服，幾乎沒有內外之分。[21] 朝鮮雖曾被明朝冊封，但現在同樣也向清朝朝覲進貢，並多藉朝貢之機，捎帶貨物在北京買賣。由此可知，負責日朝交涉的對馬藩相當關注朝鮮與清朝的關係，得知朝鮮時常入貢清朝的情況後，便不免輕視朝鮮，認為朝鮮為了自保，竟不惜「小中華」之名聲，向辮髮易服的清朝稱臣入貢，淪為蠻夷，自然對朝鮮滋生出居高臨下的傲慢。[22]

　　經過康熙（1654-1722）、雍正（1678-1735）、乾隆（1711-1799）諸帝的勵精圖治，清帝國國力達到鼎盛。江戶幕府改稱清帝國為「中國」，不

20　〔唐〕韓愈，《韓愈文集匯校箋注》，第 1 冊（北京：中華書局，2010），卷 1，〈原道〉，頁 3。

21　對馬藩，《清客新話》，收入大庭脩編著，《近世日中交涉史料集五：江戶時代の日中關係資料：蘭園鶏肋集》（吹田：関西大学出版部，1997），大清福建人漂著對馬藩平田茂左衛門尉筆談同三月二十三日歸唐。

22　孫衛國，《大明旗號與小中華意識：朝鮮王朝尊周思明問題研究（1637-1800）》（北京：商務印書館，2007）；夫馬進著，伍躍譯，《朝鮮燕行使與朝鮮通信使：使節視野中的中國、日本》（上海：上海古籍出版社，2010）。

敢再蔑稱為蠻夷、韃靼，但在江戶幕府的「鎖國令」之下，清帝國輝煌的文治武功被刻意隱瞞了，反而更抬高明帝國的「中華」地位，藉以彰顯清帝國「以夷變夏」的表象，使華夷逆位的「新華夷」氛圍一直縈繞於江戶時期的日本知識界。[23] 例如，谷秦山（1663-1718）就主張被清政權統治的中國已夷狄化，不可再承擔「中華」之名義。[24] 經過《華夷變態》長期營造出「新華夷」的氛圍，增長日本的「中華」意識，間接消解中國作為「中華」的正當性，進而以「華夷秩序」的理論，作為與朝鮮、琉球、阿伊努的交涉原則，讓江戶幕府基本擺脫了日本被編入以中國為核心的華夷秩序框架，也讓明治時期的日本政府擁有甩開中國的氣量，直接代表東方去面對西洋的挑戰。在這個基礎上，江戶初期的學者山崎闇齋（1618-1682）便根據「內外有別」立說，指出「中國之名，各國自稱，皆以我土為中心，視四外為夷狄」，[25] 主張「中國」之「名」不是中國專屬，而是一種自國中心認同，日本也可自稱「中國」，視日本之外的異國為「夷狄」。時代稍後的佐佐木高成、賀茂真淵（1695-1769）、本居宣長（1730-1801）也在日本儒學的基礎上，重新檢討「華夷之辨」問題。他們認為，中國聖人之學有名無實，日本不宜盲從輕信，並提出了基於「自國＝中國」的日本型華夷思想，試圖證明日本也是一個可以建立自我為核心的世界主體，而淺見絅齋（1652-1712）更拋開儒學家身分，開創「垂加神道」一派，運用朱熹的理學概念，完善神道教義，鼓吹尊王思想，強調忠君報國，更宣傳日本天皇是「萬世一系」，比起易姓革命的中國更具有「天命」，奠定江戶末期「尊皇攘夷」運動的思想資源。[26]

23　周頌倫，〈華夷變態三形態〉，《東北師大學報（哲學社會科學版）》，2014 年第 4 期（2014 年 7 月），頁 2-3。

24　後藤三郎，《闇斎學統の国体思想》（東京：金港堂，1941），頁 270。

25　山崎闇斎著，日本古典学会編，《山崎闇斎全集》，第 1 卷（東京：ぺりかん社，1978），頁 373。

26　佐々木高成，《辨辨道書》，東京大学総合図書館藏，請求記號：B60：2311；賀茂真淵原著，久松潜一監修，青木紀元編，《賀茂眞淵全集》，第 19 卷（東京：続群書類従完成会，1980），頁 24-25；本居宣長著，大野晋、大久保正編集校訂，《本

　　值得注意的是，江戶時期的日本同樣也面臨了異國文化的衝擊，使其自我認同難免動搖，不得不自我懷疑起來。與荷蘭開展的貿易中，日本接觸到了近代西歐的醫學和其他科學知識。這些新知識、新技術雖形成日本「蘭學」的主體，但根據大航海時代以來的地理學，讓當時的日本知識人逐漸產生了國際意識，認為有必要重新定位日本在世界的地位及其自國認同，才能安排日本對外交涉體系，使西洋、中國、朝鮮、琉球等國能按照「華夷秩序」確立與日本的關係。例如，山鹿素行（1622-1685）在《中朝事實》一書中，先將日本定義為「中華」或「中朝」，以「外朝」稱中國，並宣揚儒教的尊王攘夷思想和神道教的日本中心主義，追溯了日本皇統萬世一系的起源，故主張日本為中華，中國地博而不約，故步自封，是有用無體，才會被戎狄所制，所以「天下」不再是兩個不同的政治共同體，而是由日本為核心，直接涵攝中國、朝鮮、琉球等政權。[27] 如此一來，日本型華夷秩序的「兩個天下」轉換到取代中國的「一個天下」，使日本不再滿足於《華夷變態》所說的小中華思想，而是變成取代清帝國、統一天下的大中華思想了。

　　在江戶時代的兩百多年裡，日本知識人多少接受了儒學、國學、蘭學的學術體系，形成這些知識人對自我、日本、中國、乃至世界的認識。尤其在 18 世紀下半葉以降，日本神道文化吸收了中國引入的儒學經典與佛學理論，其思想體系變得更成熟，所以出現本居宣長、平田篤胤（1776-1843）等人的神教式「國學」，強調「復古神道」，主張「日本中華主義」，並認為日本作為「神國」，在文化上有其獨特性，整個大和民族也與眾不同，自有其主體性。即便神道教與日本國學大力攻擊儒學或強調國粹思想，但對日本知識界而言，「中華」價值仍是日本自我實現的重要媒介，

居宣長全集》，第 9 卷（東京：筑摩書房，1963），頁 50-52；芳賀登，《本居宣長：近世國學の成立》（東京：吉川弘文館，2017）。

27　山鹿素行，「中朝事實 1」，《內閣文庫》，日本國立公文書館藏，檔號：137-0114，頁 40a-40b。

無法超脫出「天下秩序」的世界觀，並透過朝鮮、琉球、阿伊努使者觀見德川將軍的行動，暗示日本才是真正的「中國」，甚至在「以夷變夏」的宣傳下，使日本逐漸消解中國儒家文化的影響力。19世紀中期，日本與中國同樣面臨歐美諸國的船堅炮利，不得不選擇議和，允許開國通商。對此，日本知識人眼見中國與英、法、美國先後簽訂不平等條約，擔憂日本不比中國強大，可能會走向亡國滅種的絕路，有必要聯合亞洲諸國一同對抗歐美諸國的侵略，於是在思索日本因應之道的同時，也思考整個東亞如何面對新變局的解決之策。這些日本知識人提出了各種的政策主張，但在吉田松陰（1830-1859）、福澤諭吉（1835-1901）等人的鼓吹下，決心走向脫亞西化的道路，不但要學習歐美國家的政治體制，也要與清帝國一爭高下，展開「典範轉移」，使日本「今急修武備，艦略具，砲略足，則宜開墾蝦夷，封建諸侯，乘間奪取加摸察（堪察加）、加隩都加（鄂霍次克）。諭琉球，朝覲會同，比內諸侯。責朝鮮納質奉貢，如古盛時。北割滿洲之地，南收臺灣、呂宋諸島，漸示進取之勢」，[28]夾擊中國，以取天下。

三、從《中日修好條規》到《脫亞論》的內在意義

當日本得知清帝國被英國打敗、簽訂《南京條約》的消息，引起了日本朝野的震驚，所以美國艦隊司令佩里（Matthew C. Perry, 1794-1858）率領黑船艦隊，要求日本開國、允其通商時，江戶幕府不敢貿然開戰，而是同意與其簽訂通商條約，打開國門。諷刺的是，江戶幕府刻意營造的新華夷觀與「國學」傳統，卻變成江戶幕府與美國議和的絆腳石，而江戶幕府放棄鎖國政策之舉，更引起攘夷派大名的不滿，紛紛主張尊王攘夷，將忠君思想與排外思想相結合，「攘夷論」的矛頭轉向內部革新的「倒幕論」，

28　吉田松陰，《幽囚錄》，マイクロ請求記号：26-390-6，頁16b，引自「国文学研究資料館」電子資料館：https://kokusho.nijl.ac.jp/biblio/100182263/。

並利用過去江戶時期的新華夷觀，將幕府比成不尊王者的野蠻政權，大肆鼓吹「尊天皇」、「討幕府」、「開民智」等主張，遂要求江戶幕府奉還大政，由明治天皇（1852-1912）親領政務，間接促使江戶幕府的垮臺，也讓明治天皇重新成為日本凝聚諸藩大名與全國民心的精神象徵。在岩倉使節團主要成員的引領下，日本社會的領導階層與精英分子意識到歐美國家的先進技術、經濟發展、社會文化等優勢，遂主張日本應以先進的歐美諸國為楷模，向歐美國家全面學習，並以「殖產興業、富國強兵」作為明治維新的基本國策，在全國範圍有系統地推行相關政策，使日本政治、經濟、法律、教育、交通、軍事等領域都有了長足的進步，幾乎達到歐美國家的「近代化」水準，使歐美國家願意與日本改正條約，接受日本進入國際社會，並在吸收歐美諸國新知識的同時，也扶持以神道為核心的日本傳統文化，讓日本能迅速轉型為近代民族國家，發展出強烈的民族認同意識。

自豐臣秀吉時期，日本試圖與中國爭奪東亞領導權的欲望就一直未曾泯滅。自幕府末期至明治初期，日本知識人就曾主張征伐朝鮮（征韓論），希冀用武力打開朝鮮鎖國的局面，並利用對外擴張的手段，轉嫁國內危機，解決日本國內武士階層向下沉淪的失業問題，也能為日本尋找廉價的原料與廣大的市場，但限於日本國力不足、政權不穩，很難實現對外擴張的計畫。1871 年中日兩國談判《中日修好條規》，欲恢復中日兩國的官方往來，但談判過程卻不順利，並從中日雙方的交涉細節，可見日本欲與清政府一爭高下之心態。中日雙方先是爭執天皇尊號是否妥當，後又爭執清政府是否能自稱「中國」。這兩個談判細節，看似禮儀衝突，但實為 17 世紀以來日本欲與中國爭奪「中華」的表現，故有中日兩國先爭尊號，後爭國號的齟齬。日本明治天皇給同治皇帝（1856-1875）的國書內容如下：

大日本國天皇敬白大清國皇帝：方今寰宇之間，交際日盛，我
邦既與泰西諸國通信往來，況鄰近如貴國，固宜修親善之禮

也，而未有通使幣結和好，深以為憾。乃特派欽差大臣從二位
行大藏卿藤原朝臣宗城，以遣貴國而達誠信，因委以全權便宜
行事，冀貴國思交誼、篤鄰好，即派全權大臣會同酌議，訂立
條約。兩國蒙慶，永久弗渝，乃具名璽敬白。伏祈皇帝，康寧
萬福。明治四年辛未五月　　日。[29]

從日本國書的內容，可知明治政府無形中複製了過去小野妹子給隋煬帝
的國書：「日出處天子致日沒處天子無恙」[30]的寫法，表示中日兩國對等
地位，並隱有挾西洋以自重的味道，自然讓清政府相當不快，所以討論
日本國書可否使用「天皇」尊號時，清政府指出日本與歐美諸國訂立商
約時，條約裡的稱謂多不相同，而中國訂約國家皆稱君主，希望日本另
擬尊稱，不宜用上古神聖名號，否則有違敬天法祖之原則，並建議日本
國書僅書兩國國號，避免滋生誤會：

> 若天皇之稱，考古之聖帝名王，亦未敢與之並稱。是以皇帝二
> 字，雖易代猶同此稱；而天皇，則往古未聞沿襲。在身為帝
> 王，尚不敢以之自居，而凡在臣民之尊其君者，更可知矣。我
> 朝敬天法祖於郊禘之禮，祝版尚須抬寫「天」字，則不敢以天
> 皇待鄰邦之君，更可想見。則「天皇」二字之不通行於天下者
> 如此。[31]

對此，日方雖舉出過去德川將軍為「日本國大君」之例，竭力正名「天
皇」尊號的來源，但因爭執下去可能會妨害中日兩國的簽約，所以同意

29　「遣外國使祭ニ竝國書、御委任狀下賜ノ次第」，第 147 号（1871 年 5 月 15 日），
　　收入外務省調查部編纂，《日本外交文書（明治期）》，第 4 卷，頁 177-178。原件譯
　　文未署明日期。
30　〔唐〕魏徵等撰，《隋書》，卷 81，〈東夷傳・倭國〉，頁 1827。
31　「伊達全權等ヨリ岩倉外務卿宛　清國卜ノ條約談判經過報告ノ件　附記　清國卜
　　ノ修好條規竝ニ通商章程義解」，第 157 号（1871 年 9 月 19 日），收入外務省調查
　　部編纂，《日本外交文書（明治期）》，第 4 卷，頁 245。

「今兩國立約，僅書兩國國號亦可也。至於來往國書及公文，則我國自稱曰天皇，貴國回稱天皇或曰皇帝，兩從其便」，[32] 最後仍是堅持了中日兩國地位對等的底線。

經過多次交涉後，中日兩國準備商討條約標題，但日本認為條約標題不應使用「中國」稱謂，以為清政府應稱大清國，今稱「中國」有失妥當，甚至懷疑清政府使用中國稱謂是貶低日本，「中國係對己邦邊疆荒服而言，約內兩國相稱，明書國號為正」。清政府認為日本胡攪蠻纏，有意刁難，並指出「我中華之稱中國，自上古迄今，由來已久。即與各國立約，首書寫大清國字樣，其條款內皆稱中國，從無寫改國號之例」。[33] 日本抗辯清政府不宜用「中國」為條約標題的理由，認為「中國」指的是清帝國內地十八省，並不包括滿洲、朝鮮、西藏、新疆等「外夷」之地，但若稱「大清國」那就將這些外夷地區包攝在內。所以，清政府勉強同意日本的提議，決定在條約題頭各自寫「大清國」與「大日本國」，條約漢文本可寫「中國」與「日本」，而和文本則寫為「大清」與「大日本」。[34] 日本的抗辯看似為清政府著想，實則暗示清政府不能代表中國，而清政府的龍興之地（滿洲）亦被列入外夷，更是延續了過去江戶時期《華夷變態》的說法，不但讓日本原有的華夷觀繼續發揮作用，向日本國內宣稱對華交涉成功，並透過與中國對等往來的事實，向西洋諸國誇耀日本國力，再利用「對夷優位」的概念，得以宗主國之姿，欺壓朝鮮、琉球等中國屬藩，[35] 更試圖用「仿照西約一體均沾」等字

32　「伊達全權等ヨリ岩倉外務卿宛　清國トノ條約談判經過報告ノ件　附記　清國トノ修好條規竝二通商章程義解」，第 157 号（1871 年 9 月 19 日），收入外務省調查部編纂，《日本外交文書（明治期）》，第 4 卷，頁 246。

33　「伊達全權等ヨリ岩倉外務卿宛　清國トノ條約談判經過報告ノ件　附記　清國トノ修好條規竝二通商章程義解」，第 157 号（1871 年 9 月 19 日），收入外務省調查部編纂，《日本外交文書（明治期）》，第 4 卷，頁 247。

34　韓東育，《從「請封」到「自封」：日本中世以來「自中心化」之行動過程》（臺北：臺大出版中心，2016），頁 344。

35　張啟雄，〈「中華世界帝國」與近代中日紛爭：中華世界秩序原理之一〉，收入蔣永

句，[36] 讓日本比照歐美諸國在華特權，取得「片面最惠國待遇」。

　　為了富國強兵、淪為歐美列強的殖民地，日本堅持文明開化的路線，並學習歐美列強用武力為海外貿易之後盾，讓日本得以在海外獲得豐富資源和廣大市場，更伺機奪取利權，建立勢力範圍，乃至強權大國。因此，《中日修好條規》簽訂不久，日本很快冊封琉球國王為琉球藩主，又藉口琉球漂流民在臺灣被野人殺害，悍然出兵臺灣，並先後炮擊釜山海域、江華島，威脅朝鮮首都，使朝鮮不得不同意與日本簽訂《日朝修好條規》（《江華條約》），甚至在 1879 年日本秘密派出軍警前往那霸港，要求琉球國王尚泰（1843-1901）舉族遷居東京，直接將琉球王國改設為沖繩縣，由鍋島直彬（1844-1915）擔任沖繩縣知事。[37] 由此可知，日本明治政府對待周邊諸國的態度，仍然繼承幕府末期的爭天下理論，所以透過《中日修好條規》的簽訂，換得中日兩國的對等地位，再陸續爭奪琉球、臺灣，乃至壓制朝鮮，進而與清帝國一爭「中華」的統治資格。

　　在歐美諸國要求開國通商的壓力下，中國、日本、朝鮮都深受其害，不免同病相憐，產生同仇敵愾的親近感。所以日本屢思聯合中國、朝鮮等

敬、張玉法、吳天威、譚汝謙編，《近百年中日關係論文集》（臺北：中華民國史料研究中心，1992），頁 17。

36 〔清〕寶鋆等編，《籌辦夷務始末（同治朝）》，第 9 冊（北京：中華書局，2008），卷 82，第 2688 條，頁 3307，同治十年七月十八日李鴻章奏與日本國訂約情形折。

37 「尚琉球使臣正使等ヨリ柳原外務大丞等宛　琉球使臣ヘ拜謁仰出アリシ旨ノ通知了承ノ件」，第 177 号（1872 年 9 月 13 日），附記三，收入外務省調查部編纂，《日本外交文書（明治期）》，第 5 卷（東京：社團法人日本國際協會，1939），頁 383；「寺島外務卿ヨリ大隈大藏卿宛　臺灣生番處分ニ關聯シ御雇米國人『リ・セトル』儀出仕替ニ就キ申出ノ件」，第 4 号（1874 年 3 月 29 日），附記一，收入外務省調查部編纂，《日本外交文書（明治期）》，第 7 卷（東京：社團法人日本國際協會，1939），頁 5-8；「三條太政大臣ヨリ森山理事官ヘノ指令　朝鮮國ニテ應接ノ際ノ清國ト朝鮮國トノ關係ニ就キテノ心得方ニ關スル件」，第 18 号（1875 年 2 月 2 日），收入外務省調查部編纂，《日本外交文書（明治期）》，第 8 卷（東京：社團法人日本國際協會，1940），頁 53；松田道之編，《琉球處分》（1879），收入下村富士男編，《明治文化資料叢書：第四卷・外交篇》（東京：風間書房，1962），頁 27-28。

東亞諸國，並趁著內務卿大久保利通（1830-1878）前往中國天津，與北洋大臣李鴻章（1823-1901）交涉《中日天津條約》之際，建議「日本、清國、朝鮮等東洋國家團結」為目的，互相設置中、日、朝三國語言的專門學校，儘量知國情、通語言、廣人才，促進中、日、朝三國能共同奮進、互相守望。尤其在明治政府成立後，日本國內許多傾慕歐洲政治體制的知識人紛紛主張訂憲法、開議會、選議員，建立君主立憲政治，並主張結合中國與朝鮮共同對抗歐美諸國，於是「提攜」、「興亞」、「亞洲一體」等論述紛出，幾乎成了 1870 至 1880 年代日本知識界的主流意識。所以 1878 年先由日本海軍中尉曾根俊虎（1847-1910）創立振亞會，後有 1880 年日本漢學家宮島誠一郎（1838-1911）等人設立興亞會，講授漢學、漢語、朝鮮語、朝鮮士人文集等知識。興亞會並在日本外務省的扶持下，招攬了許多知名官僚與學者，擔任該會會員，例如長岡護美（1842-1906）、曾根俊虎、花房義質（1842-1917）、柳原前光（1850-1894）、大鳥圭介（1833-1911）、福澤諭吉、勝海舟（1823-1899）等人，甚至還有清朝官員何如璋（1838-1891）、黎庶昌（1837-1898）、王韜（1828-1897）及朝鮮官員金玉均（1851-1894）、朴泳孝（1861-1939）、張德澄等人，聲勢相當浩大。[38] 但這些主張自由民權的日本知識人卻因 1884 年協助金玉均發動朝鮮「甲申政變」，被明治政府逮捕投獄，如大井憲太郎（1843-1922）等人只能放棄「民權論」的理念，轉向對外伸張國權的「國權論」。[39]

　　興亞會的創會宗旨，即聯合東亞諸國彼此提攜、互相保全，共同防備俄國南下之勢，所以清朝駐日公使何如璋、參贊黃遵憲（1848-1905）、朝鮮開化派官員金玉均等人欣然參加。當興亞會以漢語、朝鮮語學習為形式，以提攜中國、敦親睦鄰為號召，卻派遣留學生在中國與朝鮮進行實地踏勘與情報搜集工作，並支持明治政府吞併琉球、出兵朝鮮，使興亞會

38　興亞會編，《興亞會報告》，第 2 集（東京：興亞會，1880 年 4 月）。
39　玄洋社社史編纂會編，《玄洋社社史》（東京：玄洋社，1917），頁 408-409。

原本「睦鄰提攜」的宗旨備受質疑。[40] 例如，擔任《循環日報》主編、也是興亞會會員的王韜眼見日本攻打臺灣、吞併琉球、威脅朝鮮之舉，認為興亞會的行動已背離其創會宗旨，感到相當不安，於是評論日本的言行不一：「日人創立興亞會，其志則大，其名則美，而勢事之難處，意見之各殊，則非特等於無補空言，且將類於陰謀詭計也。今日本無端而構釁臺灣，蓄謀殲滅琉球，則其所謂睦鄰者，蓋可知矣。即繁稱博引，援古引今，欲維時局，其誰信之？」[41] 由此可知，興亞會已放棄原有「睦鄰提攜」的創會宗旨，不再提倡中日兩國聯手對抗歐美諸國，維護亞洲諸國的獨立自主，而是著眼於伸張日本國權，強力抨擊清帝國的專制腐敗，證明日本只能自立自強，充實國力，討伐清帝國，爭取自國在亞洲的盟主地位。此外，根據伊原澤周的研究，可知興亞會的主要成員關注日本國家利益，與明治政府密切合作，充當耳目，使其創會宗旨很快從「提攜中國與朝鮮」，轉為主張「破支那，勝俄國，併朝鮮」。原本是興亞會成員的清朝駐日公使黎庶昌注意到興亞會的改變，並以朝鮮「甲申政變」為例，私下對宮島誠一郎說：「此次朝鮮之事似易了結，所關要者在以後之措置耳。貴國本擬朝鮮已獨立，而又越海駐兵，非朝人所心服。僕之私意，以為貴國以後應不干涉朝事」，[42] 可見黎庶昌已注意到日本對外政策的轉變，並認為日本不應再干涉朝鮮事務，否則終將與中國、朝鮮衝突。

　　事實上，從中日兩國外交糾紛的交涉過程中，明治政府不但延續了日本型華夷秩序的華夷觀與正統概念，在外交手段上也採用西洋近代國際法原理，利用「實力管轄領有論」否定清帝國對屬藩「政教自主」的習慣法，可知明治政府看似全盤西化，實為「內華外洋」，使其內政、外交政

40　戚其章，〈近代日本的興亞主義思潮與興亞會〉，《抗日戰爭研究》，2008 年第 2 期（2008 年 6 月），頁 30-35。

41　〔清〕王韜，〈興亞會宜杜其弊論〉，收入興亞會編，《興亞會報告》，第 12 集（東京：興亞會，1880 年 11 月 15 日），頁 8。

42　伊原澤周，《從「筆談外交」到「以史為鑒」》（北京：中華書局，2003），頁 36-37。

策形成了兩種矛盾卻疊合的「脫亞論」和「大亞細亞主義」的綜合體。[43]
「脫亞論」的宣導者是福澤諭吉，同時也是主張復興亞洲的「大亞細亞主
義」支持者。[44] 對日本未來的出路問題，福澤諭吉認為，歐美諸國是世界
最先進的文明國家，日本若要自國文明進步，就必須以歐洲文明為目標，
並摒棄崇尚王道復古的儒教思想，面向未來，主動參與國際事務，使日本
儘快加入到歐美各國的行列之中。[45] 等到日本富國強兵之後，日本便有力
量帶動東亞諸國一同奮進，成為東亞諸國的盟主，負起復興亞洲的歷史任
務，即為「大亞細亞主義」。然而，福澤諭吉的「大亞細亞主義」理想，
卻因朝鮮開化黨金玉均等人的政變失敗，大為失望，並認為中國和朝鮮
受儒家文化毒害已深，絕不可能像日本成功改革開化，所以發表了《脫
亞論》，主張日本應脫離東亞諸國，日本必須全盤歐化，與西洋文明共進
退，並按照西洋人對待中國、朝鮮的方式，採取砲艦外交。[46]

　　福澤諭吉態度之所以有 180 度的轉變，乃因其藉「文明啟蒙」為理
由，強調「世界大勢」和「近代文明秩序」，進而建構一套保證日本國家
利益的「落差—權利」的邏輯。這套「落差—權利」邏輯，即日本改革成
功，其國家實力優於中國、朝鮮，所以不必因中國、朝鮮是鄰國而有同情
心，只要模仿西洋諸國的手段，以威勢壓制中國、朝鮮，為日本尋求更大

43　張啟雄，〈「中華世界帝國」與近代中日紛爭：中華世界秩序原理之一〉，收入蔣永
　　敬、張玉法、吳天威、譚汝謙編，《近百年中日關係論文集》，頁 40。
44　鹿野政直著，卞崇道譯，《福澤諭吉》（北京：生活‧讀書‧新知三聯書店，
　　1987）。福澤諭吉出身下層武士之家，家境貧困，卻天資聰穎，曾在蘭學家緒方
　　洪庵（1810-1863）開設在大阪的「適塾」學習荷蘭語，對漢學、蘭學有一定的瞭
　　解，並自學英文，赴美國、英國、法國、德國等各個城市遊學，成為近代第一批遊
　　歷西方的日本人。
45　福澤諭吉著，慶應義塾編纂，《福澤諭吉全集》，第 4 卷（東京：岩波書店，
　　1959），頁 19；福澤諭吉著，慶應義塾編纂，《福澤諭吉全集》，第 9 卷（東京：岩
　　波書店，1960），頁 273。
46　福澤諭吉著，慶應義塾編纂，《福澤諭吉全集》，第 10 卷（東京：岩波書店，
　　1960），頁 238-240。

的利益，[47] 這樣就為日本的侵占行為賦予思想資源。例如，中國通兼日本間諜的宗方小太郎（1864-1923）在 1895 年給明治政府的外交建議，便體現了福澤諭吉對華政策的邏輯，其要旨即行霸道思想，以力服人而已：

> 我與中國同洲相鄰，唇齒輔車之關係頗為密切……際此一大機
> 運之時，其所以仍不能提攜者，究屬何故？雖曰中國人頑迷
> 不化，不通大局之形勢有以致之，然兩國感情之衝突確屬首要
> 原因也。故昔日識者曾認為，中日兩國間若無大戰，則不能大
> 和；大戰而大勝之，彼始知我之實力之不可敵，至此方可收協
> 同之效也。要之，以勢力壓制、威服中國是也。使彼多年服從
> 之後，在不知不覺之間，大局之形勢可馭，使彼感覺有與我聯
> 合之必要。然與彼言和，首要唯有對彼永久不失勝算方可；若
> 不幸一朝兵力不如彼時，則中日和平終不能持久也。煦煦之
> 仁，孑孑之義，非所以馭中國人之道也。[48]

日本政治學家丸山真男曾分析福澤諭吉「興亞—脫亞—征亞」的矛盾觀點，指出福澤深感國際社會之殘酷，才會強調東亞共同體的概念，呼籲亞洲諸國共同防衛歐洲帝國主義的侵犯，並將東亞共同體的防衛責任歸於日本的使命感，使其對外主張便與日本帝國的大陸政策形成了步調一致的結果。[49] 丸山真男的分析多少有為福澤諭吉開脫的味道，但丸山同樣也承認日本的大陸政策正是立基在「興亞—脫亞—征亞」交叉運作的基礎之上，提供日本對內宣傳與對外侵略的思想資源。

　　從福澤諭吉的學術系譜來看，其「脫亞論」一面受到歐洲自由主義學者想像清代中國為落後專制帝國之影響，一面也繼承了江戶時期日本國學

47　福澤諭吉著，慶應義塾編纂，《福澤諭吉全集》，第 4 卷，頁 19。
48　宗方小太郎，《宗方小太郎日記・對華邇言》，收入戚其章主編，《中國近代史資料叢刊續編：中日戰爭》，第 6 冊（北京：中華書局，1993），頁 140。
49　丸山真男，〈福沢諭吉〉，《丸山真男集》，第 5 卷（東京：岩波書店，1995），頁 332。

思想貶抑清帝國為蠻夷、視日本為「中華」的思想體系，還隱含了幕末時期日本鼓吹「征韓論」、渴望對外擴張的野心，如野村浩一指出：當時世界秩序觀主要是優勝劣汰的社會達爾文主義（Social Darwinism），歐美國家構築的條約體系本質上就是弱國無外交，日本自然也無法突破近代國際社會風行的弱肉強食之價值觀。[50] 因此，福澤諭吉提出《脫亞論》的決絕之舉，不只反映出日本思想界在新舊文明之間的思想衝擊與矛盾情緒，也與當時明治政府推行「歐化政策」相輔相成，互相呼應，側面證明了明治政府很難在歐美諸國與亞洲之間調和兩者而生存，只是搖擺於「脫亞論」和「大亞細亞主義」之間，於是日本模仿歐美諸國的砲艦外交，破壞以中國為中心的華夷秩序，取代中國成為東亞諸國的盟主，遂有甲午戰爭。[51]

四、大亞細亞主義與東亞聯盟的成立

近代日本「大亞細亞主義」的背景是多種矛盾因素構成的，主要是在歐美諸國以「砲艦外交」侵略東亞諸國的危機之際，日本許多有志之士著眼於「東洋」與「西洋」的認識問題，並結合江戶時期的新華夷觀，竟衍生出「亞洲平等合作」、「以日本為盟主」、「日本對外擴張領土」三種形式的政治思想及相關行動。[52] 事實上，江戶幕府末期的「尊王攘夷論」，明治時期的「興亞論」、「亞洲同盟論」、「中日連攜論」等論述，都與「大亞細亞主義」有關，但不能簡單地把它們全當成「大亞細亞主義」，應按東亞國際時局之變化而做出區別。

前文述及，明帝國滅亡後，日本視清帝國為蠻夷，並揉合儒家文化、

50　野村浩一著，張學鋒譯，《近代日本的中國認識》（北京：中央編譯出版社，1999），頁 75-77。

51　歷史學研究会、日本史研究会編，《日本帝国主義の形成》（東京：東京大学出版会，1970）；中塚明，《日清戦争の研究》（東京：青木書店，1968）；大谷正，《日清戦争：近代日本初の対外戦争の実像》（東京：中央公論新社，2014）。

52　王屏，《近代日本的亞細亞主義》（北京：商務印書館，2004），頁 15。

佛教教義及日本傳統神道等思想，本就有從「華夷變態」到「自國中心」萌生的文化自豪感，所以當歐美諸國強行叩關後，日本一開始欲以武力對抗歐美諸國的壓迫，並主張「尊王攘夷論」，堅持日本國粹文化與武士道精神。明治政府建立後，強藩派閥林立，下層武士無以維生，如西鄉隆盛（1828-1877）等人便主張攻伐朝鮮，安置日本沒落士族的出路，反對明治政府推行的「歐化政策」，認為白種人與黃種人並無二致，日本應團結亞洲諸國共同對抗歐美諸國，所以主張「興亞論」，建立興亞會等組織，積極關注中國、朝鮮國內事務，欲逞其開化之志。1884 年的甲申政變失敗，福澤諭吉憤然撰寫的《脫亞論》，象徵日本外交政策在伸張國權的大目標下，一直搖擺於「征服亞洲」和「開化亞洲」之間，讓日本有時以歐美諸國自居，恥與中國、朝鮮等國並列為亞洲諸國，有時又自認「中華」，欲以先進國之姿，提攜亞洲諸國。[53]

　　甲午戰爭以前，日本雖覬覦朝鮮，但礙於清帝國與俄國的勢力，不能逞其野心，屢思改變。甲午戰爭的勝利，不但讓日本獲得琉球、臺灣及大量賠款，揚威國際，也讓日本得以將朝鮮當作囊中之物，欲行殖民政策，侵奪朝鮮利權，更澈底改變了日本的自我認識與世界觀，自此專心於對外擴張之事。宗方小太郎同樣根據日本的新華夷觀，鼓動漢人奮起反清，提出「滅滿興漢」的主張，強調「夫貴國民族之與我日本民族同種、同文、同倫理，有偕榮之誼，不有與仇之情也。切望爾等諒我徒之誠，絕猜疑之念，察天人之向背，而循天下之大勢，唱義中原，糾合壯徒、革命軍，以逐滿清氏於境外，起真豪傑於草莽而以托大業」。[54] 值得注意的是，日本提出的議和賠款方案，與吉田松陰的「御威光」方案如出一轍，可知日本要求清政府承認朝鮮獨立，切斷中朝宗藩關係，並割讓臺灣與遼東半島，

53　伊東昭雄，《アジアと近代日本：反侵略の思想と運動》（東京：社会評論社，1990）。

54　宗方小太郎，〈開誠忠告十八省之豪傑〉，《日清戰爭實記》，第 50 編（東京：博文館，1896），頁 5-6。

欲以臺灣與遼東半島為基地，擴大日本對華勢力。但俄國聯合法國、德國共同干涉遼東半島問題，使日本認定俄國為其假想敵，有必要遏止俄國勢力蠶食朝鮮與遼東半島，保護日本帝國的生命線。

為了壓制俄國，日本尋求英國的幫助，英國也為了確保自國的遠東利益，決定支持日本，與日本簽訂《日英協約》，日本方有與俄國開戰的把握，引發 1905 年的日俄戰爭。[55] 日俄戰爭的勝利，讓明治政府與日本知識界對日本對外擴張的發展路線更是信心滿滿，並對遼東半島躍躍欲試，所以有 1910 年日本利用《日韓併合條約》強行合併韓國之舉。[56] 可以說，從《馬關條約》最初的方案，我們已可看出日本後來的「大東亞共榮圈」的雛形，而日俄戰爭的結果更決定了東北亞格局，使日本得以壟斷朝鮮與東三省的利權。日俄戰爭後，日本先併吞朝鮮王朝，後欲分裂中國，不但提出「二十一條」，霸占青島租界，又蓄意製造「濟南慘案」、「九一八事變」、扶持「滿洲國」偽政權等行動，甚至宣稱滿蒙為日本的生命線，進兵滿蒙。[57] 可以說，甲午戰爭是日本對華政策轉變的分水嶺，尤其是日本對華政策改弦易轍，大陸政策則利用「保全中國」與「提攜中國」的宣傳，並透過外交談判、經濟掠奪及武力侵略等手段，達到「占領中國」的目標。所以有必要釐清日本的新華夷觀與「大亞細亞主義」的思想脈絡，否則就無法瞭解「大亞細亞主義」具有興亞、脫亞及侵亞的多面性，[58] 也無法真正認識「大亞細亞主義」作為日本發起多次戰爭的理論基礎。

在明治政府大力推行「歐化政策」的刺激下，日本國內卻引發了反歐化政策的聲音，抨擊明治政府一味崇洋媚外，「歐化政策」根本是囫圇吞棗，對歐洲文明有必要咀嚼消化才能有效吸收，[59] 並組成政教社等政治評

55　藤井信行，《「日英同盟」協約交涉とイギリス外交政策》（橫浜：春風社，2006）。

56　森田茂、原田環編，《大韓帝国の保護と併合》（東京：東京大学出版会，2013）。

57　小寺謙吉，《大亞細亞主義論》（東京：寶文館，1916）。

58　王屏，《近代日本的亞細亞主義》，頁 15。

59　志賀重昂著，志賀冨士男編，〈「日本人」が懷抱する處の旨義を告白す〉，《志賀

論團體，主張日本應保存宗教、德教、美術、政治、生產制度等國粹，還發行《日本人》、《亜細亜》、《日本及日本人》等刊物，向日本社會宣揚國粹文化之美好，身為日本人有必要珍惜愛護大和民族的文化遺產。爾後的陸羯南（1857-1907）、杉浦重剛（1855-1924）、井上圓了（1858-1919）等人更大聲疾呼日本傳統文化與神道思想，主張保存日本國粹，不應該全盤歐化，否則日本將喪失大和民族的精氣神，走向亡國亡種的末路。[60] 例如，三宅雪嶺（1860-1945）以印度為例，指出英國殖民印度有效，引入歐洲文明，使印度煥然一新，儼然是新英吉利，並因英國的殖民政策，使印度多民族諸邦願意團結一致，使印度可能會成為亞洲一新獨立國。[61] 他也指出，清政府封閉落後、昏庸無能，根本不能再擔負重責。日本改革有成，被視為「東洋的英吉利」，自然可以擔任東亞諸國的盟主，並主張擴充軍備，要與中國在朝鮮問題上決一勝敗，再由日本指導朝鮮進行改革，不再提「同盟」、「連攜」等論述。[62]

　　日本雖在甲午戰爭戰勝清帝國，卻遭俄國、法國、德國的干涉，不得不歸還遼東半島，使日本決心反擊俄國，[63] 並重新考慮整個東亞局勢的權力平衡，轉而對華親善，希望能與清政府聯手對抗俄國，而光緒皇帝（1871-1908）也希望援引日本明治維新的經驗，推展新政改革，雙方一拍即合，遂有中日結盟之計畫。[64] 除此之外，日本若干政客還以私人名義，成立興亞會、東亞同文會、玄洋會等民間組織，先是主張日本與中國同文同種，有必要保全中國，協助中國改革開化，促進中日兩國的善鄰關係，表現出日本對華親善的姿態，並宣導以日本為亞洲諸國盟主，聯合中國等

重昂全集》，第 1 卷（東京：志賀重昂全集刊行会，1928），頁 1-7。

60　松本三之介編，《政教社文學集》（東京：筑摩書房，1980）。

61　志賀重昂，〈亞細亞大陸に於ける今後の一新大獨立國〉，收入三宅雄二郎、志賀重昂合著，《斷雲流水》（東京：政教社，1896），頁 82-90。

62　狹間直樹著，張雯譯，《日本早期的亞洲主義》（北京：北京大學出版社，2017）。

63　陸奧宗光著，伊舍石譯，《蹇蹇錄》（北京：商務印書館，1963），頁 188-190。

64　孔祥吉、村田雄二郎合著，《罕為人知的中日結盟及其他：晚清中日關係史新探》（成都：巴蜀書社，2004），頁 59-75。

落後國家，共同振興亞洲，阻止歐美諸國將亞洲視為殖民地。一手建立東亞同文會的近衛篤麿（1863-1904）與犬養毅（1855-1932）的創會動機，便是在日俄兩國為了朝鮮問題不得不簽訂三次《日俄協定書》的背景下，提出「保全支那」與「亞洲一體」等主張，鼓吹日本必須成為亞洲盟主，由日本出面保護中國等周邊鄰國，並將俄國視為假想敵，鼓吹中國、朝鮮應防範俄國，注意歐洲諸國欲殖民亞洲的野心。

　　東亞同文會組成的成員背景很複雜，如主張忠君愛國、擴張主義的玄洋社，或主張社會主義的宮崎滔天（1871-1922）、平山周（1870-1940），或主張國粹主義的三宅雪嶺、陸羯南，或長期潛伏在中國收集情報的宗方小太郎、中島真雄（1859-1943）等人。這些組織的背景與所持意見各有不同，但東亞同文會首任會長近衛篤麿卻能融合左、右翼的對立意見，將東亞同文會宗旨定為「支那保全論」，並重新組織東邦協會、亞細亞會、同文會、東亞會、海外教育會，使其攏成一團，重新作為日本大亞細亞主義的分支團體，推進與東亞問題相關的所有活動。[65] 東亞同文會以「支那保全論」作為宣傳重點，強調中日兩國同文同種，有必要透過教育文化的聯繫，改善中日兩國的關係，聯手防止俄國對東北亞蠶食鯨吞。因此，清政府積極派遣學生赴日學習，而日本願意接受大量清國留學生，並在一定程度上協助清國留學生組織革命活動，充當其保護傘，試圖推進中國的改革進程。[66] 東亞同文會成立之初，其「支那保全論」主張黃種人聯手對抗白種人的論調，很容易就被中國官民信任與稱讚。例如，視清帝國為落後政權的革命黨孫文（1866-1925）等人，很容易相信日本欲保全亞洲諸國的誠意，而日本的新華夷觀與革命黨提出「驅逐韃虜，恢復中華」的宗旨亦不謀而合，遂提出「日親滿疏」的原則，使革命黨能坦然接受日本官方

65　酒田正敏，《近代日本における対外硬運動の研究》（東京：東京大学出版会，1978），頁 122。

66　黃福慶，《清末留日學生》（臺北：中央研究院近代史研究所，1983），頁 15-18、221-224。

與民間團體的各種幫助。[67]

　　日俄戰爭爆發後，日本戰勝俄國，又得到英國支持，遂能昂首步入歐美列強的帝國主義陣營中。1910 年，日本宣布「日韓併合」，正式將朝鮮半島併入日本領土，又根據《樸茨茅斯條約》（*Treaty of Portsmouth*），日本得到旅順口、大連灣附近領土領水之租借權、中東鐵路長春至旅順段及二者附屬的所有權益，進而能在遼東半島南部紮根，衍生出分裂中國的野心，使東亞同文會逐漸將「支那保全論」的論述重點轉移至分割論。東亞同文會的若干人士指出，支那保全的時機已失，日本獨力難撐，不如與俄國結盟，俄國得到滿洲、蒙古及西伯利亞，日本可得朝鮮、福建、浙江。[68]對此，梁啟超（1873-1929）一針見血指出日本提出「支那保全論」的真正目的：

> 歐人、日本人動曰：保全支那，吾生平最不喜聞此言。支那而須藉他人之保全也，則必不能保全；支那而可以保全也，則必不藉他人之保全。言保全人者，是謂侵人自由。望人之保全我者，是謂放棄自由。[69]

孫文接受宮崎滔天資助革命事業的同時，曾向黑龍會幹部內田良平（1874-1937）等人暗示中國革命成功後，將由日本處置滿洲、蒙古及西伯利亞等地，[70]但孫文也認識到日本「支那保全論」的醉翁之意，並斥責了保全論與分割論，主張中國之事由中國人自行其是，終有一日革命黨將推翻清朝，創造新中國。

67　楊天石，《從帝制走向共和：辛亥前後史事發微》（北京：社會科學文獻出版社，2002），頁 283。

68　狹間直樹，《日本早期的亞洲主義》，頁 91-92。

69　梁啟超，〈保全支那〉，《清議報》，第 33 號（1899 年 12 月）。

70　楊天石，《從帝制走向共和：辛亥前後史事發微》，頁 288；段雲章，《孫文與日本史事編年》（廣州：廣東人民出版社，1996），頁 40。

西洋政家之言，其得失是非，姑置勿辯，今請將東洋政家之說推而論之。二說各有所見：言保全者若衷於事理，言分割者似順於時勢。然以鄙意衡之，兩無適可。今欲窮源竟委，推求其所以然，則不能不分別國勢、民情兩原因而詳考之。就國勢而論，無可保全之理也；就民情而論，無可分割之理也。……或曰：「誠如高論，以支那之現勢而觀，保全既無其道，分割又實難行，然則欲籌東亞治安之策以何而可？」曰：惟有聽之支那人士，因其國勢，順其民情而自行之，再造一新支那而已。其策維何？則姑且秘之。吾黨不尚空談，以俟異時之見諸實事，子其少安待之。[71]

由此可知，清末民初的中國知識分子對日本的「支那保全論」雖心嚮往之，卻擔憂日本帝國主義勢力逐漸擴大，尤其涉及中國主權與領土問題時，孫文等人更是將國家民族的利益置於自身利益之上，不惜改弦易轍，推翻先前以漢族為中心的革命主張，也不願放棄滿洲、蒙古等地，[72] 並延續清帝國的多元民族政策，鼓吹「中華民族」的共同體意識，避免日本與歐美諸國利用民族自決的說法，煽動滿洲、蒙古、西藏宣布獨立自治，藉以分裂中華民國的領土。

延續「支那保全論」並做一通盤論述的是日本眾議員小寺謙吉（1877-1949）的《大亞細亞主義論》一書。由於日本趁第一次世界大戰歐美諸國酣戰、無暇東顧之際，在 1915 年向北洋政府提出「二十一條」，要求繼承德國在山東的一切權益，也要求中國承認日本在東蒙、南滿、福建等地的特殊權益，嚴重侵害中國主權，北洋政府虛與委蛇，故意洩露相關內情，使中國社會發起大規模的反日輿論，並尋求美、英、俄等國的支持，藉

71　孫文，〈支那保全分割合論〉，《東邦協會會報》，第 82 號（1901 年 12 月 20 日）。
72　王柯，《民族主義與近代中日關係：「民族國家」、「邊疆」與歷史認識》（香港：香港中文大學出版社，2015），頁 86、93。

以牽制日本。[73] 在中國各界反日運動的聲浪下，小寺謙吉在 1916 年 11 月出版《大亞細亞主義論》，向日本官民闡述「大亞細亞主義」的理念，主張日本應承擔護衛亞洲的責任，身為日本國民應為此更加努力，並延續過去的「支那保全論」，向中國官民宣傳日本提攜中國的誠意，藉以合理化日本提出「二十一條」的動機，緩解中國官民反日運動的壓力。[74] 小寺謙吉指出，西洋文明的精神是掠奪式的資本主義與帝國主義，亞洲的黃種人應該聯手對抗西洋的白種人，而日本將依據「大亞細亞主義」，保全中國不被西洋諸國瓜分，並以日本之新文明教化亞洲諸國，促進亞洲諸國的進步，此即世界大同之實現。所以，小寺謙吉主張日本在中國應有特殊地位與權力，由日本領導亞洲諸國的黃種人，一同對抗西洋諸國的白種人，保護亞洲不被白種人掠奪。[75] 對此，李大釗（1889-1927）以筆名「守常」，在《甲寅》發表〈大亞細亞主義〉，反駁小寺謙吉的論點，指出日本欲「假大亞細亞主義之旗幟，以顏飾其帝國主義，而攘極東之霸權，禁他洲人之掠奪而自為掠奪，拒他洲人之欺凌而自相欺凌」，[76] 可知日本的「大亞細亞主義」實為侵略之用。若日本真心信仰「大亞細亞主義」之理想，就應承認中國作為「中華」對亞洲大局之重要性，應協助中國促成國家再造，並放棄滿蒙獨立運動的幻想，共圖中華民族之復興。

　　1919 年巴黎和會舉行後，中國作為戰勝國，卻無法收回山東，亦拒絕簽署《巴黎和約》，同意日本繼承德國在華權益，山東問題成為外交懸案。同時，英日同盟的存在，將成為美國在遠東地區和西太平洋揉根的潛在威脅，於是美國欲改變日本在東亞的優勢局面，遂以解決中國山東問題

73　米慶余，《日本近現代外交史》（北京：世界知識出版社，2010）；唐啟華，《被「廢除不平等條約」遮蔽的北洋修約史（1912-1928）》（北京：社會科學文獻出版社，2010）。

74　小寺謙吉，《大亞細亞主義論》（東京：寶文館，1916），頁 1052-1099。

75　小寺謙吉，《大亞細亞主義論》，頁 1115-1145。

76　李大釗，〈大亞細亞主義〉（1917 年 4 月 18 日），收入中國李大釗研究會編著，《李大釗全集》，第 2 卷（北京：人民出版社，2013），頁 107。

為理由，在 1921 年召開華盛頓會議，重新瓜分遠東地區和太平洋各殖民地及列強勢力範圍。[77]《九國公約》秉持「門戶開放」與「機會均等」的原則，要求列強保持中國主權獨立與領土完整，並要求英日同盟終止，英美日法四國共同維護各自在太平洋的利益，讓日本不得不忌憚美國對華的態度。此外，美國也在 1924 年 5 月頒布《排日移民法》，限制或禁止日本人移住美國，使日本官民認為美國有意打壓日本，歧視黃種人，更污辱了大和民族的光榮，若干主張國粹主義的玄洋派、黑龍會等組織更以激烈的切腹行為，要求政府對美宣戰。可以說，受到一戰戰後歐洲衰退與美國打壓日本的刺激，日本國內的國粹主義高漲，使日本知識分子反思過去明治政府一味追求西化的弊病，並認真探討「大亞細亞主義」對亞洲諸國的意義。例如，吉野作造（1878-1933）認為，日本文化與武士道精神有其優越性，倡議亞洲是亞洲人的亞洲，強調日本必須致力重振大和魂，充實國民精神與國家實力，並聯合亞洲諸民族，發揚日本、中國、印度等東洋文明，才能達成日本自衛並保全亞洲民族獨立自由的目的。[78]

「大亞細亞主義」不只引起日本國內知識分子的廣泛討論，也吸引了亞洲其他國家知識分子的重視。例如，1924 年 11 月 28 日，中國國民黨總理孫文在神戶發表「大亞細亞主義」的演講，指出西洋文明強調霸道、以力服人，東洋文化強調王道、以德服人，並趁機宣洩日本對華政策的錯誤：「你們日本民族既得到了歐美的霸道的文化，又有亞洲王道文化的本質，從今以後對於世界文化的前途，究竟是做西方霸道的鷹犬，還是做東方王道的干城，就在你們日本國民去詳審慎擇」。[79] 在這場演講中，孫文

77　唐啟華，《巴黎和會與中國外交》（北京：社會科學文獻出版社，2014）。

78　黃自進，《吉野作造對近代中國的認識與評價》（臺北：中央研究院近代史研究所，1995），頁 32-33、98-101。

79　孫文，〈對神戶商業會議所等團體的講說〉（1924 年 11 月 28 日），收入中國社科院近代史所等編，《孫中山全集》，第 11 卷（北京：中華書局，1986），頁 409。對孫文「大亞洲主義」的探討，參見桑兵，〈解讀孫中山大亞洲主義演講的真意〉，《社會科學戰線》，2015 年第 1 期（2015 年 1 月），頁 95-116。

對日本政府多有批評，直指日本說一套做一套的欺騙行徑，但主辦方神戶商會仍將這場演講的內容刊於報紙之上，[80] 可見日本國內知識分子尚能理性思考，接納像孫文的非主流意見。可惜的是，大正年間的民主氛圍沒有持續多久，即因日本軍國主義抬頭，社會風氣為之一變。這些自由開放的思想很快陸續被軍方禁止了，整個思想界噤若寒蟬，而「大亞細亞主義」這樣的思想也被軍方利用，成為日本對外侵犯的正當化理由。

　　面對美國利用《九國公約》打壓日本對外擴張的野心，日本軍方接納了石原莞爾（1889-1949）的「世界終戰觀」，認為東洋文明與西洋文明的本質不同，所以東洋與西洋之間必有一場決戰，只有打完這場世界大戰後，世界才能享有永久的和平，所以日本必須積極增強軍事實力，並將軍隊調動到中國東北的「滿洲」，如此才能延續日本帝國的生命線。[81] 在軍方調動大眾媒體、刻意營造輿論的情況下，日本國內的愛國主義變得越來越高揚，積極支持關東軍在中國境內的侵略行為，而日本軍方也利用「大亞細亞主義」的黃白種族對抗之論點，認為日本國民應積極回應政府的統制經濟政策，發揮一億人的總體力量，保證天皇的絕對權威，日本才能率領東亞諸國組成軍事共同防禦陣營、經濟一體化、內政獨立的東亞集團，東亞諸國只要信仰天皇，就能取得王道主義的勝利，建造八紘一宇的王道樂土，[82] 進而成立以日本為首，滿洲國、華北政府、汪精衛政府等傀儡政權組成的「東亞聯盟」，作為石原莞爾等人拉攏、欺騙中國官民的幌

---

80 日本報刊多次發表孫文這場演講的日文講演紀錄，但其內容互有差異，與中文底本亦有不同，例如孫文氏講演，戴天仇氏通譯，神戶又新社速記，〈大亞細亞主義〉，《神戶又新日報》（神戶），連載自 1924 年 11 月 29 日至 12 月 1 日；孫文氏演說，戴天仇氏通譯，〈大アジア主義（1～4）神戶高女にて〉，《大阪每日新聞》（大阪），版 11，連載自 1924 年 12 月 3 日至 12 月 6 日；孫文，〈大亞細亞主義の意義と日支親善の唯一策〉，《改造》，1925 年 1 月号（1925 年 1 月）等。

81 石原莞爾述，東亞聯盟協會關西事務所編，《世界最終戰論》（京都：立命館出版部，1940，第一改訂版）。

82 石原莞爾著，玉井礼一郎編，《石原莞爾選集 4：昭和維新論／マイン・カンプ批判》（東京：たまいらば社，1986），頁 34。

子。[83] 所以在 1940 年 7 月 26 日，日本近衛文麿（1891-1945）內閣制定了《基本國策綱要》，其根本方針是強化以日、滿、華三方的同盟基礎，排除歐美諸國勢力，解放亞洲諸殖民地，尊重其獨立自主，藉以建立大東亞共榮圈的計畫。至此，日本終於完成了以皇道主義為核心的東亞國際秩序體系，也完成了日本型華夷秩序的轉型，卻付出了東亞諸國數千萬軍民的性命與血淚，更裹脅日本人民走向戰場、帶給他們無盡的痛苦回憶。

五、結語

　　近代中日關係本質上是日本挑戰中國在東亞獨大地位的歷程。在中國長期擁有東亞領導權的情況下，日本欲在文化、社會、經濟、思想及整個國家的意識形態等領域競爭話語權，最終卻導致中日兩國走向戰爭，或許是日本從 17 世紀至 20 世紀長期欲與中國競爭東亞領導權的結果。

　　自壬辰倭亂以來，日本被逐出以中國為主的天下秩序體系，孤立於東亞世界。江戶幕府為了重建日本內政、外交之秩序，所以利用《武家諸法度》與參觀代代制度，箝制國內諸藩大名，與朝鮮恢復交鄰關係，並開松前、薩摩、對馬、長崎四處，與蝦夷、琉球、朝鮮、中國、荷蘭通商往來，吸收海外傳來的種種資訊。在江戶幕府統治時期，日本不再冀求回歸天下秩序體系，而是自建一個以日本為核心的華夷秩序體系。既然要建立以日本為核心的華夷秩序，就必須先否定以中國為核心的天下秩序體系，並將中國貶為「夷」，剝奪其「中華」名號，藉以確立日本作為「華」的正當性地位。為了建構日本自有的華夷秩序體系，德川將軍推崇朱子學，強調忠君愛國，並強調中國明清易代的劇變就是「華夷變態」，指出原本代表「中華」的明朝已被蠻夷的滿洲人推翻了，日本自然不能屈從於出身蠻夷的清朝，有必要替代中國，重新建構一套華夷秩序，作為東亞諸國共

83　石原莞爾著，玉井礼一郎編，《石原莞爾選集 6：東亞連盟運動》（東京：たまいらば社，1986），頁 14-23。

同遵從的國際秩序原理。在江戶幕府有意無意的推波助瀾下，清帝國輝煌的文治武功被刻意隱瞞了，反而更抬高明帝國的「中華」地位，藉以彰顯清帝國「以夷變夏」的表象，使華夷逆位的「新華夷」氛圍一直縈繞於江戶時期的日本知識界，也讓日本知識分子對中國文化的態度相當矛盾，產生了既信仰又詆毀的脫儒意識，再從脫儒意識發展出以日本自重自豪的國學，並提出了基於「自國＝中國」的日本型華夷思想，試圖證明日本也是一個可以建立自國為核心的華夷世界，更宣傳日本天皇是「萬世一系」，比起易姓革命的中國皇帝更具有獲得天命的資格，奠下了江戶末期「尊皇攘夷」運動的思想資源。

　　江戶時代雖有「脫儒」與「貶華」思想的傾向，但不管如何貶抑清帝國為蠻夷，日本知識界仍無法脫離「華夷之辨」的框界。直至明治維新時期，惡清輕鮮的氛圍始終不變，如在《中日修好條規》的交涉過程，日本便抗議清政府不應在條約裡自稱「中國」，可知日本始終瞧不起滿人稱帝的清朝。在西力東漸下，日本欲聯合中國、朝鮮共同抗擊歐美諸國，遂有興亞會等組織。興亞會的宗旨即日本富國強兵之後，便有力量帶動東亞諸國一同奮進，成為東亞諸國的盟主，扶持朝鮮、中國進行改革，負起復興亞洲的歷史任務，即為「大亞細亞主義」。當日本知識分子提倡「尊皇攘夷」時，視清帝國為蠻夷，卻注意到清帝國與日本皆屬「亞細亞」，且共有儒家文化的基礎，再將清帝國視為可以結盟的對象，遂有「聯華興亞」之論。然而，福澤諭吉主張的「大亞細亞主義」理想，卻因朝鮮開化黨金玉均等人政變失敗，大為失望，並認為中國和朝鮮受儒家文化毒害已深，絕不可能像日本成功改革開化，所以發表了《脫亞論》，主張日本應全盤歐化，脫離東亞諸國，避免被他們拖累，並按照西洋人對待中國、朝鮮的方式，採取砲艦外交，與西洋文明共進退，踏入以國際法為主的歐美國際秩序體系，於是日本的亞洲政策逐漸形成「脫亞－興亞－征亞」的路線。

　　從 1894 年甲午戰爭到 1905 年日俄戰爭的 10 年期間，是「大亞細亞主義」思想的形成期。「大亞細亞主義」是一個不斷變化又夾雜多種互相衝突的混合思想體系，其內容有殖民主義與反殖民主義，又有帝國主義

與反帝主義，更有國家主義與國際主義的衝突。簡單來說，「大亞細亞主義」抱持著大同世界的美好理想，採取維護國家利益的現實手段，高喊著王道樂土、五族共和等政治理念，卻在殖民地欺凌朝鮮人與臺灣人，並認為這些手段都是聯合東亞諸民族，反抗歐美帝國主義，實現黃種人種族解放的必要之惡。第一次世界大戰戰後，歐洲凋敝，無力旁顧亞洲，日本趁機擴張勢力，在東亞及太平洋獲得優勢地位，引起美國警覺，遂有《九國公約》的促成，避免日本坐大。對此，日本國內激起反美運動，頓生黃白種族對抗之危機感，使「大亞細亞主義」的思潮幾乎成為日本思想界的主旋律，並由玄洋社、黑龍會的極端國粹主義對「大亞細亞主義」進行去菁存蕪的汰選工作，將日本擴張領土的欲念凌駕於復興亞洲的理念，最後竟讓「大亞細亞主義」淪為日本軍部發動侵華戰爭的思想武器，並促成日本與各傀儡政權共同組織東亞聯盟，用以麻痺其他抵抗日本軍國主義的侵略。1943 年 11 月，日本召集其日軍占領區的傀儡政權領導者召開「大東亞會議」，並根據「大亞細亞主義」發表亞洲諸國諸民族共存共榮的《大東亞共同宣言》，以致「大東亞共榮圈」成為「大亞細亞主義」思潮下培育出的惡果。從這個角度來看，或許「大亞細亞主義」正是以日本型華夷秩序觀的進階版，日本作為「華」，用近代化手段開化周邊諸國的「夷」，但「大亞細亞主義」的亞洲振興卻是以殖民亞洲為手段，自然會激起東亞諸國的反抗，認為「大亞細亞主義」只是軍國主義者的宣傳工具，這也註定「大亞細亞主義」只是紙上談兵的假理想，終將走向失敗。

英俄大博奕與回民事變中的阿古柏政權

陳立樵

天主教輔仁大學歷史學系副教授

一、前言

　　本文討論 1865 年（同治 4 年）至 1877 年（光緒 3 年）之間，中亞的阿古柏（Yakub Beg, 1820-1877）政權對於區域與國際所造成的影響及其意涵。19 世紀的中國除了對外戰爭失敗、簽署所謂不平等條約之外，還有內部各地叛亂的問題。阿古柏政權在中國新疆興起，從中文史料來看是屬於回民（中國穆斯林）事變的一部分。然而，阿古柏政權的起落並不單純只是中國的問題，還牽涉到英國與俄國兩強權在中亞爭奪勢力。在談論阿古柏對中國新疆的領土完整帶來威脅時，也有必要觀察中亞局勢的發展。

　　在學術研究之中，不乏有學者試圖強調中國邊疆的主體性，[1] 或從游牧民族在中亞的角度，突破既有的東亞漢人中心觀的框架。[2] 近期的研究，例如高登（Peter B. Golden）的一本小書《世界史中的中亞》（*Central Asia in World History*），就提到了中亞歷史不應以野蠻的角度來看待。[3]

---

[1]　拉鐵摩爾（Owen Lattimore）著，唐曉峰譯，《中國的亞洲內陸邊疆》（南京：江蘇人民出版社，2005）。

[2]　杉山正明著，黃美蓉譯，《游牧民的世界史》（新北：廣場出版，2015）；岡田英弘著，陳心慧、羅盛吉譯，《從蒙古到大清：游牧帝國的崛起與承續》（新北：臺灣商務印書館，2016）；杉山正明著，郭清華譯，《疾馳的草原征服者》（新北：臺灣商務印書館，2017）。

[3]　Peter B. Golden, *Central Asia in World History* (Oxford: Oxford University Press, 2011),

施爾吉夫（Evgeny Sergeev）所撰寫的《1856 年到 1907 年英俄在中亞與東亞的大博弈》（*The Great Game 1856-1907: Russo-British Relations in Central and East Asia*），談了很多英俄在中亞競爭的情況。[4] 另有里柏（Alfred J. Rieber）的《歐亞帝國的邊境》（*The Struggle for the Eurasian Borderlands*），也詳盡描述中亞在俄國、中國、伊朗勢力競爭之下的發展。[5] 拉鐵摩爾（Owen Lattimore）的《亞洲樞紐》（*Pivot of Asia: Sinkiang and the Inner Asian Frontiers of China and Russia*）一書，則是對於近現代新疆的歷史有深入且詳盡的描述。[6] 從這些研究都可看到中亞地區，包括新疆，與歐、亞兩洲的密切關係。

　　本文討論的阿古柏政權，在上述的研究之中都有所探究，表示這個政權在中亞近代史中有其重要性。這名來自於中亞國家浩罕（Kokhand）的阿古柏，擁有軍事背景，在新疆建立勢力，儘管僅存在短短 12 年的時間，卻牽動了中亞局勢。中國清朝正值處理回民事變的時期，在新疆的阿古柏政權成為清軍要擊潰的最終目標。此外，阿古柏政權的形成，也衝擊了英俄勢力競爭的版圖。

　　在英語學界裡針對阿古柏的研究甚少，唯有金浩東（Hodong Kim）所著《中國聖戰》（*Holy War in China: The Muslim Rebellion and State in Chinese Central Asia, 1864-1877*），對於阿古柏政權的興起、政權的各項制度、甚至阿古柏去世的原因，都有相當完整的描述與分析，但對於阿古柏政權對外關係（包括英、俄、清）的部分，篇幅較少。[7] 也有研究討論

---

pp. 5-7.

4　Evgeny Sergeev, *The Great Game 1856-1907: Russo-British Relations in Central and East Asia* (Baltimore: John Hopkins University Press, 2013).

5　Alfred J. Rieber, *The Struggle for the Eurasian Borderlands: From the Rise of Early Modern Empires to the End of the First World War* (Cambridge: Cambridge University Press, 2014).

6　Owen Lattimore, *Pivot of Asia: Sinkiang and the Inner Asian Frontiers of China and Russia* (Boston: Little, Brown and Company, 1950).

7　Hodong Kim, *Holy War in China: The Muslim Rebellion and State in Chinese Central*

到阿古柏受到俄國與中國的壓迫，轉向與鄂圖曼帝國（Ottoman Empire，後文簡稱鄂圖曼）建交，尋求協助。[8] 此外，有些許研究將阿古柏放在英俄於中亞勢力競爭的範疇中。例如英國學者阿爾德（G. J. Alder）相當早期的作品《英屬印度的北部邊疆（1869-1895）》（*British India's Northern Frontier 1865-1895*），[9] 運用了大量的英國殖民地印度事務部（India Office）的檔案，雖然主要重點在於印度，但印度北方的局勢卻與中亞、新疆有關，有不少篇幅談論阿古柏所帶來的影響。《劍橋中國史：晚清篇》（*The Cambridge History of China, Volume 10: Late Chi'ing, 1800-1911*）有若干篇文章談論了清朝與西北邊疆（包括阿古柏政權）到中亞的關係，也是呈現較為國際的面向。[10] 但是，阿古柏在清朝與英俄外交所扮演的角色，仍是多數外文研究較少觸及的部分。

　　中文學界對阿古柏的研究，已有許多成果，卻多是認定阿古柏背負著侵略者、匪徒、竊據疆土、注定失敗的罪名，視之為勾結英俄帝國主義的走狗。[11] 多數研究無論是僅用中文資料，或者使用外文資料，

Asia, 1864-1877 (Stanford: Stanford University Press, 2004).

8　Kemal H. Karpat, "Yakub Bey's Relations with the Ottoman Sultans: A Reinterpretation," *Cahiers du Monde russe et soviétique*, Vol. 32, No. 1 (January-March, 1991), pp. 17-32.

9　《新疆通史》編撰委員會編，董志勇、毛夢蘭、王偉、孟澤錦、王薇譯，《英屬印度的北部邊疆（1869-1895）》（烏魯木齊：新疆人民出版社，2013）。

10　Denis Twitchett and John K. Fairbank, eds., *The Cambridge History of China, Volume 10: Late Ch'ing, 1800-1911 Part 1* (Cambridge: Cambridge University Press, 1995).

11　馬汝珩，〈試論阿古柏政權的建立及其反動的本質〉，《歷史教學》，1957年8月號（1957年8月），頁7-13；包爾漢，〈論阿古柏政權〉，《歷史研究》，1958年第3期（1958年3月），頁1-7；陶文釗，〈沙俄侵略者與阿古柏〉，《近代史研究》，1979年第2期（1979年5月），頁181-192；柳用能，〈阿古柏最後覆滅的歷史見證：新疆喀什明約路石碑〉，《新疆大學學報（哲學社會科學版）》，1979年第3期（1979年8月），頁51-59；紀大椿，〈阿古柏對新疆的入侵及其覆滅〉，《歷史研究》，1979年第3期（1979年3月），頁86-96；包爾漢，〈再論阿古柏政權〉，《歷史研究》，1979年第8期（1979年8月），頁68-80；陳超，〈新疆各族人民與阿古柏的鬥爭〉，《新疆社會科學》，1983年第3期（1983年6月），頁91-98；董蔡時，〈試論左宗棠在征討阿古柏匪幫過程中的鬥爭〉，《蘇州大學學報（哲學社會科學版）》，1983年第3期（1983年5月），頁89-96；李文芬，〈阿古柏入侵新疆始末〉，《北京

都對阿古柏抱持否定的態度。採用最多原始資料的相關研究，以許建英的著作《近代英國和中國新疆（1840-1911）》具代表性，但也是持阿古柏竊據新疆的論點。[12] 即使是當時的外文紀錄出版簡體中譯本，例如包羅杰（Demetrius Charles Boulgar, 1853-1928）、[13] 庫羅帕特金（Aleksey Nikolayevich Kuropatkin, 1848-1925）、[14] 沙敖（Robert Barkley Shaw, 1839-1979），[15] 或許原文沒有特定立場，可是譯者序與中文版序的作者，也都批判書中對阿古柏、中國的描述是持殖民主義的立場。臺灣的阿古柏研究不多，有從新疆獨立的角度來談阿古柏所建立的獨立政權；[16] 另有羅慧娟的

第二外國語學院學報》，1997 年第 3 期（1997 年 6 月），頁 154-161；李文芬，〈試論阿古柏統治的欺騙性與反動性〉，《北京第二外國語學院學報》，1997 年第 5 期（1997 年 10 月），頁 92-97；梁俊豔、張振東，〈清代英屬印度與阿古柏政權關係述論〉，《南亞研究》，2004 年第 2 期（2004 年 4 月），頁 61-66；梁俊豔，〈英國與阿古柏政權關係研究〉，《西域研究》，2004 年第 3 期（2004 年 9 月），頁 33-38；石滄金，〈英國、沙俄與後期阿古柏政權的關係〉，《西域研究》，2006 年第 2 期（2006 年 4 月），頁 34-38；石滄金，〈沙皇俄國與阿古柏政權的關係：兼析沙俄與英國的相關角逐和爭奪〉，《史學集刊》，2006 年第 5 期（2006 年 9 月），頁 29-36；樊明方、孟澤錦，〈阿古柏入侵時期英國對中國新疆地區的侵略〉，《西域研究》，2010 年第 3 期（2010 年 7 月），頁 33-36。

12　許建英，《近代英國和中國新疆（1840-1911）》（哈爾濱：黑龍江教育出版社，2014）。

13　Demetrius Charles Boulger, *The Life of Yakoob Beg: Athalik Ghazi, and Badaulet; Ameer of Kashgar* (London: W. H. Allen & Co., 1878). 中譯本：包羅杰（Demetrius Charles Boulger）著，商務印書館翻譯組譯，《阿古柏伯克傳》（北京：商務印書館，1976）。

14　A. N. Kuropatkin, *Kashgaria: Eastern or Chinese Turkestan, Historical and Geographical Sketch of the Country; Its Military Strength, Industries and Trade* (Calcutta: Thacker, Spink and Co., 1882). 中譯本：庫羅帕特金（Aleksey Nikolayevich Kuropatkin）著，中國社會科學院近代史研究所翻譯室譯，《喀什噶爾：它的歷史、地理概況、軍事力量，以及工業和貿易》（北京：商務印書館，1982）。

15　Robert Shaw, *Visits to High Tartary, Yarkand, and Kashgar* (London: John Murray, 1871). 中譯本：羅伯特沙敖（Robert Shaw）著，王欣、韓香譯，《一個英國「商人」的冒險：從喀什米爾到葉爾羌》（北京：新疆人民出版社，2003）。

16　吳其玉，〈清季回疆獨立始末及其外交〉，收入中華文化復興運動推行委員會主編，《中國近代現代史論集：第二編‧教亂與民變》（臺北：臺灣商務印書館，1985），頁 543-564。

碩士論文〈阿古柏政權興起之研究〉，屬於民族學領域，但特別的是指出了阿古柏政權把英俄的角逐帶入新疆，影響清朝主權與領土完整，而新疆進入國際時代；[17] 張中復的《清代西北回民事變：社會文化適應與民族認同的省思》也有一樣的解釋，認為阿古柏在新疆建立政權之後，「整個新疆穆斯林抗清事件始進入一個涉及歷史糾葛、現狀動盪，以及列強介入等複雜情勢的特殊局面。」[18] 這樣的研究角度，點出了阿古柏政權在世界歷史上的重要性。

　　綜觀有關阿古柏研究，中文多呈現批判角度，西文則較少強調外交層面的討論，可見中西文方面研究的觀念及內容都可以再做更多探索。本文想討論阿古柏既然來自於浩罕，其政權性質是否屬「回民事變」？阿古柏與英俄之間的關係，純然是走狗、侵略中國之目的嗎？英俄與中國因為阿古柏而出現什麼樣的外交關係？本文雖未能使用英國外交部（Foreign Office）與印度事務部的檔案，但著重在曾於當地遊歷的私人記載，以及清代史料之運用，例如《清季外交史料》、《郭嵩燾全集》，探討在英俄的勢力競爭與中國處理回民事變的氛圍之中，這三方強權面對阿古柏勢力興衰的觀察與對應，以求在和戰之間取得平衡的狀態。

二、19 世紀英俄中的中亞交鋒

　　19 世紀初期，中亞逐步成為英俄兩國勢力爭奪的重點地區。俄國從高加索（Caucasus）、裏海（Caspian Sea）、西伯利亞（Siberia）南下，而英國則致力於保衛印度與波斯灣（Persian Gulf）貿易安全。以較為廣大的視角來看，鄂圖曼、伊朗（Iran）也在英俄的競爭範圍之中。這樣的局勢，稱為「大博奕」（Great Game）。不過，有學者說道，這場英俄大博

17　羅慧娟，〈阿古柏政權興起之研究〉（臺北：國立政治大學民族研究所碩士論文，1991）。

18　張中復，《清代西北回民事變：社會文化適應與民族認同的省思》（臺北：聯經出版事業公司，2001），頁 121。

奕，比較像是英國人自己的想像。[19] 對英國來說，印度為最重要的據點，在往後也成為殖民地。保護印度安全，就是英國政策的核心。19 世紀初期，法國曾短暫地占領埃及，用意就是要對印度造成威脅，逼得英國在短時間內就把法國軍隊驅離，也代表英國對埃及到印度這廣大區域的重視。而且，從伊朗到帕米爾高原、喜馬拉雅山，甚至到新疆，也是英國相當關注的地帶。[20] 英國若能對興都庫什山與喀喇崑崙山的北方強加管制，就是保護印度不會受到北方勢力的影響。[21] 無論俄國是否有進逼的意圖，印度的安全與否，彷彿英國的「阿基里斯腱」一般，一碰就痛。

19 世紀開始，伊朗由來自靠近裏海處的卡加部落（Qajar）主導，建立了卡加王朝（Qajar Dynasty）。在這之前的薩法維王朝（Safavid Dynasty），於 1722 年遭到東部的阿富汗（Afghan）部族殲滅，而隔年俄國與鄂圖曼瓜分了該王朝在高加索一帶的領土。1797 年重新在伊朗建立勢力的卡加王朝，為了延續前朝薩法維王朝的疆土，遂致力於收復西北的高加索與東部的阿富汗兩個區域。起初英國並未認為俄國是競爭對手，直到 1820 年代伊朗與俄國的兩次戰爭之後，簽署了《土庫曼查宜條約》（Treaty of Torkmanchay of 1828），使得俄國併吞高加索，也在伊朗享有領事裁判權等優惠待遇時，[22] 才讓英國開始正視俄國可能帶來的威脅。[23] 於是，1830 年代英國曾與俄國達成共識，尊重伊朗的主權獨立與領土完

19　B. D. Hopkins, *The Making of Modern Afghanistan* (London: Palgrave MacMillan, 2008), pp. 45-47.

20　Gerald Morgan, *Anglo-Russian Rivalry in Central Asia: 1810-1895* (London and New York: Routledge, 2016), p. 81.

21　《新疆通史》編撰委員會編，董志勇、毛夢蘭、王偉、孟澤錦、王薇譯，《英屬印度的北部邊疆（1869-1895）》，頁 15。

22　J. C. Hurewitz, *Diplomacy in the Near and Middle East—A Documentary Record: 1535-1914, Volume 1* (Toronto: D. Van Nostrand Company, 1956), pp. 96-102.

23　Rose Louise Greaves, *Persia and the Defence of India, 1884–1892: A Study in the Foreign Policy of the Third Marquis of Salisbury* (London: The Athlone Press, 1959), p. 28.

整，[24] 將伊朗作為兩強之前的緩衝國。

　　除了伊朗，布哈拉（Bukhara）、希瓦（Khiva）、浩罕也是英俄大博奕裡三個重要的汗國（khanate）。[25] 當 19 世紀中葉俄國勢力進入中亞三國時，無論是否繼續南下，英國都擔心印度就會是下一個遭到俄國侵犯的對象。[26] 同一時期，阿富汗也成為英國另一個擔憂的地區。除了俄國可能的壓力之外，[27] 卡加王朝也有意往阿富汗逼進，試圖取回赫拉特（Herat）這一塊前朝薩法維王朝的領土。由於赫拉特有「進入印度的鑰匙」（Key of India）之稱，[28] 故英國不僅擔憂伊朗的意圖，也認為有俄國在背後支持。[29] 1854 年到 1856 年的克里米亞戰爭（Crimean War）期間，當卡加王朝有意將領土往阿富汗擴張時，便遭到英國多番阻止。最後在 1856 年英國與伊朗交戰之後，伊朗因落敗而同意不再有兼併阿富汗的意圖。[30]

　　同一時期，中亞除了英俄壓力之外，也面臨著東方清朝的進逼。18 世紀中葉，清朝勢力在亞洲內陸拓展，進入了中亞突厥斯坦（Turkestan）。該區域裡的浩罕、布哈拉等汗國，因而面對正在往西擴張的清朝勢力。[31] 後來突厥斯坦東部納入清朝版圖，稱為新疆，但對當地來說

24　M. A. Yapp, "British Perceptions of the Russian Threat to India," *Modern Asian Studies*, Vol. 21, No. 4 (October 1987), p. 653.

25　Gerald Morgan, *Anglo-Russian Rivalry in Central Asia: 1810-1895*, p. 80.

26　M. A. Yapp, "British Perceptions of the Russian Threat to India," pp. 648-649.

27　Abbas Amanat, *Pivot of Universe: Nasir al-Din Shah Qajar and the Iranian Monarchy, 1831-1896* (London: I. B. Tauris, 1997), p. 15.

28　Henry Rawlinson, *England and Russia in the East: A Series of Papers on the Political and Geographical Condition of Central Asia* (London: John Murray, 1875), p. 286; Captain Gervais Lyons, *Afghanistan: The Buffer-State Great Britain and Russia in Central Asia* (London: Luzac & Co., 1910), p. 169.

29　Abbas Amanat, *Pivot of Universe: Nasir al-Din Shah Qajar and the Iranian Monarchy, 1831-1896*, p. 34.

30　Mikhail Volodarsky, "Persia's Foreign Policy between the Two Herat Crises, 1831-56," *Middle Eastern Studies*, Vol. 21, No. 2 (April 1985), p. 151.

31　潘志平，《中亞浩罕國與清代新疆》（北京：中國社會科學出版社，1991），頁 43-44。

是東突厥斯坦（Eastern Turkestan）。從清代的史料來看，浩罕對清朝有朝
觀的關係，清廷也將浩罕視作藩屬，並有官員派駐喀什噶爾與葉爾羌（今
日稱莎車），[32] 就近管轄。不單是清朝史料有這樣的說法，英俄方面資料也
有類似的觀點。例如庫羅帕特金寫道：「浩罕接受清朝的庇護。」[33] 包羅杰
也說道：「在乾隆期間，直到 1795 年之前，浩罕長期以來都按期繳納貢
賦」；[34]「眾所皆知，中國在名義上統治那個廣闊地區（東突厥斯坦）。」[35]
然而，有研究指出浩罕並非真心認同清朝的管轄，而且清朝對於邊疆的
管轄，並沒有派駐可靠的軍事武力。[36] 19 世紀 50 年代之後，清朝對於浩
罕的影響力已經衰退，[37] 導致 19 世紀在中國西北發生多次所謂的「回民事
變」，例如在甘肅與新疆，穆斯林與清朝衝突的情況越趨嚴重。[38] 學者羅
威廉（William T. Rowe）說道，新疆穆斯林不滿清朝幾十年來的統治，為
1860 年代讓阿古柏勢力滲透的導火線。[39]

　　俄國在克里米亞戰爭失利之後，也難以在西亞地區有更進一步的拓
展，遂轉而向中亞進逼，進入中國的新疆。[40] 此時正值清朝在新疆的管理
制度越見敗壞，當地穆斯林的反清浪潮，導致清軍與新疆穆斯林交戰，使
得俄國駐守在鄰近地區的軍隊必須介入管理秩序。[41] 穆斯林的動亂，對於

32　潘志平，《中亞浩罕國與清代新疆》，頁 49。

33　A. N. Kuropatkin, *Kashgaria: Eastern or Chinese Turkestan, Historical and Geographical Sketch of the Country; Its Military Strength, Industries and Trade*, p. 135.

34　Demetrius Charles Boulger, *The Life of Yakoob Beg: Athalik Ghazi, and Badaulet; Ameer of Kashgar*, p. 61.

35　Demetrius Charles Boulger, *The Life of Yakoob Beg: Athalik Ghazi, and Badaulet; Ameer of Kashgar*, p. 214.

36　Gerald Morgan, *Anglo-Russian Rivalry in Central Asia: 1810-1895*, p. 75.

37　小沼孝博、新免康、河原彌生，〈國立故宮博物院所藏 1848 年兩件浩罕來文再考〉，《輔仁歷史學報》，第 26 期（2011 年 3 月），頁 132。

38　拉鐵摩爾（Owen Lattimore）著，唐曉峰譯，《中國的亞洲內陸邊疆》，頁 125。

39　羅威廉（William T. Rowe）著，李仁淵、張遠譯，《中國最後的帝國：大清王朝》（臺北：國立臺灣大學出版中心，2013），頁 204。

40　許建英，《近代英國和中國新疆（1840-1911）》，頁 86。

41　Gerald Morgan, *Anglo-Russian Rivalry in Central Asia: 1810-1895*, p. 90.

俄國在中亞優勢也成了極大的威脅。俄國在 1866 年征服了浩罕，更進一步控制中亞，還有一個目的就是要進入東突厥斯坦、甚至蒙古，取得更加有利可圖的貿易市場。[42]

三、阿古柏勢力崛起的影響

阿古柏的出現，其實是延續前述東突厥斯坦穆斯林被納入清朝之後的長期抵抗。中亞地區早是穆斯林的勢力範圍，具有政治、宗教、社會影響力者稱為「和卓」（Khwaja），掌握地方上的優勢。在 17 世紀末時，穆斯林之間有白山派與黑山派之爭。當 18 世紀中葉乾隆朝向西北內陸擴張時，與穆斯林爆發衝突，黑山派和卓阻擋清兵失利，逃竄途中又遭到白山派圍剿，就此衰弱。但白山派內的和卓內鬥，也在 1758 年（乾隆 23 年）為清兵消滅。[43] 1781 年（乾隆 46 年）之後，甘肅回民因教派衝突而受到清朝處分情勢，擴大演變到天山南北路都與乾隆對抗的局面，[44] 不少穆斯林往西逃到浩罕，但仍然多次反擊清朝。[45]

此後又有更複雜的情況出現，白山派在喀什噶爾仍然有抵抗清朝的活動，例如 1826 年（道光 6 年）的張格爾（Jahangir）事件，3 年後其兄玉素普（Yusupu）也掀起抗清運動，但前一次清朝壓制張格爾之後，連帶影響了西側的浩罕與新疆的通商，以致於玉素普抗清運動獲得浩罕國王的協助。對於浩罕而言，這時與清朝的衝突，也是又一次東突厥斯坦的爭奪。到了 1864 年（同治 3 年），陝西、甘肅、雲南等地爆發回民起義，

42 《新疆通史》編撰委員會編，董志勇、毛夢蘭、王偉、孟澤錦、王薇譯，《英屬印度的北部邊疆（1869-1895）》，頁 37-38。
43 潘向明，《清代新疆和卓叛亂研究》（北京：中國人民大學出版社，2011），頁 51-64。
44 張中復，《清代西北回民事變：社會文化適應與民族認同的省思》，頁 61-94。
45 Tang Ch'i（唐屹），"Two Diplomatic Documents from the Khokend Khanate to Ch'ing Empire in the Mid-19th Century,"《國立政治大學學報》，第 50 期（1984 年 12 月），頁 3。

新疆南路的穆斯林紛紛響應，例如喀什噶爾的金相印（?-1878）、和闐的馬福迪。在清軍予以迎頭痛擊時，金相印前往浩罕尋求協助。新疆的混亂，又一次給了浩罕介入的機會，此時進入新疆的便是軍人阿古柏。當然，阿古柏的目的不在於協助當地穆斯林，而是恢復浩罕在東突厥斯坦的影響力。[46] 就包羅杰的觀察，浩罕的政策是要在東突厥斯坦削弱中國人的權威，而喀什噶爾動亂的消息，就是讓浩罕實現願望的契機。[47] 對清朝來說，這就是回民事變，但從浩罕、阿古柏的角度來說，其實是結合了過去東突厥斯坦穆斯林與清朝之間的對抗，以及浩罕與清朝的勢力爭奪。

在 1865 年初到 1867 年之間，阿古柏平息了漢人與穆斯林在喀什噶爾與葉爾羌的爭執，連帶著烏魯木齊、土魯番、哈密都在阿古柏的勢力範圍內。阿古柏建立的新勢力稱為「哲德沙爾」（Jittishahr），就是「七城之國」的意思，這七城分別為：喀什噶爾、和闐、阿克蘇、庫車、英吉沙爾、葉爾羌、烏什。潘向明的研究指出，有很長一段時間清朝面對新疆一帶的穆斯林叛亂，阿古柏根除了他們的勢力。[48] 其實阿古柏剷除了這些穆斯林，算是穩定了當地局勢。即使是來到喀什噶爾探查的俄國人庫羅帕特金，都寫到在 1872 年之後，喀什噶爾有一段時間相當平靜，長期以來沒有這樣的情況出現過。[49] 包羅杰也有提到：「在中國政權的廢墟上建立起一個強盛的國家，以某種穩定的政府形式把各種擾擾攘攘的種族和互相仇視的宗派聯合起來，並不是一件微不足道的成就，阿古柏伯克對於所有這一切光榮都有無可爭辯的權利。」[50] 這也使得後來 1877 年左宗棠（1812-

46　Hodong Kim, *Holy War in China: The Muslim Rebellion and State in Chinese Central Asia, 1864-1877*, p. 82.

47　Demetrius Charles Boulger, *The Life of Yakoob Beg: Athalik Ghazi, and Badaulet; Ameer of Kashgar*, p. 87.

48　潘向明，《清代新疆和卓叛亂研究》，頁 199。

49　A. N. Kuropatkin, *Kashgaria: Eastern or Chinese Turkestan, Historical and Geographical Sketch of the Country; Its Military Strength, Industries and Trade*, p. 179.

50　Demetrius Charles Boulger, *The Life of Yakoob Beg: Athalik Ghazi, and Badaulet; Ameer of Kashgar*, p. 131.

1885）沒有其他勢力需要擔憂，可專注且輕易地擊敗阿古柏。

　　然而，阿古柏應無意要與清朝進一步交惡，也曾表示要以南八城歸獻朝廷。[51] 由此可見，阿古柏或想平定亂象，以求東突厥斯坦的穩定。這對他自己也有幫助，畢竟祖國浩罕已在俄國掌控之下，有必要尋找新的生存空間。在潘志平的研究中，稱這是阿古柏的兩面手法。清朝在當地的辦事大臣認為阿古柏「歸順之說殊不足信」，[52] 純屬正常反應。

　　俄國相當關注阿古柏的動向，因為自 1851 年以來，中國與俄國簽訂了《中俄伊犁塔爾巴哈台通商章程》，俄國在伊犁與塔爾巴哈台設有領事館，所以阿古柏勢力若影響這兩地的安全，就成了俄國必須要關注的問題。[53] 而且，在中俄簽署的條約之中，這區域屬於中國的領土範圍，阿古柏在喀什噶爾的勢力破壞了中國的完整，也就連帶影響俄國在當地的部分利益。[54] 原本俄國認為在這區域已經穩定勢力，但阿古柏的哲德沙爾使俄國又不得不考慮這區域勢力均衡的問題。[55] 1871 年，俄國進占伊犁，便是對哲德沙爾建立的對應行動。

　　1875 年，清廷曾有過海防與塞防之爭，左宗棠屬塞防一派。左宗棠說道：「俄人攘我伊犁，勢將久假不歸。大軍出關艱於轉運，深入為難，我師日遲，俄人日進，宜以全力注重而征，俄人不能逞志於西北。」[56]左宗棠強調西北的俄國勢力，雖然海防很重要，但還是希望可以獲得往西北進

51　〔清〕奕訢等總裁，朱學勤等纂，《欽定平定陝甘新疆回（匪）方略》，第 21 冊（臺北：成文出版社，1968），卷 233，頁 22；白壽彝編，《回民起義（三）》（上海：上海書店，2000），頁 44。

52　〔清〕奕訢等總裁，朱學勤等纂，《欽定平定陝甘新疆回（匪）方略》，第 23 冊（臺北：成文出版社，1968），卷 253，頁 14。

53　新疆社會科學院歷史研究所編著，《新疆簡史》，第 2 冊（烏魯木齊：新疆人民出版社，2017），頁 116-117。

54　《新疆通史》編撰委員會編，董志勇、毛夢蘭、王偉、孟澤錦、王薇譯，《英屬印度的北部邊疆（1869-1895）》，頁 39。

55　Demetrius Charles Boulger, *The Life of Yakoob Beg: Athalik Ghazi, and Badaulet; Ameer of Kashgar*, p. 176.

56　盧鳳閣編述，《左文襄公征西史略》（臺北：文海出版社，1972），頁 145。

軍的允諾：

> 惟中國不圖歸復烏魯木齊，則俄人得步進西北兩路已屬堪虞，
> 且關外一撤，藩籬難保。回匪不復嘯聚肆擾近關一帶，賊勢既
> 熾，雖欲閉門自守，其勢不能。[57]

俄國勢力進逼、回民叛亂的問題，是左宗棠最關注的面向。最終左宗棠
等塞防一派取得優勢，畢竟當時海域尚無大礙，可是新疆叛亂與俄國占
領伊犁卻是迫切的危機。左宗棠就在這樣的情境下，於 4 月底擔任欽差
大臣，督辦新疆軍務。[58]

　　就英俄既有的關係而言，阿古柏也改變了兩強在東突厥斯坦的態度，
特別是英國開始重視這個區域。對於英國而言，在大博奕的氛圍之下，清
朝與俄國的《中俄伊犁塔爾巴哈台通商章程》，等於排擠了英國在新疆發
展的機會，在政治與貿易方面都落後於俄國。[59] 此後，俄國兼併了希瓦、
浩罕，英國更加擔憂印度的安全。[60] 從一些私人遊歷之中可以看到一些現
象，例如 1868 年在喀什噶爾的英國茶葉商沙敖，他指出英國本來認為喀
什噶爾到印度北方的路線相當崎嶇，不易通過，但其實俄國早已克服地勢
方面的問題；更何況俄國軍隊精良，並非中亞的部落可以相比。[61] 由於沙
敖的經歷，讓印度開始重視喀什噶爾，當然也包含哲德沙爾。英國認為，

---

57 「論總左宗棠等俄據伊犁宜以權力注重西北」（光緒元年 2 月初 3 日），收入〔清〕
　　王彥威輯，王亮編，《清季外交史料》（臺北：文海出版社，1964），光緒朝卷 1，
　　頁 22-23。

58 Immanuel C. Y. Hsu, "Late Ch'ing Foreign Relations, 1866-1905," in Denis Twitchett and
　　John K. Fairbank, eds., *The Cambridge History of China, Volume 11: Late Ch'ing, 1800-
　　1911 Part 2* (Cambridge: Cambridge University Press, 1995), p. 92.

59 Gerald Morgan, *Anglo-Russian Rivalry in Central Asia: 1810-1895*, p. 152.

60 Henry Rawlinson, *England and Russia in the East: A Series of Papers on the Political and
　　Geographical Condition of Central Asia*, p. 202.

61 《新疆通史》編撰委員會編，董志勇、毛夢蘭、王偉、孟澤錦、王薇譯，《英屬印度
　　的北部邊疆（1869-1895）》，頁 28-41。

阿古柏不見得能夠讓喀什噶爾與印度之間的貿易往來有很好的發展，但至少可以扮演抵抗俄國的角色。不過，沙敖的來訪只是私人性質，對阿古柏來說，真正棘手的是北方的俄國。當俄國入侵浩罕之後，又曾與阿古柏交戰，後者戰敗。[62] 也因此，阿古柏對於俄國並無好感。其實當地人對於俄國也無好感，當地人對沙敖說過，本來的生活不需要從軍，但「當俄羅斯人進逼時，我們全都誓死保衛自己的國家」。[63] 俄國人對於喀什噶爾的企圖從未減少，阿古柏深明所以，與英國人靠攏，顯然是在這個區域生存下去的唯一辦法。[64]

　　然而阿古柏有外交的智慧，並不持續與俄國交惡。1868 年，阿古柏曾派遣使節到聖彼得堡（St. Petersburg），希望俄國承認其政權的合法性，[65] 但俄國並未認可，畢竟在俄國尚未將勢力深入中亞之前，阿古柏所擁有的影響力已形同阻礙。1871 年俄國進逼伊犁，也就代表否定了哲德沙爾。阿古柏對於俄國的態度既有委婉之處，也有強硬之時。例如與俄國皇帝比較起來，他自己完全微不足道，但他「把保衛我的國家和信仰而死看做一種幸福」，[66] 也說：「除非承認我在喀什噶爾的合法性，否則就停止所有的談判。若我這些合理的要求都被拒絕，我們就不會允許你們在這裡有政治與貿易的往來，就算為此一戰，也在所不惜。」[67]面對俄國的壓力，阿古柏相當堅決保護自我生存的權益。

62　Kemal H. Karpat, "Yakub Bey's Relations with the Ottoman Sultans: A Reinterpretation," p. 19.

63　Robert Shaw, *Visits to High Tartary, Yarkand, and Kashgar*, p. 162.

64　彼得・霍普柯克（Peter Hopkirk）著，張望、岸青譯，《大博弈：英俄帝國中亞爭霸戰》（北京：中國青年出版社，2015），頁 357。

65　Henry Rawlinson, *England and Russia in the East: A Series of Papers on the Political and Geographical Condition of Central Asia*, p. 330.

66　Demetrius Charles Boulger, *The Life of Yakoob Beg: Athalik Ghazi, and Badaulet; Ameer of Kashgar*, p. 186.

67　Demetrius Charles Boulger, *The Life of Yakoob Beg: Athalik Ghazi, and Badaulet; Ameer of Kashgar*, p. 192.

四、阿古柏政權與英俄之條約簽署

　　阿古柏建立的哲德沙爾，雖然夾在中英俄三方之間，但在後續的發展之中，哲德沙爾的外交則是關注著英俄的態度，中國反而不是阿古柏所欲交涉的重要對象。當然也很有可能清朝無力處理阿古柏，或是不願與這個「竊據疆土」的惡人交涉。1869 年年底，阿古柏派遣過使節夏迪（Mirza Mohammad Shadi）到印度，「對英國表示友好、建立貿易關係，也歡迎英國官員來訪」。[68] 1869 年梅奧（Lord Mayo, 1822-1872）擔任印度總督之後，致力於拉攏與英國友好的勢力。沙敖取得了阿古柏的信賴，若能再加上阿富汗，印度就不必擔憂北方俄國的影響了。[69] 英國在 1857 年之後已取得伊朗同意不再將勢力逼近阿富汗，在印度的邊防就僅有北方的俄國需要警戒，若能聯合伊朗、喀什噶爾、北京，然後再打通印度貿易路線，就形成可以對抗俄國的勢力了。[70] 同一時期，中國還有雲南的回民起義，雖然影響法國在越南與緬甸的勢力，但英國一直在開拓海洋航線到中國內陸的商路，緬甸到雲南一路是英國的考量之一，當雲南回民起義的時候，英國即主動給予諸多協助。[71] 因此，英國密切觀察阿古柏的動向，也是在其廣義的亞洲政策既有的範疇中。

　　隔年，印度派遣在旁遮普（Panjab）的英國官員莃賽斯（Thomas Douglas Forsyth, 1827-1886）至喀什噶爾以表回禮。與沙敖的情況不同，莃賽斯有印度的授權，沙敖純粹是私人性質。不過，印度卻又表示這樣的

68　Demetrius Charles Boulger, *The Life of Yakoob Beg: Athalik Ghazi, and Badaulet; Ameer of Kashgar*, p. 218.

69　彼得・霍普柯克（Peter Hopkirk）著，張望、岸青譯，《大博弈：英俄帝國中亞爭霸戰》，頁 366。

70　H. C. Rawlinson, "Notes on Khiva," *Proceedings of the Royal Geographical Society of London*, Vol. 17, No. 3 (1872-1873), p. 165.

71　黃嘉謨，《滇西回民政權的聯英外交（一八六八－一八七四）》（臺北：中央研究院近代史研究所，1976）；呂昭義，《英屬印度與中國西南邊疆（1774-1911）》（北京：中國社會科學出版社，1996），頁 99-106。

使團沒有政治目的，也沒有軍事人員同行，應是不願意引起太多俄國的注意。[72] 茀賽斯在他的傳記中寫到，在兩強競爭的情境之下，如果不與哲德沙爾取得聯繫，那就會讓俄國搶去了先機。[73] 但茀賽斯卻沒有見到阿古柏，因為阿古柏正對外征戰已有 7 個月的時間。[74] 或許阿古柏擔憂接待英國人會受俄國人的批判，所以避免與茀賽斯見面。[75] 而隨後阿古柏派遣使節賽義德（Seyyed Yaqub Khan）到印度，也沒有結果。這看得出來，英國與哲德沙爾之間的關係薄弱，除了俄國因素之考量之外，雙方應尚未相互信賴。儘管沒有成果，但仍算是英國與哲德沙爾首次接觸之嘗試，[76] 這也代表英國延伸了對俄國競爭的範圍。[77] 這必然影響俄國在東突厥斯坦的貿易活動，也是導致 1871 年俄國就進占伊犁的因素之一，連帶引起往後清朝一波三折地討回伊犁。伊犁的問題，在清朝來看都是強權侵犯，然而這卻是中亞勢力競爭下的產物。

　　1872 年，俄國與哲德沙爾簽署了《俄國與喀什噶爾條約》。條約內容的通商性質濃厚，除了雙方人民通商、相同的課稅之外，哲德沙爾的領袖有義務保護俄國居民（第一款）。[78] 阿古柏也藉此條約，獲得俄國承認為該地區穆斯林的領袖。有學者研究認為這無視新疆地區對中國的宗主權，[79] 但哲德沙爾並不屬於中國，俄國也只是想要與阿古柏劃分勢力範圍，後者據有喀什噶爾，俄國則穩住在伊犁的勢力。從條文來看，俄國也

72　《新疆通史》編撰委員會編，董志勇、毛夢蘭、王偉、孟澤錦、王薇譯，《英屬印度的北部邊疆（1869-1895）》，頁 47-48。

73　Douglas Forsyth, *Autobiography and Reminiscences* (London: Richard Bentley and Son, 1887), p. 58.

74　Douglas Forsyth, *Autobiography and Reminiscences*, p. 69.

75　彼得·霍普柯克（Peter Hopkirk）著，張望、岸青譯，《大博弈：英俄帝國中亞爭霸戰》，頁 375。

76　許建英，《近代英國和中國新疆（1840-1911）》，頁 51。

77　Gerald Morgan, *Anglo-Russian Rivalry in Central Asia: 1810-1895*, p. 91.

78　Demetrius Charles Boulger, *The Life of Yakoob Beg: Athalik Ghazi, and Badaulet; Ameer of Kashgar*, pp. 320-321.

79　劉伯奎，《新疆伊犁外交問題研究》（臺北：臺灣學生書局，1981），頁 33。

做了滿大的讓步，至少承認了哲德沙爾的存在。另外，阿古柏有意讓俄國
軍事力量來協助他面對清朝，俄國也想要將哲德沙爾作為對抗阿富汗的緩
衝勢力。[80] 所以，俄國與哲德沙爾之間是相互利用、各取所需。

　　阿古柏應知道這份條約雖保住哲德沙爾生存的權益，但若引起英國
的不滿，對自己也不利。印度總督也擔憂俄國勢力進逼，促成了第二次
莆賽斯使團。1873 年，莆賽斯再次來到了喀什噶爾，這次的團隊規模龐
大，總共有 350 人抵達哲德沙爾。[81] 1874 年《英國與喀什噶爾條約》簽
署，訂有 12 款，比起俄國那份條約多了 8 款。該條約也是通商性質，雙
邊人民都享有最惠國公民的便利待遇；而且，英國人民在喀什噶爾內有訴
訟糾紛，都是以喀什噶爾的律法為審判依據（第八款）。另外，阿古柏給
英國人民的優惠待遇，印度人也一併適用（第九款）。[82] 俄國與中國對哲
德沙爾的壓力較大，才使得阿古柏給予英國的條件更加優惠。不過，從阿
古柏與英俄都簽訂條約的情況來看，他並沒有刻意要傾向哪一方。包羅杰
提到，俄國方面認為對喀什噶爾簽署的條約，其實是個「騙人的東西，
因為之間並未發生好感……雙方既互不信任，貿易也就沒有起色」。阿古
柏也積極與印度有所交涉，試圖穩定喀什噶爾到印度北疆之間的貿易。[83]
俄國因而一直對於阿古柏抱持質疑的態度，並且認為他會奪回他的祖國浩
罕。[84]

　　1869 年之後，印度對阿富汗採取友好的態度，主動給與許多補助。
印度希望阿富汗完全獨立且與印度靠攏，然後在布哈拉南方劃定界線。於
是，英俄雙方於 1869 年開始討論阿富汗北方的疆界，英方表示若阿富汗

80　Evgeny Sergeev, *The Great Game 1856-1907: Russo-British Relations in Central and East Asia*, pp. 138-139.

81　Douglas Forsyth, *Autobiography and Reminiscences*, p. 104.

82　Demetrius Charles Boulger, *The Life of Yakoob Beg: Athalik Ghazi, and Badaulet; Ameer of Kashgar*, p. 322-329.

83　《新疆通史》編撰委員會編，董志勇、毛夢蘭、王偉、孟澤錦、王薇譯，《英屬印度的北部邊疆（1869-1895）》，頁 29。

84　"Kashghar and Khokand," *The Times*, 2 September 1875.

北方的邊界能夠談妥，英國就不會在中亞有任何的企圖了。[85] 1873 年，英俄最後談妥了以阿姆河（Amu Darya）為布哈拉與阿富汗的界線，[86] 阿富汗成為英國勢力範圍，[87] 而俄國就掌控北面的布哈拉。此時英國致力鞏固這廣大區域的勢力，除了對阿古柏、阿富汗交涉之外，也與伊朗有商貿方面的往來。就伊朗的情況來說，英國尚未與之簽署商貿條約，直到 1872 年，英國資本家路透（Julius de Reuter, 1816-1899）與伊朗政府簽訂《路透利權》（Reuter Concession of 1872），包辦了伊朗的鐵路興建、自然資源開採、電報、郵政。不過，印度政府認為這會引起俄國不滿，英國政府也覺得這個利權規模過於龐大，伊朗政府只好停止這份利權。[88] 但由此可見，伊朗、阿富汗、哲德沙爾都在英國的中亞政策中占有重要地位。

《新疆圖志》寫道：

> 俄取伊犂時，喀酋耶古柏〔阿古柏〕盜竊新疆，建國都為偽王，遣使告即位，於英俄立條約議通商。其土地雖小，而區畫有方，規模遠大。中國值內亂未平，不遑外攘，惟詰責俄使不應。幸鄰國多事，占據伊犂如公法何？俄使以詰責之詞，告諸本國執政。執政權詞以報曰，耶古柏雄才大畧，深得回部之心，士馬精強，河山險固。其人不死，恐天山迤南非中國友也。[89]

對於清朝來說，阿古柏與西方強權簽署條約，等同於西方帝國主義的走狗。但是，從上述的歷史發展過程來看，哲德沙爾與英俄中之間的關

85　A. P. Thornton, "Afghanistan in Anglo-Russian Diplomacy, 1869-1873," *The Cambridge Historical Journal*, Vol. 11, No. 2 (1954), pp. 211-215.
86　Gerald Morgan, *Anglo-Russian Rivalry in Central Asia: 1810-1895*, p. 103.
87　Percy Sykes, *A History of Afghanistan Volume II* (London: MacMillan & Co., 1940), p. 88.
88　L. E. Frechtling, "The Reuter Concession in Persia," *Asiatic Review*, Vol. 34 (July 1938), pp. 518-533.
89　〔清〕袁大化修，王樹枏等纂，《新疆圖志（一）》（臺北：文海出版社，1965），頁 213。

係，其實有太多層面可以討論。清軍正在處理回亂，對哲德沙爾必然是潛在的威脅。俄國於 1876 年 2 月將浩罕併入費爾干省（Province of Ferghana），[90] 也對阿古柏造成威脅。

阿古柏向來都不是西方帝國主義者的走狗，他在東突厥斯坦建立勢力，目的本來就非清朝所說的占據疆土，其與西方國家建立關係也非帝國主義在中國侵略的代理人。英俄兩方所交涉的是中亞的新勢力，而且是會影響英俄大博奕的新勢力，並不是中國的臣屬國、也不是中國領土內的地方勢力。基南（V. G. Kiernan）的研究提到，「阿古柏一直都不屬於這個地方，……糟糕的是他夾在兩個敵對強權之間」。[91] 阿古柏勢力就處在這個區塊之中，唯有打好對英俄關係的基礎，才有可能生存下去。在中文研究方面，強調阿古柏竊據中國疆土，雖非誇大之詞，但就阿古柏崛起的性質、還有對鄰近強權的交涉來看，其實不然。

五、中國與英國對阿古柏政權之交涉

1877 年（光緒 3 年），哲德沙爾遭到左宗棠軍隊擊潰，阿古柏於 5 月去世。《回民起義》寫道，阿古柏勢力節節敗退，「阿古柏要殺數百人。於是，群回憤懣，日夜望湘軍〔即左宗棠軍〕至。阿古柏自知人叛天亡，且夕就俘，四月於庫爾勒（Kurla）仰藥死」。[92] 左宗棠亦奏言阿古柏「四月

90　Evgeny Sergeev, *The Great Game 1856-1907: Russo-British Relations in Central and East Asia*, p. 160. 其過程可見「光緒二年俄人奪取浩罕建費爾干省設巡撫築礮臺駐重兵守之」，收入〔清〕袁大化修，王樹枏等纂，《新疆圖志（一）》，頁 206-212。

91　V. G. Kiernan, "Kashghar and the Politics of Central Asia, 1868-1878," *The Cambridge Historical Journal*, Vol. 11, No. 3 (1955), p. 318.

92　白壽彝編，《回民起義（三）》，頁 47。阿古柏如何去世，有不同說法，庫羅帕特金的記載是中風而死，包羅杰的說法是因政變遭謀殺而死。1877 年 7 月 17 日《泰晤士報》（*The Times*）的報導是生病去世，但 9 月時又說是遭到暗殺。金浩東的研究認為他是因中風而死，參見 Hodong Kim, *Holy War in China: The Muslim Rebellion and State in Chinese Central Asia, 1864-1877*, p. 168.

閒，在庫爾勒飲藥自斃」，[93] 左宗棠以不到一年半的時間，平定整個新疆。
有關左宗棠的討論與研究，都是讚美之詞，[94] 對於阿古柏則是極盡批判。
比較哪一方勢力強大、哪一方較有民心支持，並沒有任何意涵。其實阿古
柏與左宗棠兩方在 1877 年正式交戰之前，都已經休養生息一陣子。左宗
棠在 1873 年（同治 12 年）平定了陝甘回變，而阿古柏的哲德沙爾也獲得
了英、俄兩強的承認。左宗棠軍隊與阿古柏軍隊的對抗，就在雙方都各自
處理完後方的亂象，得以凝聚力量來擊潰對方，只是最後的勝利者是左宗
棠。

　　阿古柏去世的時候，正值西亞地區的極大變化。鄂圖曼與俄國因為
爭奪黑海（Black Sea）與巴爾幹（Balkan）地區的優勢地位，於 1877 年
4 月爆發戰爭。鄂圖曼認為阿古柏政權會支持他們一同對抗俄國人，[95] 英國
也希望哲德沙爾表態對抗俄國，另外也希望鄂圖曼能夠主動與阿富汗接
觸，以表明共同對抗俄國。[96] 在 1872 年俄國與喀什噶爾條約簽署的幾個月
後，阿古柏已派遣過使節賽義德到鄂圖曼首都伊斯坦堡（Istanbul），尊崇
素檀（Soltan，即鄂圖曼君主）為伊斯蘭世界的領導者，[97] 鄂圖曼則派遣了
軍事顧問抵達喀什噶爾，[98] 雙方早有聯繫。包羅杰說道，阿古柏決心與鄂
圖曼同盟，要率領所有遭到俄國控制的東西突厥斯坦各民族。[99] 此時對俄

93　〔清〕奕訢等總裁，朱學勤等纂，《欽定平定陝甘新疆回（匪）方略》，第 28 冊（臺
　　北：成文出版社，1968），卷 304，頁 3。

94　在《左文襄公征西史略》提到，左宗棠有優異的組織天才，改變部隊陋習，發揚其
　　長處，還能獨創類似今日的補給制度，值得效法。參見盧鳳閣編述，《左文襄公征
　　西史略》，頁 94。

95　"Kashgar and the Porte," *The Times*, 20 April 1877.

96　Dwight E. Lee, "A Turkish Mission to Afghanistan, 1877," *The Journal of Modern
　　History*, Vol. 13, No. 3 (September 1941), p. 339.

97　Kemal H. Karpat, "Yakub Bey's Relations with the Ottoman Sultans: A Reinterpretation,"
　　p. 23.

98　P. M. Holt, K. S. Lamton & Bernard Lewis, eds., *Cambridge History of Islam, Volume 1*
　　(Cambridge: Cambridge University Press, 1970), p. 512.

99　Demetrius Charles Boulger, *The Life of Yakoob Beg: Athalik Ghazi, and Badaulet; Ameer*

交戰期間，鄂圖曼君主阿布杜哈米德二世（Abdulhamid II, 1842-1918）也派遣任務團到了阿富汗，為了要取得阿富汗的支持與合作。鄂圖曼希望能夠凝聚亞洲穆斯林的力量，例如中國、印度、中亞等支持，當然也跟阿古柏、阿富汗兩方代表在伊斯坦堡有所商談，有意要組成穆斯林聯盟。[100] 5月《泰晤士報》（*The Times*）的報導，賽義德再次抵達伊斯坦堡，表示哲德沙爾將效忠鄂圖曼。不過，數日之後，莆賽斯在《泰晤士報》投書卻說，賽義德指出先前報導說的都是錯的。[101] 或許因為此時阿古柏已死，所以賽義德改變策略。同時，阿富汗表示他們不信任英國人，也不認為鄂圖曼有能力千里迢迢來支援阿富汗，最後就無意加入鄂圖曼的行列。[102] 隨著阿古柏去世，阿富汗也無意合作的情況之下，鄂圖曼當然不可能完成亞洲穆斯林的合作。[103]

此時，英國卻積極於維持哲德沙爾的續存，而與中國有相當頻繁的交涉。英國的用意，應是趁著俄國困在對鄂圖曼戰爭的時機，將勢力滲透到喀什噶爾。當時清朝第一任駐英公使郭嵩燾（1818-1891）抵達英國不久，[104] 便因阿古柏之事與英方密切交涉。1877 年 7 月，郭嵩燾給英國的照會說道，新聞報導稱印度受阿古柏之請，派沙敖充當喀什噶爾駐紮大臣，但郭嵩燾強調喀什噶爾為中國管轄，印度實不應在當地派遣駐紮官，這有協助阿古柏在喀什噶爾建國之嫌。[105] 英國駐華公使威妥瑪（Thomas F. Wade, 1818-1895）想為阿古柏說項，但總理衙門恭親王奕訢（1833-1898）

of Kashgar, p. 233.

100 Dwight E. Lee, "A Turkish Mission to Afghanistan, 1877," pp. 335-336.

101 Thomas Douglas Forsyth, "Kashgar and the Porte," *The Times*, 9 May 1877.

102 Dwight E. Lee, "A Turkish Mission to Afghanistan, 1877," pp. 351-352.

103 Barbara Jelavich, *The Ottoman Empire, the Great Powers, and the Straits Question 1870-1887* (Bloomington and London: Indiana University Press, 1973), p. 12.

104 郭嵩燾為了光緒二年英國翻譯官馬嘉理（A. R. Margary）在雲南遭到殺害一案，而出使英國。自郭嵩燾開始，中國政府逐漸向有外交關係的國家派駐使節。

105「總署奏英國與喀什噶爾互相遣使摺」（光緒 3 年 7 月 26 日），收入〔清〕王彥威輯，王亮編，《清季外交史料》，光緒朝卷 10，頁 202-203。

說道：「如果該酋係悔罪投誠，應由左宗棠酌辦。」[106] 決定哲德沙爾的命運，應掌握在左宗棠手上。郭嵩燾還強調阿古柏屬於浩罕，不應該侵占中國領土，印度也不該有官員駐紮喀什噶爾。[107]

　　英國的策略是針對俄國，再加上東突厥斯坦這一地區的管轄本有模糊意涵，所以無論要協助阿古柏建國或者其他事情，都自認有合理之處。印度便是採這樣的立場回覆郭嵩燾，強調英國堅持處理喀什噶爾事務，是為了防範俄國將從中獲得利益，而且四年前與阿古柏所簽訂的條約裡，就有互相遣使的條文了。[108] 英國外交大臣德爾比（Edward Stanley, 15th Earl of Derby, 1826-1893）也強調，此作法是要「保護喀什噶爾，已於四年前訂立條約，互相遣使駐紮。尤懼俄羅斯侵有其地，謀為印度增一屏障。」[109] 英國維護阿古柏的勢力，最終目的還是在對應俄國勢力的擴張。郭嵩燾則是提出六項有利的折衷辦法：

1、西洋公法有保護立國的例子，英國現在要保護阿古柏政權且讓他建立國家。中國現在應加以援用，來劃定疆界、杜絕進一步的侵擾，條件就是要繳回一、兩座城，和解息兵。

2、中國在天山南北沒有有效管轄，在這情況之下，不如釋出，過去這樣的經驗也無損國家威信，反而表現中國的寬宏大量。

3、阿古柏占據回疆各省，使這地方出現統一的趨勢。不如釋出西域數城，再設法安撫天山南北兩路，才不至於耗費太多兵餉。

4、阿古柏占據西域這 10 多年，到處通商，對英俄都有商約簽署，已經打好了商貿基礎。允許阿古柏立國，也可對俄國明訂章程，反而有鞏固

106「總署奏英國與喀什噶爾互相遣使摺」（光緒 3 年 7 月 26 日），收入〔清〕王彥威輯，王亮編，《清季外交史料》，光緒朝卷 10，頁 202。

107「總署奏英國與喀什噶爾互相遣使摺」（光緒 3 年 7 月 26 日），收入〔清〕王彥威輯，王亮編，《清季外交史料》，光緒朝卷 10，頁 202。

108「總署奏英國與喀什噶爾互相遣使摺」（光緒 3 年 7 月 26 日），收入〔清〕王彥威輯，王亮編，《清季外交史料》，光緒朝卷 10，頁 202。

109「英外相調處喀什噶爾情形摺」，收入〔清〕郭嵩燾著，梁小進編，《郭嵩燾全集四：史部一‧奏稿》（長沙：岳麓書社，2012），頁 814。

邊防的作用。

5、英國為了通商之便，致力於保護喀什噶爾，比起中國更加珍惜這一區塊。理應趁著現在情況稍穩定時，在這區域設立辦事等各類官員，未來必有管轄的成效。

6、辦理西域軍事事務的左宗棠年歲已高，其他官員又沒有經驗，應趁此時與喀什噶爾休兵，減低左宗棠的負擔，令左宗棠與阿古柏議定疆界，必是長遠之計。[110]

從上述幾點可以看到，郭嵩燾在堅持中國主權之外，同意哲德沙爾存在，以平息紛爭，其作法頗有彈性。第4點也可看到郭嵩燾的折衷方式，也瞭解到既已建立的慣例不可執意破壞，以免造成更多糾紛，不如以既定現象作為往後發展的基礎。又綜合第4與第5點來看，英俄固然對清朝有所威脅，但此時以和緩關係的方式來解決問題，不失為一上策。此時，左宗棠則持不同意見，認為英國若要保護阿古柏，應該拿英國土地給他，或者印度土地，怎麼會拿中國土地？而且，這樣做只是為了屏障印度，那更不可以！[111]左宗棠對於阿古柏立場較為「激進」，由於他就在主要戰場，要取得「和平」唯有戰勝一途；郭嵩燾遠在英國處理外交事務，必須圓滑。左、郭兩人的目的都是要「和平」，但途徑不同。

9月22日，郭嵩燾曾於6月對哲德沙爾爭議提出四項條件，說：「1、自認中國屬藩；2、所據南八城，應獻還數城，以為歸誠之地；3、天山北路尚有未安靜者，要之皆係回部，應同諭令息兵；4、須英國（耽）〔擔〕承以後不再滋事。」[112]即使7月郭嵩燾已經聽聞阿古柏去世，賽義德還是說：「此尚屬謠傳，即俄古柏〔阿古柏〕死，其子亦有能名。」不過，郭嵩燾認為，「所有傾心歸服中國之處，一依前議辦理。」換句話

110「英外相調處喀什噶爾情形摺」，收入〔清〕郭嵩燾著，梁小進編，《郭嵩燾全集四‧史部一‧奏稿》，頁815-817。

111 白壽彝編，《回民起義（三）》，頁47。

112〔清〕郭嵩燾著，梁小進編，《郭嵩燾全集十：史部四‧日記三‧光緒元年至光緒四年》（長沙：岳麓書社，2012），頁225。

說，阿古柏之子可有他自己的勢力範圍，但其他地方要歸服、納入中國管轄。英國外交部不滿意郭嵩燾的決定，德爾比告訴郭嵩燾，英方將派遣「署理公使傅磊斯〔Hugh Fraser, 1837-1894〕前赴總理衙門會議」，莘賽斯也會一同前往北京。對此，郭嵩燾回覆喀什噶爾事務「當由督兵大臣左宗棠審度情形，劃分疆界，無由總理衙門懸擬之理」，而莘賽斯「當出關與左宗棠會商，不當前赴總理衙門」。[113] 郭嵩燾不認為喀什噶爾問題該讓北京總理衙門處理，幾次文件往來，郭嵩燾對德爾比並不屈居弱勢。

　　9月底，傅磊斯見恭親王奕訢，說：「本國外相德爾比為喀什噶爾一事，意在息事罷兵，所議三條：一、阿古柏原以中國為上國之主，命使臣入貢；二、中國與喀什噶爾將地界劃清；三、兩邊議和後，永遠和好，彼此不相侵犯。」奕訢的回覆是：「中國用兵，亦出於不得已。阿古柏本非喀什噶爾回民，乃乘亂占據其境，自左宗棠攻破土魯番後，軍務得手，此時大兵想已西進。」[114] 然傅磊斯仍繼續說：「阿古柏自得喀什噶爾地方，彼時該處無主。」奕訢回覆：「該處是中國地方，何德謂之無主！各回部亦有蒙大皇帝封爵者，其地終屬中國管轄。」可見中英雙方對於東突厥斯坦的歸屬認知，沒有任何交集。英國為了保衛阿古柏政權，以取得抗衡俄國的力量，遂否認了清朝在新疆的管轄，但對清廷來說，對新疆的管轄毋庸置疑。在西方帝國主義強盛的時代，外來強權多是恣意改變其立場，以配合其利益，但清朝官員並不願退讓，極力捍衛主權。奕訢又問傅磊斯：「近聞阿古柏病故，是否確實？」傅磊斯答覆，僅問前述之三條件是否可接受，奕訢只答「將來如何辦理，左宗棠自必奏明。」[115] 可見，傅磊斯想要以拖待變，畢竟阿古柏去世一事，代表英國對喀什噶爾事務更沒有置喙

────────

113 「使英郭嵩燾奏喀什噶爾剿撫事宜宜請飭左宗棠斟酌核辦片」（光緒3年8月13日），收入〔清〕王彥威輯，王亮編，《清季外交史料》，光緒卷11，頁207。
114 「總署奏議覆郭嵩燾奏英外相調處喀什噶爾片」（光緒3年9月29日），收入〔清〕王彥威輯，王亮編《清季外交史料》，光緒朝卷11，頁221。
115 「總署奏議覆郭嵩燾奏英外相調處喀什噶爾片」（光緒3年9月29日），收入〔清〕王彥威輯，王亮編《清季外交史料》，光緒朝卷11，頁221。

的資格，而很顯然奕訢也不願再理睬傅磊斯。

　　以上是英國與中國處理喀什噶爾問題的討論，但俄國此時是否有所行動？其實阿古柏曾請求俄國協助對抗中國，但俄國正在處理歐洲事務，沒有閒暇顧及喀什噶爾。俄國可能比英國樂於看到阿古柏勢力衰退，因為那可以讓喀什噶爾這區域又恢復到單純是對中國的關係，進而把英國排擠出去。當時的俄國報刊確實有說道，俄國人樂見哲德沙爾讓中國擊潰，才不至於成為鄂圖曼與英國在中亞的棋子。[116] 對於英國來說，少了一個可以防衛印度北方安全的勢力，但對於俄國來說，算是省去了麻煩製造者。[117]

六、結語

　　本文探討阿古柏政權建立到瓦解這 12 年之間，對中亞局勢所造成的影響，這牽涉到英俄兩強在中亞的勢力競爭，以及中國正在處理的回民事變。阿古柏建立的哲德沙爾，衝擊英俄大博奕發展的模式，使得英俄都想爭取這個政權的結盟，以拓展自身的勢力。阿古柏的對外交涉也是以英俄為主，但最後俄國陷入對鄂圖曼的戰爭之中，哲德沙爾反而由中國殲滅，英國出面交涉，一再遭到清朝官員的拒絕。

　　阿古柏勢力的建立，從中國清朝的角度來看，當然是分裂疆土，而且清朝在面臨各地分崩離析的情況之下，這就是應該要特別關注的回民事變。諸多史料都強調阿古柏竊據疆土，後代研究者也因國家情感而認定阿古柏破壞中國領土之完整。然而，阿古柏造成的動盪，固然有宗教方面的歷史因素，例如延續黑山派與白山派鬥爭、白山派對清朝的抵抗，但另一因素是浩罕與清朝的勢力爭奪，所以並不屬於清朝的「回民事變」。而在他進入喀什噶爾的時候，自己的祖國浩罕讓俄國兼併了，阿古柏也等於是

116　V. G. Kiernan, "Kashghar and the Politics of Central Asia, 1868-1878," p. 339.
117　Evgeny Sergeev, *The Great Game 1856-1907: Russo-British Relations in Central and East Asia*, p. 164.

在找尋自己生存的空間。於是，阿古柏試圖從英俄兩方取得利益，雖然英俄都在這區域爭奪勢力範圍，看似不敢越雷池一步，但一有機會即趁虛而入。從中亞區域的角度來看，無論是東突厥斯坦（即新疆）、浩罕、阿富汗、伊朗，都是英俄兩強爭奪勢力的範圍。英國為了防範印度北方受到外來侵犯，而俄國不斷南下擴張，阿古柏的勢力就處於這兩強中間，其興起與瓦解就讓這區域、甚或國際關係，都產生巨大的變化。

　　哲德沙爾與其他中亞勢力也有所不同，畢竟不是單純看英俄的態度，還牽涉到中國。尤其在 1877 年俄國與鄂圖曼交戰之際，英國為哲德沙爾問題而與中國頻繁交涉，就可看得出來其複雜性。以同時期英國對於伊朗、阿富汗的政策來看，英國只需要應付俄國即可，但對於哲德沙爾卻必須考量到中國的意見，因為中國自認為在當地有管轄權，那是中國領土。因此，英國若失去阿古柏，在這區域的發展就會落後於俄國，所以必須取得中國同意，至少讓哲德沙爾成為清朝的屬國。只可惜在對中國交涉尚未有所收穫時，阿古柏就在該年 5 月去世，隨後左宗棠軍隊擊潰哲德沙爾的剩餘勢力，英國也沒有資格再與中國談論喀什噶爾的局勢。

　　阿古柏對中國新疆的影響主要有 12 年的時間，起初並非清朝處理回民事變的主要目標，但隨著陝甘回亂之平復，就成為左宗棠與阿古柏兩勢力的對抗。郭嵩燾此時派駐英國，強調清朝在喀什噶爾的主權，也有所彈性地讓哲德沙爾有部分領土獨立自主，有部分城鎮歸還清朝，折衷作法以維護中國主權。但未知往後會如何發展時，阿古柏已去世。哲德沙爾的崩潰，讓清朝省去了一大麻煩。1884 年新疆建省，成為清朝「實效管轄」的區域了。[118] 有關阿古柏的這段歷史，其實有很多複雜的因素還可以再深究。若有更多英俄方面的外交資料，甚至是以當地語言寫下的資料，必然能讓這一段歷史有更多元的討論。

---

[118] 張啟雄，《中國國際秩序原理的轉型：從「以不治治之」到「實效管轄」的清末滿蒙疆藏籌邊論述》（臺北：蒙藏委員會，2015），頁 37-39。

1945 年中蘇莫斯科談判：
國家尊嚴與國家安全的張力平衡 *

黃家廉

國立莫斯科大學歷史學院廿至廿一世紀俄羅斯史系博士候選人

一、前言

1945 年 2 月 8 日，蘇、美、英三國首領：史達林（Joseph V. Stalin, 1878-1953）、羅斯福（Franklin D. Roosevelt, 1882-1945）、邱吉爾（Winston Churchill, 1874-1965）在雅爾達會議（Yalta Conference）達成《蘇聯對日作戰協定》（*Agreement Regarding Entry of the Soviet Union Into the War Against Japan*）[1]，也就是華人簡稱的《雅爾達協定》或《雅爾達密約》，係促成中華民國國民政府不得不與蘇聯政府談判的主因。的確，《蘇聯對日作戰協定》表現蘇聯與美國對當時遠東問題達成一致的政策，但因

---

* 非常感謝會議評論人、兩位匿名審查委員與政大人文中心的寶貴建議，使得本文能更盡完整。

1 三強領袖：蘇聯、美國、英國獲致協議，在德國投降及歐洲戰事結束後的兩個月或三個月內，在下列條件下，蘇聯應即參加盟國方面對日作戰：1、外蒙古（Mongolia）現狀將予維持。2、因日本 1904 年之侵攻而被攫奪之俄國原享權益，將予恢復，其中包括：（1）庫頁島南部（South Sakhalin）及鄰近島嶼將交還蘇聯。（2）大連商港應列為國際港，蘇聯在該海港內之特別權益，將予保障。蘇聯並得恢復租借旅順港為其海軍基地。（3）中東鐵路以及通往大連之南滿鐵路，將由中國及蘇聯合組之機構共同經管。三國同意，蘇聯之特別權益應予保障，中國繼續保持在東北之完整主權。3、千島群島（Kuril Islands）將割交蘇聯。三國並確認，對上列外蒙古、海港及鐵路之各項協議，須徵求蔣中正委員長之同意。羅斯福總統在史達林元帥之建議下，將設法獲取蔣委員長之同意。三國領袖獲致協議，在擊潰日本之後，蘇聯之上列要求將毫無疑義地得致達成。蘇聯表示樂意與中國國民政府簽訂中蘇友好協定，俾得以武力協助中國自日本之壓迫下求解放。

內容涉及中國權利，所以三國首領「希望」中華民國國民政府能夠同意其內容，讓中蘇兩國簽訂某種白紙黑字的合約，確定未來《蘇聯對日作戰協定》能付諸實現，如此可以滿足蘇、美、中三國的利益。

　　對羅斯福而言，簽訂《蘇聯對日作戰協定》之目的，係要求蘇聯在德國投降及歐洲戰爭結束後三個月內，加入盟國，共同出兵對日作戰，以減少美軍在太平洋戰爭的傷亡。依當時美國戰爭部（United States Department of War）的評估，日本的戰敗已成必然，只是時間的早晚，重點是要付出多少美軍的生命而達成。原本這份期待能減少美軍對日作戰犧牲的夥伴是中華民國，但這期待在 1944 年底前已不可行，只能借重蘇聯的力量。[2] 若蘇軍能投入戰場，預期將加速戰爭的結束，所以羅斯福同意史達林提出的參戰條件，並且支持中、蘇坐上談判桌的主要因素是「加速日本無條件投降」。這一點就算是羅斯福的繼任者杜魯門總統（Harry S. Truman, 1884-1972）[3] 也從未改變。

　　對史達林而言，簽訂《蘇聯對日作戰協定》是實現戰後遠東蘇聯安全的重要一步。早在 1944 年 1 月 11 日，蘇聯副外交人民委員和停戰問題委員會成員邁斯基（Ivan Maisky, 1884-1975）即向莫洛托夫（Vyacheslav M. Molotov, 1890-1986）遞交一份報告，關於「未來和平的最佳原則」，[4] 內容著重如何保障蘇聯安全和建立蘇聯勢力範圍的問題。邁斯基認為，蘇聯應該設法在戰後建立一種局面，使蘇聯在歐洲與亞洲至少能獲得 30 年國家安全的保障。[5] 依據《蘇聯對日作戰協定》的內容，沿著蘇聯國境劃出一

2　William Averell Harriman and Elie Abel, *Special Envoy to Churchill and Stalin, 1941-1946* (New York: Random House, 1975), p. 52; Odd Arne Westad, *Cold War and Revolution: Soviet-American Rivalry and the Origins of the Chinese Civil War, 1944-1946* (New York: Columbia University Press, 1993), pp. 24-28.

3　1945 年 4 月 12 日羅斯福總統病故，由副總統杜魯門接任總統職位。

4　俄羅斯聯邦總統檔案館藏，全宗 3，目錄 63，案卷 237，頁 52-93。轉引自張盛發，《史達林與冷戰（1945-1953）》（臺北：淑馨出版社，2000），頁 65-68。

5　為達目的，第一、需設法在不與日本開戰的情況下，得到南庫頁島與千島群島。第二、鞏固與中國友好關係，但促使中國成為真正強國的力度，應該取決戰後中國掌

道安全的緩衝區域，從千島群島（Kuril Islands）、庫頁島（Sakhalin）到中國東北的旅順、大連，以及中東鐵路，然後使外蒙古（Mongolia）脫離中國、依附蘇聯。中國東北位居緩衝區的中樞，若能掌控其港口與鐵路，將提供戰後國家安全與經濟建設重要的幫助。「確保戰後國家安全和發展」，是蘇聯政府欲與中華民國國民政府坐上談判桌的主要因素。

　　中華民國國民政府對與蘇聯談判一事的態度是左右為難。1944 年底蔣中正（1897-1975）已經有意派時任外交部長宋子文（1894-1971），赴莫斯科與史達林詳商解決兩國的矛盾。因為自 1944 年 3 月起，雙方已經為新疆問題起了很大的衝突，中華民國指責蘇聯協助蒙古軍隊越界攻擊新疆剿匪的國軍，[6] 10 月又支援新疆少數民族武裝攻擊地區行政機關與國軍，[7] 此武裝團體並於 11 月 22 日在伊寧成立東突厥斯坦共和國臨時政府（East Turkestan Republic）。蔣中正為表示願與蘇聯友好的誠意，已在 1945 年 2 月向蘇聯傳達反對在國際上成立任何反蘇陣線；處理國際問題時，可與蘇聯採取一致的行動；只要中國共產黨接受中華民國國民政府的軍令，不妨礙統一，可以獲得合法的地位；另外，在不造成美國誤會的前提下，願意與蘇聯簽訂同盟條約。[8] 中方的提議獲得蘇聯積極的回應，[9] 兩國進一步討論何時在莫斯科舉行會談。中華民國如此與蘇聯談判的意願，是奠基未知《蘇聯對日作戰協定》內容的情況下，目的是為「與蘇聯友

權者屬於何種性質。

6　「命外交部向蘇大使潘友新抗議，俄機侵我新疆之企圖」（1944 年 3 月 13 日），收入葉惠芬編，《蔣中正總統檔案：事略稿本》，第 56 冊（臺北：國史館，2011），頁 459。

7　「新疆主席朱紹良電稱，伊寧守軍彈盡糧絕，與敵對抗八十四天，欲作突圍」（1945 年 1 月 29 日），收入葉惠芬編，《蔣中正總統檔案：事略稿本》，第 59 冊（臺北：國史館，2011），頁 569。

8　「決定與俄交涉方針四點」（1945 年 2 月 27 日），收入葉惠芬編，《蔣中正總統檔案：事略稿本》，第 59 冊，頁 762-763。

9　「聽取蔣經國和俄人談話經過之報告」（1945 年 3 月 1 日），收入王正華編，《蔣中正總統檔案：事略稿本》，第 60 冊（臺北：國史館，2011），頁 4-5。

好，解決中共與其他獨立武裝勢力問題，促使戰後中國統一」。

然而，同時間蘇、美已達成《蘇聯對日作戰協定》，美國又答應蘇聯，由蘇聯決定告知中華民國國民政府的時機，蔣中正等人係經多方打聽，才悉知片段協定內容。4 月 29 日美國駐華大使赫爾利（Patrick J. Hurley, 1883-1963）私下透露蘇聯對日作戰的條件，[10] 6 月 15 日正式遞交《蘇聯對日作戰協定》與美國提出的〈中蘇協定草案綱要〉給中華民國國民政府。美國杜魯門總統支持《雅爾達協定》與中蘇以此為基礎進行談判的態度，使得中華民國國民政府不得不將協定內容納入中蘇談判的議程。蘇聯要求租借旅順、共同經營中東鐵路，以及享有大連港特殊權益的行為，使蔣中正和其外交官員擔憂重蹈大清帝國特許俄羅斯帝國在東北特權的錯誤；[11] 在蒙古人民共和國（Mongolian People's Republic）問題上，也認為已賦予蒙古人高度自治權力，再談下去就是放棄「中國對外蒙古」的主權，欠缺轉圜的空間。[12]「反對蘇聯提案，減損《蘇聯對日作戰協定》造成中國主權、領土與行政完整的傷害」遂反映在中華民國代表團赴莫斯科前的主要談判準備工作上。中華民國國民政府在此情況下，派遣中國代表團於 1945 年 6 月 27 日抵達莫斯科，團長為行政院長宋子文，主要團員還有外交部次長胡世澤（1894-1972）、蔣經國（1910-1988）、沈鴻烈（1882-1969）和駐蘇聯大使傅秉常（1896-1965）。6 月 30 日中蘇開始進行

10　中央研究院近代史研究所編，《王世杰日記（手稿本）》，第 5 冊（臺北：中央研究院近代史研究所，1990），頁 77-78，1945 年 4 月 29 日。
11　秦孝儀主編，《中華民國重要史料初編——對日抗戰時期‧第三編：戰時外交（二）》（臺北：中國國民黨中央委員會黨史委員會，1981），頁 539-540；「顧維鈞電蔣中正訪美李海談蘇聯對太平洋戰爭態度及其所持條件」（1945 年 4 月 13 日），〈革命文獻—雅爾達密約有關交涉及中蘇協定〉，《蔣中正總統文物》，國史館藏，數位典藏號：002-020300-00048-007；「宋子文電陳約顧維鈞和王寵惠研討俄對東北及外蒙問題之應付方針」（1945 年 5 月 23 日），收入王正華編，《蔣中正總統檔案：事略稿本》，第 60 冊，頁 633-636。
12　「蔣中正與彼得洛夫談話紀錄：租借名稱不可再用中國賦予外蒙高度自治」（1945 年 6 月 26 日），〈革命文獻—雅爾達密約有關交涉及中蘇協定〉，《蔣中正總統文物》，國史館藏，數位典藏號：002-020300-00048-027。

談判，中途因史達林出席波茨坦會議（Potsdam Conference），加上中華民國還需要針對蘇聯提議內容進行研擬，所以第一階段的正式談判是從 6 月 30 日至 7 月 14 日，第二階段談判則是由 8 月 5 日至 8 月 14 日簽訂《中蘇友好同盟條約》為止。

　　過去針對這段歷史的研究，尤以高純淑〈戰後中國政府接收東北之經緯〉[13]、薛銜天、金東吉《民國時期中蘇關係史》[14]、王永祥《雅爾達密約與中蘇日蘇關係》[15]、文安立（Odd Arne Westad）撰寫的《冷戰與革命：蘇美衝突與中國內戰的起源》（*Cold War and Revolution: Soviet-American Rivalry and the Original of the Chinese Civil War*）[16]，以及列多夫斯基（A. M. Ледовский）*СССР, США и народная революция в Китае*（《蘇美與人民革命在中國》）[17]的研究最具代表性。高純淑梳理了中華民國國民政府檔案和參與談判人員的相關資料，呈現中華民國傳統視角，起因蘇美英的《雅爾達密約》，迫使中國與蘇聯進行談判，最終妥協簽立《中蘇友好同盟條約》。薛銜天和王永祥的研究除了使用中華民國檔案資料外，更採用了俄羅斯與美國方面的檔案，更立體化當時中蘇美三國在談判時的情形，然薛銜天的視角以中國共產黨出發，容易出現中華民國與國民黨的「國」與「黨」論述矛盾，中蘇談判像是國民黨與蘇聯談判。文安立與列多夫斯基的研究，則分別將中蘇莫斯科談判放在蘇美關係和蘇聯對中國支持革命發展歷史的一部分，弱化中華民國國民政府在莫斯科談判時爭取國家利益的主動性。本文欲以學界既有的研究基礎，透過多方檔案資料，分析 1945 年的中蘇莫斯科談判，實際是中華民國的國家尊嚴與蘇聯的國家安全之間

13　高純淑，〈戰後中國政府接收東北之經緯〉（臺北：文化大學史學研究所博士論文，1993）。

14　薛銜天、金東吉，《民國時期中蘇關係史》（北京：中共黨史出版社，2009）。

15　王永祥，《雅爾達密約與中蘇日蘇關係》（臺北：東大圖書股份有限公司，2003）。

16　文安立（Odd Arne Westad）著，陳之宏、陳兼譯，《冷戰與革命：蘇美衝突與中國內戰的起源》（桂林：廣西師範大學出版社，2002）。

17　A. M. Ледовский, *СССР, США и народная революция в Китае* (Москва: Наука, 1979).

尋求張力平衡的表現。

二、第一階段談判與東北問題

　　中華民國對蘇聯情報收集的不足，馬上顯現在莫斯科談判上。原本中華民國代表團出發前，所擬定的重心是東北問題、新疆問題和國共問題，打算擱置外蒙古獨立的爭議。然而，蘇聯對「外蒙古維持現狀」的解釋超乎中華民國代表團意料，蘇聯堅持中華民國承認蒙古人民共和國之獨立，是雙方繼續談判的先決條件。[18] 蘇聯要求中華民國法律承認外蒙古獨立的舉動，強化了中華民國鞏固東北主權、領土和行政完整的立場。7 月 6 日蔣中正指示宋子文，若能確保中國（包含東北與新疆）確實統一，所有領土、主權及行政完整無缺時，外蒙古獨立係可以考慮。其中對東北主權、領土及行政完整的具體辦法為：（一）旅順軍港之行政管理權必須歸中華民國主管，與蘇聯共同使用而非共同管理。（二）大連為自由港，按照各國自由港慣例，行政管理權皆歸領土主權國主管。（三）鐵路幹線可與蘇聯共同經營，但非共同管理，蘇聯應予中華民國租借物資或經費，以為報酬鐵路之股款。（四）其相關期限應按照蘇英與蘇法同盟條約為例。[19]

　　中華民國的主張顯然與蘇聯的計畫有極大的差距。7 月 7 日蘇聯將有關中蘇共同管理旅順、大連港與鄰近地區之協定草案送交中華民國代表團。[20] 蘇聯將旅順、大連和陸海相鄰地區劃為保護區，期限 40 年。因

18　秦孝儀主編，《中華民國重要史料初編——對日抗戰時期‧第三編：戰時外交（二）》，頁 598。

19　「蔣中正電宋子文外蒙古獨立問題須待中國內真能統一領土主權方能考慮」（1945年 7 月 6 日），〈革命文獻—雅爾達密約有關交涉及中蘇協定〉，《蔣中正總統文物》，國史館藏，數位典藏號：002-020300-00048-046。

20　"Проект Соглашения о Порт-Артуре, Дальнем и прилегающей к ним территории, разработанный советской стороной и врученный китайской делегации 7 июля 1945г," 07 июля 1945г, *Русско-китайские отношения в XX веке. Т.4: Советско-китайские отношения в 1937-1945г*, Кн.2:1945г. Отв. Ред. С.Л. Тихвинский, № 661 стр. 90-91.

此，蘇聯有權在此駐紮陸海空軍，增設軍事與港務設備。保護區內除旅順、大連以外地方由中華民國管理，但所指派的民政人員應得蘇聯軍事當局同意。蘇聯軍事當局對保護區內發布治安方面的命令，中國民政方面應遵照辦理。而旅順作為軍港由蘇聯管理，只將提供中、蘇兩國使用。至於大連港，除另闢一處提供中蘇海軍使用外，各國商船可共同使用。大連市政府由兩國各派 5 人組成，市長為蘇聯籍，副市長為華籍，大連港主管則應由蘇聯人擔任。針對中東、南滿鐵路方面，蘇聯認為中華民國應恢復蘇聯中東鐵路及南滿鐵路長春至大連、旅順路段所有權益。一切產業包括機車、車輛工業、機廠、各項建築物、存積器材、土地、煤礦及已開發的森林等權益，將歸蘇聯所有。中華民國可參與管理經營，組織中蘇聯合公司；設董事會於哈爾濱，董事 7 人，4 人蘇聯籍、3 人華籍，以投票方式解決爭議事務；經理為蘇聯籍、副經理為華籍，中蘇共同負擔盈虧。另外，中華民國應保障鐵路用煤供給，而鐵路職員、工人及鐵路警察，應限兩國人民擔任。最後，合約簽滿 40 年後，蘇聯將所有權無償交還中華民國。[21]

　　蘇聯對東北特殊化的堅持，迫使中華民國向美國尋求協助，寄望美國能提供解決辦法，或是進一步向蘇聯施加壓力。然而，7 月 9 日美國駐蘇聯大使哈里曼（William Averell Harriman, 1891-1986）與宋子文的談話，卻讓中華民國以為美國支持向蘇聯妥協。首先，針對旅順問題，美國因為研擬永久占領日本附近海島，無法拒絕蘇聯使用旅順。如果中華民國堅持擁有旅順管理權，蘇聯將無權建築砲臺及其他軍事設備，不能保障旅順安全，所以中方應該讓步。第二，關於大連自由港問題，可允許中蘇共同管理碼頭、倉庫、運輸等事業；或是仿南斯拉夫在希臘作為，在大連劃一區域，用商業方式租予蘇聯使用，行政權仍歸中華民國。第三，東北鐵路所

---

21 「宋子文電蔣中正轉陳蘇聯方面所提關於大連旅順及中東南滿鐵路之區域範圍管理權及主管任用權等之條件」（1945 年 7 月 9 日），〈雅爾達密約與中蘇協定〉，《蔣中正總統文物》，國史館藏，數位典藏號：002-090400-00001-087。

有權雖然歸中華民國所有，但應准蘇聯共同管理，以保障蘇聯對大連的使用。第四，中方提出 20 年期限要求，若蘇方不同意，中華民國應斟酌延長期限。最後，建議中方不要幻想與蘇方談判有一勞永逸的辦法，但是若此次談判未達成協定，必定對中華民國不利，待蘇聯進兵東北，將沒有約束。[22]

　　中華民國沒有得到美國的奧援，使得蔣中正對史達林的要求妥協，但不變其對東北主權、領土與行政完整的訴求。蔣中正指示宋子文在旅順問題上表示，同盟期間可委託蘇聯管理軍用部分，並設置中蘇軍事委員會，協調兩國使用旅順，但行政權得完全屬於中華民國。大連問題，依舊強調行政權必須屬於中華民國，但倉庫、運輸等事業可採用商業方式斟酌處理。國民政府指派旅順、大連以外保護區之行政人員不須經蘇聯同意。至於中東、南滿鐵路的所有權，強調屬於中華民國，並擁有鐵路警察權，平時蘇聯不可運送軍隊，但允許同盟期間中蘇共同經營；蘇聯可恢復此區機車、車輛工業、機廠建築之權益，但其土地仍屬中華民國。[23] 7 月 12 日，宋子文向蘇聯詢問日本戰敗後何時撤兵？需要花費多久時間撤退完畢？史達林雖然感到不悅，認為沒有一個國家請求他國協助時，要求其一定時限內撤退；但是仍坦言蘇聯在日本戰敗後，2 至 3 個星期將開始撤退，若無意外，3 個月內可撤退完畢。[24]

　　直至第一階段莫斯科談判結束，雙方對東北問題達成部分共識。蘇聯承認中華民國在東北的主權；同意中華民國派駐代表參與戰時進入東北之蘇軍；並且保證戰爭結束後 3 個月，蘇軍可自東北撤退完畢。中華民國同

---

22 「宋子文電蔣中正與美大使哈里曼詳談我東北問題」（1945 年 7 月 9 日），〈對美關係（四）〉，《蔣中正總統文物》，國史館藏，數位典藏號：002-090103-00005-181。

23 「蔣中正電宋子文外蒙問題可改照來電於戰後以適當方式宣布另旅順大連及鐵路問題旅順軍港在中蘇同盟期間共同使用但行政權則屬中國」（1945 年 7 月 11 日），〈雅爾達密約與中蘇協定〉，《蔣中正總統文物》，國史館藏，數位典藏號：002-090400-00001-016。

24 秦孝儀主編，《中華民國重要史料初編——對日抗戰時期‧第三編：戰時外交（二）》，頁 624-625。

意蘇聯在旅順、大連，以及中東鐵路上擁有特殊權益。但雙方仍舊充滿歧異，主要癥結係「行政完整」和「管理權」的問題。最嚴重是大連方面，中華民國援引國際自由港慣例，擁有大連行政管理權，不被蘇聯接受。蘇聯規劃大連市設立混合市政府，由蘇聯主持，並將大連納入旅順保護區，受蘇聯管制；大連和旅順以外鄰近地區之行政人員任命，須得到蘇聯同意。其次鐵路方面，雖然中蘇協議共同所有與共同經營之東北鐵路範圍，包括俄國及中蘇共同管理時期的中東鐵路，以及俄國管理時期的南滿鐵路，所屬土地及鐵路輔助線，可供雙方共同使用，唯其他鐵路支線與附屬事業及土地應歸中華民國完全擁有。但雙方皆欲掌控中東和南滿鐵路的實權，對於鐵路理事會和局長之派任，沒有達成共識。最後是旅順方面，蘇聯強調軍港範圍內，包含金州與大連，可自由決定一切，中華民國不能干涉；中華民國則提出共同設立中蘇軍事委員會，以解決旅順區內的軍事和行政問題。[25]

　　簡言之，中華民國認為蘇聯劃定的保護區過大，蘇聯雖擁有旅順軍區的軍事指揮權，但旅順軍區不應包括大連。並且堅持大連與中東、南滿鐵路之行政完全屬中方所有，如此才能體現蘇聯對中華民國行政完整的尊重。相反地，蘇聯認為在租借期限，旅順、大連以及中東鐵路之管理權必須歸蘇聯所有，如此才能保障蘇聯國家安全，達到中蘇同盟的意義。雙方談判陷入膠著，中華民國代表團遂藉由史達林須參加波茨坦會議的機會，返國與蔣中正商討接下來的對策。

三、休會期間之折衝

　　莫斯科談判休會期間，對蘇聯與中華民國而言，都可藉此機會檢討談判得失，並擬定新談判策略。

25　高純淑，〈戰後中國政府接收東北之經緯〉，頁 103、108、111。

(一) 蘇聯對中華民國的評估

　　蘇聯談判代表團在第一階段史達林與宋子文最後一次談判後，就針對中東鐵路之運兵問題提出建言。他們認為中方關於中東、南滿鐵路的草案，既然承認雙方共同擁有、使用鐵路，就不應該單獨禁止蘇聯運送軍隊和軍用物資，而沒有限制中華民國本身，所以為了條約的「平等」和「正義」，蘇聯至少最終應該強迫中華民國接受，允許蘇聯藉鐵路運送軍用物資，或是要求中華民國同樣禁止藉鐵路運送軍品與部隊。蘇聯代表團很快對談判內容做出反應，提醒史達林和莫洛托夫等注意戰後中東鐵路須符合東北國家安全的需求。此外，蘇聯很重視蒐集中華民國情報，包括談判者的背景、政府高層對談判的評論、未來內外政策等，藉此了解中華民國的需求和底限。[26]

　　7月21日，蘇聯駐華大使館一等秘書費德林科（Николай Трофимович Федоренко, 1912-2000）與宋慶齡（1893-1981）會談，雙方在一問一答的情況下，宋慶齡透露許多資訊給蘇聯。[27] 首先，宋慶齡表示蔣中正極為重視此次莫斯科談判，致力改善中蘇關係，代表團的宋子文與蔣經國是其最信任的左右手。特別是蔣中正派遣蔣經國與蘇聯談判一事，除因蔣經國通曉俄文外，蔣中正相信蔣經國在談判過程中，必定會貫徹其意志，甚至在表述上能更加深刻。但蘇聯須小心蔣經國，因為其在國內的評價係狡猾而難令人信賴。

　　接著宋慶齡向費德林科說明國民政府談判的真實目的，除了改善中蘇

26　"Предложения советской делегации по редакции статьи 9 Соглашения о КВЖД и ЮМЖД, направленные Сталину и Молотову в ходе советско-китайских переговоров в Москве," 12 июля 1945г, *Русско-китайские отношения в XX веке. Т.4: Советско-китайские отношения в 1937-1945г*, Кн.2:1945г. Отв. Ред. С.Л. Тихвинский, № 679, стр. 137.

27　"Запись беседы первого секретаря посольства СССР в КР Н. Т. Федоренко с Сун Цинлин о роли СССР в улучшении политического климата в Китае," 21 июля 1945г, *Русско-китайские отношения в XX веке. Т.4: Советско-китайские отношения в 1937-1945г*, Кн.2:1945г. Отв. Ред. С.Л. Тихвинский, № 683, стр. 142-144.

關係，以及促使蘇聯對日作戰外，最重要是藉此解決國共問題。當下國共談判已經走入死胡同，不要期待在矛盾的情況下出現和平。就如先前美國代表團進入延安、介入談判，蔣中正很清楚無法從談判獲得成果。但是國民政府認為蘇聯是中共背後最重要的支持者，所以希望改善中蘇關係，以解決國共問題。費德林科詢問國民政府走向民主改革的可能性，宋慶齡回應此種可能係一種妄想。蔣中正極力解決的中國內政問題，並非民主問題，而是中共問題，其並不打算結束國民黨一黨專政的情況。

　　費德林科又詢問宋慶齡，國民政府對蘇聯在遠東的觀點。宋慶齡回答，這取決於蘇聯對國民政府的重要性。中蘇莫斯科談判就是為了促使蘇聯對日出兵，解決中華民國內政問題，然而，國民黨內部有許多派系依然反對蘇聯參加太平洋戰爭，認為會使遠東局勢複雜化，但蔣中正堅決讓蘇聯參與其中，可能原因係藉此壓縮中共的客觀環境，以增強國民政府的實力。之後，費德林科提起中華民國拖延談判的原因。宋慶齡解釋，莫斯科談判牽涉許多重大議題，代表團必須回重慶與蔣中正磋商，以待最後的指示，所以藉波茨坦會議舉行，合理返國。費德林科藉由與宋慶齡的談話，即獲知中華民國代表團的狀況，以及中華民國內外政策的發展。

　　7 月 23 日蘇聯駐中華民國大使彼得洛夫（Ива́н Ефи́мович Петро́в, 1896-1958）與赫爾利會晤，此時赫爾利尚未與中方代表團詳細交換意見，所以主要談論蔣中正與赫爾利在第一階段莫斯科談判期間接觸的內容。[28] 首先針對莫斯科談判的內容，赫爾利與彼得洛夫對雙方遭遇最大阻礙的認知不同，彼得洛夫認為，中蘇談判的癥結在港口與鐵路問題，赫爾利從蔣中正方面得知係外蒙古問題。赫爾利解釋，對於旅順和大連問題，蔣中正很清楚蘇聯在東北的需求，只是擔心使用「租借」一詞和重蹈歷史

28　"Запись беседы посла СССР в Китайской Республики А.А. Петрова с послом США в КР П. Хэрли о контактах посла США Хэрли с Чан Кайши в период советско-китайских переговоров в Москве," 23 июля 1945г, *Русско-китайские отношения в XX веке. Т.4: Советско-китайские отношения в 1937-1945г*, Кн.2:1945г. Отв. Ред. С.Л. Тихвинский, № 684, стр. 144-146.

屈辱的可能，就算蘇聯提出改用聯合使用的名義，蔣中正相信蘇聯會在不引起中國人反感的情況下，運用巧妙方式達到租借的效果，所以反對在旅順、大連一帶圈選特殊港口和區域，納入蘇聯的控制。

其次，比較蔣中正和中華民國代表團成員的情況，赫爾利透露蔣中正很清楚蘇聯的企圖，但其堅定與蘇聯發展友好關係，所以謹慎又痛苦地面對中蘇關係，可能削弱他的威望和權威，並帶給他恥辱。蔣經國的表現則是令赫爾利期待，就其觀察，蔣經國聰明、仁慈，是中華民國少數了解俄羅斯人以及蘇聯政策的人。至於代表團團長宋子文在返抵重慶後，表現出過去從未有的心力交瘁。就赫爾利觀察，宋子文非常抗拒蘇聯的觀點與政策，對蘇聯既恐懼又謹慎，甚至也不信任赫爾利。宋子文在意赫爾利平時與彼得洛夫的談話內容，認為赫爾利的行為過於親近蘇聯。

最後，評估未來談判的發展，赫爾利樂觀表示中蘇最終會解決懸而未決的問題，期待中蘇關係友好的發展。因為中華民國實際上沒有拒絕蘇聯的提案，只要杜魯門、史達林與蔣中正之間多交換意見，想必最後會得到成功的辦法。再者，莫斯科談判會議後，應有助國共和談，因為到時中共會知道，在沒有國際奧援的情況下，必須妥協談判。赫爾利透露許多中華民國資訊給彼得洛夫，而不自知嚴重性，再三向彼得洛夫表示，兩人保持聯繫與交換意見是非常重要。因此雙方遂又在 7 月 27 日、30 日進行會談。

7 月 27 日，彼得洛夫與赫爾利會晤，談論中華民國請求修改《雅爾達協定》涉及中國部分的問題。[29] 赫爾利表示，中華民國希望美國能調整《雅爾達協定》內容，以符合中國可以接受的範圍，但杜魯門已經拒絕此要求，美國將繼續支持《雅爾達協定》，所以建議中華民國應就協定內容

29　"Запись беседы посла СССР в Китайской Республики А.А. Петрова с послом США в КР П. Хэрли о просьбе китайской стороны, касающейся корректировки крымских решений по Китаю," 27 июля 1945г, *Русско-китайские отношения в XX веке. Т.4: Советско-китайские отношения в 1937-1945г*, Кн.2:1945г. Отв. Ред. С.Л. Тихвинский, № 686, стр.147-148.

直率地與蘇聯談判。彼得洛夫詢問中華民國對談判的癥結為何？赫爾利回答癥結有三項：第一、外蒙古問題；第二、租借港灣的土地範圍；第三、使用港灣設施的內容。宋子文強調，中華民國不允許外蒙古獨立。蔣中正則堅持，共用旅順協定務必使雙方都能共享利益，蘇聯必須提供中華民國技術的協助。赫爾利還表示，宋子文是阻礙中蘇談判的另一要素。赫爾利解釋，蔣中正與蔣經國熱烈期盼中蘇關係可以友好發展，所以決心使此次莫斯科談判成功。但是，宋子文持不同的看法，非常謹慎、固執地反對蘇聯的提案，甚至私下違背蔣中正的指示，拒絕蘇聯的提案。尤其，當赫爾利看到蔣中正準備發給史達林的電文，發現內容來自宋子文手筆，對蘇聯表現不可妥協性。若此情形未獲改善，赫爾利不排除建議蔣中正，以蔣經國取代宋子文的團長位置。

彼得洛夫欲了解宋子文立場的起因，赫爾利則表示看法。宋子文曾稱蔣中正是反動分子，但在赫爾利看來，宋子文更像是反動分子。之前赫爾利訪視延安，調停國共失敗，也是宋子文造成。赫爾利解釋宋子文為反動分子的原因有二：第一、宋子文自認為是高等人士，尤其當他成功出使美國以及擔任行政院長後更是如此，但在莫斯科，其自尊心受到傷害。莫斯科酒會上，史達林敬酒時只提蔣中正和蔣經國，並將蔣經國視為蔣中正的接班人。宋子文難過的意識到，史達林和杜魯門並沒有將其視為中華民國的第一號人物，所以自私的想法影響對蘇聯的表現。第二、宋子文害怕承擔不被中國人認同的中蘇條約，希望讓蔣中正自行承擔這份責任。宋子文目前拒絕再次率代表團赴莫斯科，若他成功離開代表團，將能批評下一階段的莫斯科談判，尤其是談判對中華民國不利的部分。宋子文也將成為中國的英雄，因為他拒絕了蘇聯所提出令人可恥的條件。

彼得洛夫進一步詢問赫爾利對第二階段談判的看法。赫爾利表示，蔣中正已準備對外蒙古獨立一事妥協，只要蘇聯答應中華民國在旅順、大連的要求，並且在處理外蒙古獨立時，不讓中國人以為蔣中正讓步接受這樣的恥辱，避免引起英國藉機提出相對的要求。所以赫爾利建議彼得洛夫轉達，蘇聯當前最重要的事情，就是對外蒙古獨立一事擬訂一套令中華民國

接受的說詞與方法，使中國人相信此舉對國家與和平有利，而又不會傷害其神聖不可侵犯主權的感情。

　　7月30日，赫爾利與彼得洛夫繼續談論宋子文的問題。[30] 赫爾利敘述國民政府得來的消息，近期宋子文不斷向蔣中正要求找人替換他，代表中華民國赴蘇聯談判，理由係其外交部長地位無法與蘇聯元首史達林對等談判。若這理由成立，蔣中正就應親自前去莫斯科與史達林談判，但宋子文又不敢如實建議蔣中正。之後，蔣中正向宋子文保證，簽訂中蘇條約的責任完全由蔣中正自行承擔，並且任命王世杰（1891-1981）接替宋子文外交部長一職，由王世杰負責與蘇聯簽訂條約，要求宋子文盡速返回莫斯科完成談判的任務。宋子文獲得蔣中正兩項保證後，已準備赴莫斯科進行第二階段談判。

　　彼得洛夫好奇新任外交部長王世杰與蔣中正的關係，以及美國對中華民國撤換團長一事的看法。赫爾利透露，王世杰個性誠實又正直，但不是堅毅果斷的人，因此也不容易自作主張，其才能不如邱吉爾卓越，在中國政界也不活躍。先前，王世杰參與國共談判遭受挫敗，所以本身也害怕共產黨。但是蔣中正很信任王世杰，一直將王世杰作為隨身翻譯。需要注意的是王世杰留學英國的經驗，這讓他更熟悉歐陸國家的政治取向，有可能因此認同帝國主義國家的政策。另外，因為宋子文在美國享有很高的聲譽與支持，雖然外交部長職位異動，但依舊擔任政府要職，規劃中華民國財政發展，背負許多政治責任，所以美國並未因此認為談判遭受挫折或陷入困境。

　　蘇聯在莫斯科談判前，就已獲知中華民國對蘇聯戰後支持的需求，所以第一階段談判面對中華民國極力以國家尊嚴為理由，反對外蒙古獨立和

30　"Запись беседы посла СССР в Китайской Республики А.А. Петрова с послом США в КР П. Хэрли по вопросу о продолжении советско-китайских переговоров в Москве," 27 июля 1945г, *Русско-китайские отношения в XX веке. Т.4: Советско-китайские отношения в 1937-1945г*, Кн.2:1945г. Отв. Ред. С.Л. Тихвинский, № 688, стр. 149-150.

東北特殊化，並未作實質的讓步。但中華民國代表團的堅持，讓蘇聯無法在史達林赴波茨坦開會前達成協定，也讓蘇聯困擾和不安，不知中華民國是否決意堅持國家尊嚴的立場。於是在休會期間蘇聯透過外交管道，探知中華民國對談判情況的評估和決策，以準備第二階段談判。蘇聯外交官亦不負眾望，回報相關的情報。其中，最重要是加深了解中華民國談判的動機與需求，知道蔣中正係以談判成功為前提，決心藉此達成兩國和解，發展戰後友好關係，以塑造解決戰後國共問題的有利環境。為此，蔣中正不惜妥協，承認外蒙古獨立，並以聽命行事的王世杰取代反對蘇聯提案的宋子文，前往莫斯科簽約。因此，不論從蔣中正等政府高層有求於蘇聯的角度，還是派遣聽命行事的王世杰，以及趕著赴美交涉經濟援助的宋子文之角度，中華民國退出談判的機率極低，而且也不打算與蘇聯長期爭論。蘇聯只需要承諾戰後繼續與國民政府合作，支持國民政府統一內政；適當處理外蒙古獨立一事，不讓中華民國感到不值與羞辱；對東北問題的妥協，程度以不讓中華民國退出談判為要。因此，蘇聯的困惑解除，蘇聯《雅爾達協定》概念——戰後遠東國家安全的建立，依舊能透過第二階段莫斯科談判實現。

（二）中華民國尋求因應之道

中華民國雖然極重視戰後國家統一的目的，並在第一階段談判中獲得蘇聯口頭的允諾，但是其對國家尊嚴的追求，卻受到蘇聯的壓制。中華民國沒料到蘇聯對外蒙古獨立和東北特殊化的態度如此堅決，非獲得部分經濟利益可以解決。所以，當彼得洛夫返回重慶後，7 月 19 日蔣中正接見彼得洛夫，告知中華民國的態度，先表示中華民國願意有條件地允許外蒙古獨立，惟蘇聯必須協助解決中共和新疆叛亂問題，以及尊重東北主權、領土和行政完整。蔣中正表示：

> 蘇聯協助我東三省領土主權與行政權的完整，及解決國內共產黨問題，使國家真正統一，和新疆變亂的解決。必須這三點做到，我才可排除一切反對的意見，解決外蒙問題。……上述須

要解決的三件事，對於二、三兩項，史大林〔史達林〕元帥已
有懇切之表示，對於第一項，即關於東三省的領土、主權及行
政之完整一點，我們双方意見上還有出入。[31]

隨後，蔣中正分別對旅順、大連和鐵路問題提出要求。首先，旅順的行
政和主權必須完整，所以中華民國可自行指派行政人員，而不須得到蘇
聯的同意。旅順軍港既然為中蘇共同使用，理應組織中蘇軍事委員會，
負責處理軍事相關事務，而且保證滿足蘇聯各種軍事上的需求。第二，
大連必須是純粹的自由港，可將港內某些倉庫和運輸工具租給蘇聯使
用，並聘用蘇聯籍專業技術人員與顧問。第三，中東鐵路和南滿鐵路部
分，兩鐵路之董事長和南滿鐵路局長，須由中華民國指派，唯中東鐵路
局長可由蘇聯人擔任。不過，大連到奉天的鐵路，不可以劃入旅順軍港
範圍內；此地帶雖是軍事要地，但可由中蘇軍事委員協商處理此區問
題，不因此減少軍港的價值。[32]

　　彼得洛夫回應蔣中正，說明外蒙古問題是中蘇一切誤會的來源，蘇聯
重視中華民國的意見，現在只是確立外蒙古獨立的原則，待戰爭結束後，
使外蒙古人民投票表示獨立意願，再宣布獨立。至於東北鐵路和兩海港使
用問題，蘇聯向來尊重中華民國在東北的主權、領土和行政完整，但蘇聯
的要求係因應未來日本可能的威脅，蘇聯將建設旅順為強而有力的海軍根
據地，在大連獲得優勢的地位，此舉對雙方都有利。蔣中正面對彼得洛夫
的保證，再次強調東北主權、領土和行政的完整，是建立中蘇穩固合作的
基礎，中華民國才會給蘇聯在東北軍事上妥協的空間。

　　7月20日，蔣中正寄望美國可以協助中華民國追求國家尊嚴的立

31 「蔣中正與彼得洛夫談話記錄：蘇俄助中國東三省領土主權完整解決共黨問題」
　　（1945年7月19日），〈革命文獻─雅爾達密約有關交涉及中蘇協定〉，《蔣中正總
　　統文物》，國史館藏，數位典藏號：002-020300-00048-069。
32 秦孝儀主編，《中華民國重要史料初編──對日抗戰時期‧第三編：戰時外交
　　（二）》，頁639。

場，遂致電杜魯門表示，中華民國為盡力實現《雅爾達協定》，已超出中國人民支持的妥協，請美國支持中華民國，阻止蘇聯進一步的要求。[33] 但此時的杜魯門認為如果美國對蘇聯過分施加壓力，蘇聯將不兌現其對日作戰的承諾，況且波茨坦會議的目的之一，就是要確認史達林對日作戰的決心。[34] 所以，7 月 23 日杜魯門只消極回覆蔣中正，美國不支持中華民國做出超過《雅爾達協定》的妥協，但建議繼續派遣宋子文赴莫斯科談判。[35] 休會期間，美國雖然了解蘇聯對大連和中東、南滿鐵路的要求，不符合美國門戶開放政策，有損美國在戰後東北的經濟利益，也清楚本身應該不讓蘇聯曲解《雅爾達協定》，將大連港國際化理解為行政權轉讓蘇聯，或是中蘇共同管理東北鐵路演變成蘇聯持有鐵路擁有權，[36] 但是對莫斯科談判卻無積極作為，只要求中華民國在談判中維護中美權益，而無實質協助，迫使蘇聯妥協。

　　因此，在彼得洛夫返回莫斯科前夕，8 月 4 日蔣中正再度接見，討論第二階段談判事宜。蔣中正沒有新的方法與籌碼，只能再次聲明國家尊嚴的概念。蘇聯若能尊重中華民國東北主權、領土和行政的完整，必定能給予蘇聯東北軍事上的方便。蔣中正提到：

> 關於蘇聯要求中國，如要在旅順港以南一百公哩半徑內之島嶼
> 設防，非得蘇方同意不可一案，中國決不能接受。此種要求不
> 但喪我主權，而且有損我國之國格，希望貴國政府不再將此不

33　*Foreign Relations of the United States: Diplomatic Papers (hereafter referred to as "FRUS"), 1945,* The Far East, China, Volume VII (Washington: United States Government Printing Office, 1969), pp. 948-949. 另可參薛銜天、金東吉，《民國時期中蘇關係史（中）》（北京：中共黨史出版社，2009），頁 214。

34　Harry S. Truman, *Memoirs by Harry S. Truman,* Vol. 1(Garden City: Doubleday, 1955), p. 411. 另可參薛銜天、金東吉，《民國時期中蘇關係史（中）》，頁 214。

35　「杜魯門電蔣中正望設法使宋子文返莫斯科繼續努力以達諒解」（1945 年 7 月 24 日），〈革命文獻—雅爾達密約有關交涉及中蘇協定〉，《蔣中正總統文物》，國史館藏，數位典藏號：002-020300-00048-070。

36　薛銜天、金東吉，《民國時期中蘇關係史（中）》，頁 213。

合理之要求，在談判中提出。[37]

彼得洛夫則簡單回覆蘇聯對華政策，強調蘇聯作為只為確保遠東安全，並尊重中華民國主權、行政之獨立和完整。不過，有意思的是，彼得洛夫同天回報莫斯科的紀錄中，完全沒提到這回事。彼得洛夫回報與蔣中正談論宋子文與熊式輝（1893-1974）的事情，這部分在中方的紀錄中只記載：

> 中蘇同盟條約簽訂之後，蘇聯加入對日作戰時，本人想到莫斯科去拜訪史大林〔史達林〕元帥。……宋院長很有可能就到美國去，因為照租借法案的規定，戰事結束後，一切接濟即應停止，目前戰事似即將結束，所以宋院長急須到美國去商量此事。此次同宋院長同去的還有一位熊式輝將軍，他將與蘇聯商談對於軍事有關的問題。[38]

但彼得洛夫的報告更為詳細。[39] 蔣中正向彼得洛夫表示，如果莫斯科談判不順利，他可能親自前往莫斯科談判。而宋子文還有另一項更重要的任務，即必須趕在戰爭結束前，前往美國達成經濟援助的協定。對目前中華民國而言，沒有比獲得美國經濟援助協定更重要的事情，所以宋子文得把握時間，在莫斯科談判後，前往美國完成這項任務。另外，蔣中正介紹新代表團成員熊式輝，稱讚其與中央設計局的同仁們，在抗戰期

---

37 「蔣中正與彼得洛夫談話記錄：談判時在條約中須顧到中國主權獨立」（1945 年 8 月 4 日），〈革命文獻—雅爾達密約有關交涉及中蘇協定〉，《蔣中正總統文物》，國史館藏，數位典藏號：002-020300-00048-071。

38 「蔣中正與彼得洛夫談話記錄：談判時在條約中須顧到中國主權獨立」（1945 年 8 月 4 日），〈革命文獻—雅爾達密約有關交涉及中蘇協定〉，《蔣中正總統文物》，國史館藏，數位典藏號：002-020300-00048-071。

39 "Запись беседы посла СССР в Китайской Республики А.А. Петрова с Чан Кайши о втором раунде советско-китайских переговоров в Москве," 04 августа 1945г, *Русско-китайские отношения в XX веке. Т.4: Советско-китайские отношения в 1937-1945г, Кн.2:1945г.* Отв. Ред. С.Л. Тихвинский, № 690, стр.151-152.

間努力籌劃戰後經濟發展工作；未來若依中蘇協定，熊式輝將代表中華
民國主持東北局勢，所以請彼得洛夫提供實質協助，以及解釋蘇聯經濟
建設的特點。彼得洛夫則允諾提供必要的協助。

　　在第一階段談判，中華民國向蘇聯極力爭取的國家尊嚴——主權、領
土和行政完整，受到極大的挫折。蘇聯口頭表示尊重中華民國的國家尊
嚴，但實際上並未在談判內容妥協。蔣中正雖然在談判過程下達有條件式
的妥協，在外蒙古、東北特殊化等做部分讓步，但並未改變國家尊嚴的追
求，中華民國代表團因而未能與蘇聯達成協定，遂藉波茨坦會議之便，返
抵重慶協商對策，並且冀望美國能夠實質支持中華民國維護國家尊嚴的立
場。不過美國依舊採取與蘇聯合作、執行《雅爾達協定》的政策，沒有給
予多大的協助。中華民國最後除了向蘇聯表達堅持國家尊嚴的想法，以及
討價還價，迫使蘇聯妥協外，別無辦法。另外，中華民國尋求戰後國家統
一的目的，雖只獲得蘇聯口頭的允諾，但似乎已發揮安撫中華民國國民政
府的作用，所以蔣中正與中方參與談判要員在休會期間未詳加討論戰後如
何與蘇聯合作，落實國家統一的方法。此情形顯示莫斯科談判過程中，中
華民國投注在國家尊嚴的準備與心力，比解決戰後國家統一問題還要多。
談判的爭執始終呈現蘇聯國家安全和中華民國國家尊嚴的角力，雙方如何
從中獲得平衡。所以，休會期間中華民國依舊與蘇聯溝通，希望藉由犧牲
外蒙古的主權和領土，換取中華民國東北主權、領土和行政的完整，以及
協助解決國共和新疆叛亂問題。

四、第二階段談判與東北問題

　　第二階段莫斯科談判前夕，美國開始積極介入東北議題。8月5日，
美國國務卿貝爾納斯（James F. Byrnes, 1882-1972）授權美國駐蘇聯大使
哈里曼，向蘇聯表達美國的立場。強調中蘇談判已達成《雅爾達協定》的
要求，蘇聯不應再要求中華民國讓步。特別是大連問題，前總統羅斯福當
時反對蘇聯租借大連，堅持大連為國際化的自由港。蘇聯應該書面保證，

尊重美國門戶開放政策，取消將大連港納入旅順軍區的方案，讓中華民國管理大連港，部分港區則可按商業租借方式供蘇聯運輸使用；若大連情況必要，可建議蘇聯組織國際委員會，共同監督大連自由港的經營。[40]

8月6日與8月9日美國分別於廣島、長崎投下原子彈，震驚全世界。8月8日哈里曼協同美公使銜參贊凱南（George F. Kennan, 1904-2005）向史達林和莫洛托夫表達美國對中蘇談判的立場，引起雙方爭論。蘇聯將東北特殊化的行為與美國門戶開放政策衝突，哈里曼強調羅斯福總統簽訂《雅爾達協定》時，係保證蘇聯通過東北抵達不凍港的運輸，蘇聯應該尊重美國在華門戶開放政策，以及中華民國東北主權和行政權，特別是大連不應背離《雅爾達協定》，劃入旅順軍事區。史達林堅決表示，蘇聯支持門戶開放政策，尊重中華民國東北主權、領土和行政完整，但《雅爾達協定》確立蘇聯在東北優越地位，且蘇聯現在所要求的並非永遠，而是有期限歸還。美國的門戶開放政策，也會在東北鐵路運輸方面得到實現。[41]

美國對日本使用原子彈和加強干涉莫斯科談判的行為，促使蘇聯提早對日作戰。蘇聯早在一年多前就開始制定對日作戰計畫，從1945年4月中旬起，開始從歐洲向遠東調動部隊，但至7月底尚未完成軍事方面的準備，也未決定進攻策略。原先發動進攻的計畫顯示，8月下旬為攻擊時機，也就是莫斯科談判結束後，但因太平洋戰事的變化和美國干預中蘇談判的動作，蘇聯擔心錯過插手遠東事務的機會，影響《雅爾達協定》的實現。所以，8月7日即命令蘇聯遠東司令部司令華西列夫斯基（Александр Михайлович Василевский, 1895-1977）元帥開始對日行動。8

40　"The Secretary of State to the Ambassador in the Soviet Union (Harriman)," August 5, 1945, *FRUS, 1945*, The Far East, China, Volume VII, pp. 955-956. 另可參王永祥，《雅爾達密約與中蘇日蘇關係》，頁 164。

41　"Memorandum of Conversation, by the Minister Counselor in the Soviet Union (Kennan)," August 8, 1945, *FRUS, 1945*, The Far East, China, Volume VII, pp. 960-965. 另可參王永祥，《雅爾達密約與中蘇日蘇關係》，頁 164-166。

日由莫洛托夫向中華民國代表團表示，蘇聯履行《雅爾達協定》之承諾，
納粹德國投降後 3 個月對日作戰，所以決定 9 日對日宣戰。[42] 此時，蘇軍
對日發起進攻非如以往，先對敵進行砲火轟擊和空中轟炸，可見蘇軍準備
尚未周全，以及蘇聯決策的倉促。[43]

　　蘇聯出兵東北雖顯得倉促，但表現其對美國使用原子彈後的局勢變
化，作出立即的反應。反觀中華民國卻沒對此作出積極的應對，也沒有影
響其對蘇談判的策略。美國使用原子彈，對抗日戰爭的影響與意義為何？
中華民國受制《雅爾達協定》的條件是否改變？中方是否可藉機在談判中
降低對蘇聯的妥協，以獲得更多的國家利益？顯然，這些「後見之明」的
討論未出現在當時政府高層與代表團之間。唯中華民國事前為因應抗日戰
爭提早結束的可能，派遣中華民國軍事代表熊式輝與蘇聯接洽共同進軍東
北事宜，[44] 並且注意戰後東北日本資產的問題。

　　蔣中正於 8 月 7 日指示宋子文應在中蘇條約簽訂前，向蘇聯聲明東北
原有各種工業及其機器皆應歸中華民國所有。[45] 同日，宋子文與史達林談
判達成幾項共識。第一、旅順問題：在蘇聯劃出的旅順保護區內，除旅順
軍港外，區內主要民政人員可由中華民國自行任用，但須顧及蘇聯利益。
旅順軍港可考慮設置軍事委員會，蘇聯放棄先前提議一百公里內島嶼管轄
的要求，但是距離軍港接近的島嶼還須商討。第二、中東、南滿鐵路問

---

42 「宋子文王世杰電蔣中正蘇俄對日宣戰為預定步驟不致影響中蘇談判」（1945 年 8
　月 9 日），〈革命文獻—雅爾達密約有關交涉及中蘇協定〉，《蔣中正總統文物》，國
　史館藏，數位典藏號：002-020300-00048-076。

43 David M. Glantz, *The Soviet Strategic Offensive in Manchuria, 1945: "August Storm"*
　(London; Portland, OR: Frank Cass, 2003), pp. 17, 20；文安立（Odd Arne Westad）著，
　陳之宏、陳兼譯，《冷戰與革命：蘇美衝突與中國內戰的起源》，頁 86、87。

44 熊式輝著，洪朝輝編校，《海桑集：熊式輝回憶錄（1907-1949）》（紐約：明鏡出版
　社，2008），頁 487。

45 「蔣中正電宋子文向蘇俄聲明東北各種工業及機器皆歸中國所有」（1945 年 8 月 7
　日），〈革命文獻—接收東北與對蘇交涉（一）〉，《蔣中正總統文物》，國史館藏，數
　位典藏號：002-020400-00001-001。

題：設置董事長及兩局長管理中東、南滿鐵路。第三、共同對日作戰問題：蘇聯將指定專人與熊式輝協商。第四、戰後東北日本產業問題：蘇聯允諾將與中華民國討論，日本在東北產業、機器和兵工方面，作為對華賠償的問題。[46] 但是，會後哈里曼認為，蘇聯對戰利品的表示係增高談判籌碼的方法，建議中方應把戰利品限定於物資方面，和美國在波茨坦會議提出的意見一致。[47]

　　然而，雙方主要無法消除管理大連與中東、南滿鐵路的歧見。王世杰將大連問題比照九龍問題，說明中華民國戰後正致力收復九龍和香港，若喪失大連的行政管理權，將難以向英國交涉。但史達林不予苟同，認為香港與大連地位不同，香港是割讓給英國，但大連30年後將屬於中國；強調大連必須納入旅順軍事區，平時可不留守軍隊、不駐紮軍艦，也不設置岸防砲，但若發生戰事，蘇聯將會保衛大連。為此，最低妥協限度係除港務主任外，大連市政平時可完全屬於中國，或是組織10人的大連董事會，中蘇各出5人，主席為中國人，管理局長為蘇聯人，受董事會節制。然而，王世杰表示，允許外國代表參與市政委員會，將連帶使九龍和香港產生同樣的問題，所以反對史達林的提案。另一方面，中華民國提議，鐵路公司理事會之人數維持中方5員、蘇方5員；將中東鐵路與南滿鐵路行政分立，中東路由蘇方擔任局長，中方出任副局長，南滿路則相反，以顯示公平。蘇聯對此強烈反對，認為理事會之主席可由華人擔任，但是中東和南滿鐵路局長須由蘇方出任，才能確保東北軍事運作順利。[48]

　　8月9日蘇聯向日本宣戰前，莫洛托夫曾親自向王世杰等宣讀對日宣

46　秦孝儀主編，《中華民國重要史料初編——對日抗戰時期・第三編：戰時外交（二）》，頁643。

47　"The Ambassador in the Soviet Union (Harriman) to the Secretary of State," August 8, 1945, *FRUS, 1945*, The Far East, China, Volume VII, pp. 958-959. 另可參王永祥，《雅爾達密約與中蘇日蘇關係》，頁178。

48　Victor S. T. Hoo Files, Box2, Vol. "Sino-Soviet Relations 1945-1946," p. 50. 另可參王永祥，《雅爾達密約與中蘇日蘇關係》，頁179-180。

戰書，並祝中蘇共同獲得戰事勝利。中方代表團研判此事係蘇聯的預定步驟，[49] 不會影響莫斯科談判，因為中蘇同盟條約草案和其他若干協定草案已經送交蘇方討論，另外建議中華民國應對蘇聯參戰表示熱烈歡迎，以增進雙方友好關係。[50] 實際上，蘇聯參戰造成中方代表團談判的時間壓力。10 日，宋子文就向史達林表示，應盡速在日本投降之前，簽訂《中蘇友好同盟條約》，否則國民政府將難以向國人解釋，為何向蘇聯做出巨大的讓步。[51] 8 月 13 日，中華民國代表團更電呈蔣中正表示，應及早訂立中蘇條約，談判若再膠著、拖延，容易引起意外的變化；請中央授權代表團對於尚未達成協議之事，可自行權宜處置之權。[52] 由此可見客觀環境對談判後期的影響，部分議題尚未詳細討論，部分議題則未達成共識的情況下，中華民國即於 8 月 14 日與蘇聯簽訂《中蘇友好同盟條約》。

　　回溯自 8 月 10 日莫斯科談判，中蘇就大連問題和旅順口外島嶼問題達成協議。蘇聯向中華民國妥協，接受大連市政全權歸中國所有，不設中蘇混和董事會，但大連必須任用蘇籍人員管理港口船務，在戰時受旅順軍區管制；蘇聯並且放棄對旅順口外島嶼的要求。但相反地，蘇聯堅持旅順軍區不設立中蘇軍事委員會；中東、南滿鐵路局長須由蘇籍人員擔任，華人擔任副局長，鐵路公司董事長則可由華人擔任。針對南滿鐵路局局長和

49　因蘇聯在雅爾達會議允諾德國戰敗三個月後將對日作戰，8 月 9 日是德國投降屆滿三個月，所以蘇聯履行承諾而對日宣戰。

50　「宋子文王世杰電蔣中正蘇俄對日本宣戰為預定步驟不致影響中蘇談判」（1945 年 8 月 9 日），〈革命文獻—雅爾達密約有關交涉及中蘇協定〉，《蔣中正總統文物》，國史館藏，數位典藏號：002-020300-00048-076。

51　"Запись седьмой (восьмой) беседы И. В. Сталине с председателем Исполнительного юаня и министром иностранных дел Китайской Республики Сун Цзывэнем в ходе советско-китайских переговоров в Москве," 10 августа 1945г, *Русско-китайские отношения в XX веке. Т.4: Советско-китайские отношения в 1937-1945г*, Кн.2:1945г. Отв. Ред. С.Л. Тихвинский, № 699, стр. 164-169.

52　「宋子文王世杰電蔣中正外蒙古疆界確已無法照辦請授權宜」（1945 年 8 月 13 日），〈革命文獻—雅爾達密約有關交涉及中蘇協定〉，《蔣中正總統文物》，國史館藏，數位典藏號：002-020300-00048-088。

旅順中蘇軍事委員會等東北問題陷入僵局。至於中華民國要求蘇聯尊重東北主權、不干涉新疆內政，以及唯一提供中央政府援助等事項，蘇聯則表示同意。[53]

　　東北問題剩下旅順和中東、南滿鐵路方面還未解決，蔣中正打算相互妥協以解決爭議，遂指示宋子文等，若蘇方同意旅順設立軍事委員會，則大連在戰時方可受旅順管制。[54] 若大連港務任用蘇籍人士，則南滿鐵路局長必須由華人擔任，奉天和長春二站亦由華人擔任局長。蔣中正直言南滿鐵路以東支線及其重要資源皆在東區，若往後非中方擔任局長，則鐵路以東各支線將成廢物。[55] 8 月 12 日，雙方依舊堅持己見，談判仍未就南滿鐵路局長和旅順軍事委員會等問題達成共識。其餘東北議題則已商定，準備簽字。蘇聯大體同意大連行政歸中華民國所有；旅順軍區（不包括旅順市）之民政人員由中方派任，區內之南滿鐵路亦不受旅順軍事機關干涉。中東、南滿鐵路之警備、軍運及附屬產業範圍等事，大致依照中華民國方案辦理。蘇聯將以書面方式承諾，不干涉新疆內政、尊重中國東北主權和領土，並且只援助中央政府。[56]

53　「宋子文電蔣中正關於旅順口外島嶼問題蘇方願放棄其要求及蘇方不接受在旅順設立中蘇軍委會之議與我所提外蒙邊界地圖及蘇同意不干涉新疆內政尊重東三省主權等」（1945 年 8 月 11 日），〈雅爾達密約與中蘇協定〉，《蔣中正總統文物》，國史館藏，數位典藏號：002-090400-00001-043。

54　「蔣中正接宋子文王世杰電告與史達林商談其中大連問題撤兵問題等均已有結果惟外蒙疆界與南滿路局局長及旅順中蘇軍事委員會三問題為目前之障礙遂復電指示我國對外蒙疆界及旅順問題之嚴正立場囑向史達林正式提出等並擬定派羅卓英任廣東省政府委員兼主席及任香翰屏為潮汕警備總司令等各地警備與衛戍司令之人事稿件等，蘇軍佔領朝鮮羅津與雄基兩海港並登陸南庫頁島」（1945 年 8 月 12 日），〈事略稿本—民國三十四年八月〉，《蔣中正總統文物》，國史館藏，數位典藏號：002-060100-00203-012。

55　「蔣中正電宋子文大連港務如必須任用蘇籍則南滿路局長必須任華人」（1945 年 8 月 12 日），〈雅爾達密約與中蘇協定〉，《蔣中正總統文物》，國史館藏，數位典藏號：002-090400-00001-090。

56　「蔣中正接宋子文王世杰電告與史達林商談其中大連問題撤兵問題等均已有結果惟外蒙疆界與南滿路局局長及旅順中蘇軍事委員會三問題為目前之障礙遂復電指示我

　　8 月 12 日，蘇軍對日作戰已大有進展。日軍防線敗潰，蘇軍已經占領魯北、索倫、經棚、海拉爾等戰略要地，向哈爾濱、長春等中心城市推進。戰事變化促使中蘇相互妥協，以達成協定。中華民國一方面擔心日本早於中蘇條約簽訂前投降，影響簽訂條約的合理性；另一方面，擔心蘇軍進入東北，改變蘇聯政策，修改原先達成的協議。蘇聯則希望盡速與中華民國簽訂條約，確定實現《雅爾達協定》於遠東的各項利益，[57] 避免中華民國因局勢改變而修正原先之妥協。為此，至 14 日雙方相互妥協、達成協議，將中東、南滿鐵路局合併為中長鐵路局，由蘇聯人擔任局長，華人擔任副局長，中長鐵路公司董事會由中蘇各 5 員組成，董事長由華人擔任，董事長擁有兩票權。大連港歸中華民國所有，港口設備中方將無償租予蘇聯使用，但不可租予第三國使用。港務主任由中長鐵路局長（蘇聯人）和大連市長（華人）同意後，委任蘇聯人擔任。蘇聯同意設立旅順中蘇軍事委員會，該委員會由 3 名蘇聯人和 2 名華人組成，主席為蘇聯人，採一票制。旅順市之行政官員任命和調派，中華民國須徵得蘇聯的同意。[58]

　　當雙方對東北港口和鐵路皆達成共識時，蘇聯向中華民國提出蘇軍入

國對外蒙疆界及旅順問題之嚴正立場囑向史達林正式提出等並擬定派羅卓英任廣東省政府委員兼主席及任香翰屏為潮汕警備總司令等各地警備與衛戍司令之人事稿件等，蘇軍佔領朝鮮羅津與雄基兩海港並登陸南庫頁島」（1945 年 8 月 12 日），〈事略稿本—民國三十四年八月〉，《蔣中正總統文物》，國史館藏，數位典藏號：002-060100-00203-012。

57　АП РФ. Ф.45, Оп.1, Д.322, Л.82-91. 另可參薛銜天、金東吉，《民國時期中蘇關係史（中）》，頁 219。

58　"Запись восьмой (девятой) беседы И. В. Сталине с председателем Исполнительного юаня и министром иностранных дел Китайской Республики Сун Цзывэнем в ходе советско-китайских переговоров в Москве по вопросам МНР, южной части Маньчжурии, портов Дальний и Порт-Артур, Синьцзяну, по финансовым вопросам, связанным со вступлением советских войск на территорию Маньчжурии," 13 августа 1945г, *Русско-китайские отношения в XX веке. Т.4: Советско-китайские отношения в 1937-1945г*, Кн.2:1945г. Отв. Ред. С.Л. Тихвинский, № 708, стр. 182-184.

東北費用的問題。[59] 蘇聯認為中華民國應該供給蘇軍入東北時的花費，以符合蘇聯過去慣例——蘇軍進入哪個國家，哪個國家就須供應軍費，否則百萬蘇軍得向東北民間獲取必要的食物。但中華民國認為，抗戰八年已破壞國家經濟能量，中方尚須藉租借法案向美國獲取經援，根本無力負擔東北蘇軍花費；再者，蘇聯從《雅爾達協定》取得的利益，足以彌補其東北的花費。[60] 然而，雙方並無充足的時間討論此事，時間壓力促使達成共識，將支付東北蘇軍花費的問題轉嫁日本。蘇聯先在東北發行票券，之後中華民國再將票券經費納入對日求償的金額。[61] 但相關細節則待後續中蘇另訂協定。同時，蘇聯向中華民國保證，蘇軍必將東北主權交還國民政府，並同意簽訂相關協定。

　　除了上述東北問題以外，外蒙古領土邊界問題同樣是第二階段談判時，中蘇雙方膠著重點之一。8 月 12 日蔣中正電覆宋子文和王世杰，特別要求與蘇方就外蒙古界線達成有圖紙為依歸的共識，之後中蘇再依圖紙進行勘界，否則將造成雙方友好的紛擾。蔣中正亦指示代表團，將外蒙古邊界事和旅大、中東鐵路管理事做掛勾，繼續對蘇談判。[62] 然而，宋子文與王世杰覆電表示，已經與史達林等人做盡可能的折衝，難達蔣中正的要求。若雙方繼續談判、未簽訂友好條約，非常容易引起意外的變化，對中

59　"Запись восьмой (девятой) беседы И. В. Сталине с председателем Исполнительного юаня и министром иностранных дел Китайской Республики Сун Цзывэнем в ходе советско-китайских переговоров в Москве по вопросам МНР, южной части Маньчжурии, портов Дальний и Порт-Артур, Синьцзяну, по финансовым вопросам, связанным со вступлением советских войск на территорию Маньчжурии," 13 августа 1945г, *Русско-китайские отношения в XX веке. Т.4: Советско-китайские отношения в 1937-1945г*, Кн.2:1945г. Отв. Ред. С.Л. Тихвинский, № 708, стр. 182-184.

60　薛銜天、金東吉，《民國時期中蘇關係史（中）》，頁 220。

61　АВП РФ. Ф. 6, Оп.7, п.35, Д.550, Л.31-34. 另可參薛銜天、金東吉，《民國時期中蘇關係史（中）》，頁 214。

62　王正華編，《蔣中正總統檔案：事略稿本》，第 62 冊（臺北：國史館，2011），頁 98-101。

國將會更不利，希望蔣中正授之權宜處置的權力。[63] 蔣經國同樣向蔣中正報告，稱史達林雖不肯根據中方提出之地圖作為現有之疆界，但無意藉此造成今後中蘇糾紛的意思，希望蔣中正對於未決事項，授予宋子文和王世杰從速解決的權力。[64] 儘管蔣中正在蘇聯對日宣戰後，依舊在東北和外蒙古問題上對代表團下達指令，但在接連得到談判第一線的報告和請求，8月 13 日回覆宋子文和王世杰，准予他們對於外蒙及其他未決事項得以權宜處置。[65]

　　8 月 14 日晚，中華民國與蘇聯舉行簽約儀式，由中華民國外交部長王世杰與蘇聯外交部長莫洛托夫代表簽字。兩國共同簽署《中蘇友好同盟條約》，包括〈中蘇友好同盟條約〉附兩國照會、〈關於中國長春鐵路之協定〉、〈關於大連之協定〉附相關議定書、〈關於旅順口之協定〉附相關議定書，以及〈關於中蘇此次共同對日作戰蘇聯軍隊進入中國東三省後蘇聯軍總司令與中國行政當局關係之協定〉。[66] 自雅爾達會議醞釀中蘇莫斯科談判，經歷一個半月的協商，在日本宣布無條件投降時，簽訂了《中蘇友好同盟條約》，中蘇東北交涉自此邁向新的進程。

五、結語

　　第一階段莫斯科談判，中華民國未能與蘇聯達成協定，主因中華民國設定的談判重要目標之一：維護主權、領土與行政完整，與蘇聯在雅爾達會議提出的要求相牴觸。儘管蔣中正在談判過程下達有條件式妥協的指示，在外蒙古、東北特殊化等議題做出部分讓步，但依舊未讓蘇聯接受。蘇聯僅口頭表示，將尊重中華民國的尊嚴，但《雅爾達協定》的內容需要

63　王正華編，《蔣中正總統檔案：事略稿本》，第 62 冊，頁 101-102。
64　王正華編，《蔣中正總統檔案：事略稿本》，第 62 冊，頁 102-103。
65　王正華編，《蔣中正總統檔案：事略稿本》，第 62 冊，頁 114-115。
66　秦孝儀主編，《中華民國重要史料初編──對日抗戰時期・第三編：戰時外交（二）》，頁 652-668。

受到中華民國的承認。中華民國代表團遂藉由波茨坦會議召開，史達林與莫洛托夫需要出席該會議的機會，返抵重慶協商對策。同時寄望美國能夠實質支持中華民國，促使蘇聯讓步，減少《雅爾達協定》對中國國家尊嚴的傷害。只是，蘇聯口頭允諾支持中華民國政府尋求戰後國家統一的目標，似乎對中華民國政府達到一定程度的安撫效果。蔣中正與中方參與談判的要員在休會期間，未詳加討論戰後如何與蘇聯合作、落實國家統一的方法，而是將心力放在維護國家尊嚴的議題上。此情形反映在中蘇談判與中蘇友好同盟條約的內容上，影響中華民國利益甚鉅。

　　另一方面，蘇聯在莫斯科談判前，就已獲知中華民國對蘇聯在戰後國家統一事業支持的需求，所以當中華民國極力以國家尊嚴為理由，反對外蒙古獨立和東北特殊化時，並未作實質的讓步。然而，中華民國代表團在這項目的堅持，使得波茨坦會議前雙方未能達成協定，此舉造成蘇聯的困擾與不安，不知中華民國是否將繼續在談判桌上堅持國家尊嚴的立場。因此，在休會期間，蘇聯透過外交管道，探知中華民國對談判情況的評估與決策內容，以準備第二階段的談判。蘇聯外交官不負所託，回報相關情報。其中最重要的是了解中華民國談判的動機與需求，知道蔣中正決心達成中蘇和解與發展戰後友好關係，以塑造解決戰後國共問題的有利環境，所以將妥協承認外蒙古獨立，並派遣聽命行事的王世杰接替反對蘇聯提案的宋子文，赴蘇聯進行第二階段的談判。中華民國退出談判的機率極低，而且不打算與蘇聯長期爭論，蘇聯只需要承諾戰後執行與中央政府合作的政策，支持中央政府統一內政，然後適當處理外蒙古獨立一事，不要讓中華民國政府感到不值得與羞辱。蘇聯在東北問題對中方妥協的程度，以不讓中華民國退出談判為標準。《雅爾達協定》呈現蘇聯戰後遠東國家安全的戰略，將能透過第二階段莫斯科談判實現。

　　8月5日舉行第二階段的莫斯科談判，而此時太平洋戰事的發展深刻影響談判。國際情勢方面，美國原子彈試爆成功，並且在8月6日與8月9日分別於廣島、長崎投下原子彈。原子彈的出現降低美國依賴蘇聯對日作戰的程度，美國沒有必要再對蘇聯作大幅的妥協，因而在第二階段莫斯

科談判，針對大連與東北鐵路等問題，要求蘇聯放棄原先壟斷的方案，以維護美國戰後東北的經濟利益。太平洋戰事發展與美國介入對談判產生的壓力，係蘇聯始料未及。其擔心中華民國因局勢變化與美國支持的情況下，改變原先對蘇聯的妥協，無法實現《雅爾達協定》的國家安全。因此，一方面在不阻礙美國東北經濟利益的前提下，提早對日出兵，取得國際和東北軍事的戰略有利地位。另一方面不得不在東北問題向中華民國讓步，降低對東北行政的掌控，以維持蘇聯在東北軍事和經濟的特殊地位。如此妥協的程度超過休會期間蘇聯的預期，但依舊確保蘇聯在《雅爾達協定》欲表現戰後國家安全的戰略。相形之下，中華民國面對抗日戰爭可能大幅提早結束的情形，依舊堅持國家尊嚴的重要，蔣中正在外蒙古邊界和旅大、中東鐵路管理問題上，中國能保有戰後主權和領土完整，以及行政統一的目標。中方代表團投注大部分心力在這些議題和蘇聯折衝，並少有就蘇軍已進入東北後的中蘇軍事合作，還有中國自蘇軍接收東北的問題做討論。受限國際局勢變化快速，日本投降在即，蔣中正與中方代表團也深刻感受到需盡快與蘇聯簽訂《中蘇友好同盟條約》的必要性，與蘇聯妥協，以達成戰後合作與友好發展的共識，取得在中國國家尊嚴戰略目標與蘇聯國家安全之間張力的平衡。

　　簡言之，《中蘇友好同盟條約》符合蘇聯與中華民國基本利益，但從雙方致力追求國家安全和國家尊嚴的角度，《中蘇友好同盟條約》並不完美。中華民國除喪失外蒙古宗主國之地位外，在東北實際租借旅順予蘇聯，並與蘇聯共同管理大連和中長鐵路，背離主權、領土和行政完整的目標；蘇聯則未能完全掌控旅順、大連和中長鐵路，僅能就戰時擴張權力，未確保東北成為遠東國家安全之軸帶。再者，《中蘇友好同盟條約》雖可視為中蘇邁向友好的象徵，但實際反映中蘇關係卻是莫斯科談判的過程。談判過程顯示，中華民國與蘇聯互信不足，並且在國家尊嚴與國家安全政策的嚴重衝突情況下，雙方的懷疑提高彼此衝突，彼此的衝突又降低相互之間的信任。《中蘇友好同盟條約》實是一種中華民國與蘇聯各自取得戰略目標之間張力平衡的表現。

餘論

王文隆

南開大學歷史學院副教授

　　國際政治的角力，即便沒有檯面上的武裝衝突，也難免檯面下彼此的爭奪與擠壓，這使得各國間無論在和、在戰，都需要應對外界的不斷變化，進而團結國內力量，與其他勢力競爭圖存。無論是在國際法體制壟罩全球之前，抑或是當下以國際法體制為本的國際社會，各地政權莫不捲入內外紛擾之中，世界在變動之下，不斷地在維持平衡與尋求平衡之間擺盪。

　　以 19 世紀至 20 世紀上半葉的中外關係而論，有兩套秩序的平衡與衝撞影響了中國。一是曾經籠罩著東亞的一套華夷秩序為主的天下觀，一是隨著西力東漸帶入的國際法秩序。前者源於以中國為中心的漢字文化圈，並向外擴張至北亞、中亞、東南亞等地，後者源於以歐洲中心的西伐利亞體系，是政體掙脫天主教控制之後，對內最高、對外負責的主權國家機制。這兩者撞擊著曾經以中國為中心的東亞秩序，試圖將中國從東亞的核心位置拉扯下來，開啟了近代中外博奕的起點。

　　尤淑君所撰〈從華夷變態到東亞聯盟：近代日本型華夷秩序的形成與轉型〉一文，便揭示了華夷觀在東亞秩序中的影響。明是漢人政權，作為「華」在東亞大陸存在，實無疑問，然而明亡於清之後，「華」的實體不存，那「華」的精神是否能在周邊國家繼續，即為周邊國家爭取「華」的地位與自詡的思辨。亡了明的清，是由女真族人組成的新勢力，一統之後，要求漢人如女真一般薙髮易服，這一更變了漢人傳統的行徑，不僅朝鮮一開始不願承認清取代「華」的地位，持續使用明的年號，連越南也自

認是真正承續了「華」的傳統，畢竟越南並未易服易制。文中舉了日本為例，闡釋日本自年號、稱謂上，力圖與傳統中之「華」分庭抗禮的二個天下，至「華」為清終結，出現華夷變態論，轉為一個天下的世界觀，由日本來承擔賡續與振興之責。這引來了興亞的自我期許，而在西力東漸的外部變局之下，為謀國家獨立以及永續的繁榮，推動西化，改頭換面，在精神與制度上脫亞入歐，再以先進國家之姿反身回到東亞，高揭「大亞細亞主義」，擴張其勢力於東亞。

　　相異於面海的世界，面向陸地的中亞在西力東漸之下，有著不甚相同的景象。清帝國在東亞的統治，依照地域與種族有著不同的制度，然而無論如何都不得挑戰清帝的統治地位，這與日本自詡為另一個天下與東亞核心的情況很不相同，清帝國於清初在中亞的威儡遠比面海的地域大。然而在俄國向東擴張進佔西伯利亞，英國在南亞站穩印度之後，夾於英俄勢力之間的中亞，就成了各方爭奪的戰場。陳立樵所撰〈英俄大博奕與回民事變中的阿古柏政權〉，以浩罕汗國將領阿古柏（Yakub Beg, 1820-1877）為例，一則討論中亞諸國在中英俄三方的夾縫中如何圖存，一則討論中英俄三方如何應對阿古柏政權的實質存在。英俄與阿古柏政權能說是互相利用的關係，一方面透過條約簽署達成實質承認，一方面也能藉此牽制清帝國。而清帝國應對阿古柏政權，卻在攻滅與承認間游移，困於財政的情況下，「塞防」、「海防」孰者為要，一度成為清廷中論爭的焦點。左宗棠（1812-1885）為首的塞防派，得藉俄土戰爭之際，乘俄國無力東顧時西向，也是在中外博奕之間的乘勢而為。

　　在和戰之際的中外博奕下，除了中國作為東亞核心的地位遭受挑戰外，也因西方體制伴隨船堅砲利東來，另一套完全迥異於東亞的法體制被引入中國，不僅使得文明古國中國被打成了「野蠻」、「不文明」，也使得中國不得不試著融入以國際公法為主體的世界秩序。相應於中國，日本由於脫歐的全力西化，不僅在器械上趕上西方，也在政制和體制上拉近了與西方的差距，進而成為一個較為「文明」的後進國。文明與否，頗為主觀，透過互動或能得到一個印象，而透過宣傳也能塑造一個印象。應俊豪

所撰〈戰時宣傳：甲午戰爭期間日本外務省操控英文新聞輿論的嘗試〉透露了甲午戰爭期間，日本藉著機密經費，買通英國中央通訊社和路透社，試著為其侵略塗抹脂粉的策應。隨著戰局的推進，日本以商業契約，透過第三方英語新聞的散布，狀似客觀，避免了日本自吹自擂，亦使日本的文明形象可由「客觀」的外人，加以塑造和強化。這樣操弄境外媒體的「置入性行銷」，目標不是內宣而是外宣，嗣後來看，效果也頗為顯著。這般觀點提示吾人，新聞報導的傳布，除了各媒體的自律之外，實際上有許多在背後的擺弄是很難洞察的。紙上攻勢搭配戰火，增添了日本成為東亞先進國後，為了協助其他落後國家而出兵的正面形象，混淆了戰爭侵略的負面形象，呼應其國內華夷觀中反身拯救東亞的論述。

　　中國是否文明，從互動中給外人如何印象，能從呂慎華所撰〈無聲的戰場：庚子事變後北京使館區重建問題初探〉中看到一些端倪。中外間針對庚子拳亂之後，如何重建北京東交民巷使館區，周圍如何重建防禦設施，該文有著深刻分析，從中能見到中外間的角力，也能見到各列強不同的觀點。其中談及列強針對中國是否有能力保護使館區，是否需要展界擴張使館區域，增添防禦縱深，也牽涉到中國是否「文明」的爭論。認定中國不文明者，主要源於庚子拳亂中，清政府外人保護不足的記憶猶新，因此揚言要擴張在京駐兵與拓展使領館界。相對地，對於庚子拳亂後，列強認為清政府只要保證能提供使館區足夠保護，便得不再擴張界限，這或許是為了避免在《辛丑和約》之外，施予清帝國更多的屈辱，以免往後為反彈所傷。最終是在清政府務實的態度下，讓許部分利權而堅持大部分底線的不退。自稱文明的西方列強，卻顯露出戰勝後分贓一切的不文明，假國際法的外皮壓制與剝奪中國政經地位。

　　類似的折衝在蔡振豐所撰〈1919 年中日交涉「寬城子事件」之研究〉中也能見得。吉林軍隊與日本南滿鐵路護路軍爆發的寬城子衝突，源於南滿鐵路職員遭中方軍人毆打，而引發日本護路軍介入的擦槍走火，雙方各有死傷。檢視戰場時，日軍發覺其陣亡士兵屍體有遭羞辱情事，這使得吉林軍隊被貼上了「不文明」的標籤，讓日方在交涉時一度要求在道歉、懲

凶之外，干涉中國軍隊的懲戒權。無獨有偶，朝野嵩史所撰〈1923 年長
沙案與保護日本僑民〉，舉長沙群眾不滿日本在旅順、大連 25 年租約期滿
之後，藉「二十一條」要求為憑，展延租借時限的抗爭，湖南民眾的失序
與抵制日貨活動的「不文明」，使得日人的生命安全受到威脅，為求平衡
湖南民眾高張的民族主義，日方一方面要求北洋當局加強取締反日活動，
一方面高舉護僑之名，使出砲艦外交，最終造成了中方人員死傷的悲劇。
這兩個案例，一個發生於 1919 年的東北，一個發生於 1923 年的湖南，時
間相差不久，也都在中國代表團拒簽巴黎和會之對德和約之後，但最終處
置的結果差別很大。東北的「寬城子事件」，其背景是奉、吉對峙的內部
政爭，張作霖（1875-1928）有吞併吉林的野心，使得日、吉軍事衝突的
背後，多了是否有奉軍在背後搗亂的合理懷疑，這都使得日方在中方態度
放緩之後，同意將此定位於地方衝突，不使事態擴大與抬升，互信還是有
的。湖南的長沙案，主事的是完全掌握湖南的趙恆惕（1880-1971），沒有
政爭問題的干擾，更多的是地方民氣在巴黎和會之後的滋蔓。日方懷疑中
方控制激憤民情的能力，中方懷疑日方以砲艦為後盾施壓，這使得雙方沒
有互信基礎，最終此事也只能成為懸案，不了了之。

　　以內部政爭牽連涉外問題，使得內外連動，交相影響的，不僅是張作
霖利用寬城子事件一例而已，任天豪所撰〈1920 年代的胡惟德使日與中
日關係〉也勾勒出中日關係在巴黎和會之後，由於國內仇日聲浪高張，導
致無人願意出任駐日公使，衍生人選採擇的困境，這是國內氣氛造成對外
交涉困局的顯例，也凸顯國內政局接班安排的難處。此時中日交涉的重
心，其實在北京而不在東京，中日雙方主事分由外長顏惠慶（1877-1950）
與日本駐日公使小幡酉吉（1873-1947）負責，然而中日關係此時非比尋
常，駐日公使持續懸缺總不健康，透過作者對外交官世代的分析，能見到
北洋當局挑選胡惟德（1863-1933）使日的用心，除了考慮胡惟德與日本
外相內田康哉（1865-1936）年齡相仿、資歷相近，可以制衡之外，也因
為胡惟德論資排輩地位較高，在國內不致出現雜音，是一個能力或許稍嫌
不足，但資歷完勝的特出人物。這一案例說明了北洋政府在內外政策應對

中，細緻的一面。

外交所捍衛的是國家利益，必須務實，未有實力支撐的外交，只能徒托空話。中國抗戰以慘勝坐收，內外局面嚴峻，在內有中共崛起的挑戰，在外有不得不吞下雅爾達密約的悲情，以及蘇聯事實占有中國東北和外蒙的危境。當此困局，如何維護國家之主權與領土完整，一方面滿足蘇聯所求，一方面壓制中共擴張，並獲得國內輿論支持，就是一道難題。黃家廉所撰〈1945年中蘇莫斯科談判：國家尊嚴與國家安全的張力平衡〉一文，點出了中國於抗戰勝利後的難，也點出了蔣中正心中的難，不得不在工業發達、礦產資源豐富的中國東北，與蘇聯早已控制多年的外蒙間取捨，換得蘇聯對國民政府的支持。在冷戰逐漸籠罩的此刻，蔣中正似乎仍延續著安內攘外的思路，要先穩定內部局勢再迎接世界的挑戰。

從本書幾個案例，或許還能拉出幾條脈絡。

首先，明亡清興或許能視為東方秩序的重整，這一漢人政權消亡的時刻，衍發了「華」之精神何歸的問題，清初國力之盛雖能壓制周邊國家屈從，但卻不盡然能使其心悅誠服，不僅埋下了各周邊國家自詡「禮失求於諸野」的想望，試圖掙脫以中國為中心的東亞秩序，甚至衍生日後逐鹿中原的野心。

其次，當西力東漸，西方帶來了新的國際法秩序後，東方秩序受到強烈打擊，其行政制度與法律體系都被打成「不文明」，日本迅速地轉向學習西方體制，融入新的國際秩序，再挾其維新後的強大國力，以指導者的面貌要作東亞的領袖，圖取中國而代之，東亞各地莫不受其影響，直至第二次世界大戰結束方戛然而止。而曾被視為「不文明」的中國，在二戰後完全擺脫不平等條約的束縛，成為聯合國五個常任理事國之一，擔負了維護國際秩序的重責。

第三，中外博奕背後的內爭，也是能深入探討的論題。一般來說，外交是內政的延伸，但有時外交事件卻也是內爭的導火索，這般交互影響的情況，在本書中也有諸多展示，使得中外博奕不僅是中與外之間的角力，也隱藏著內部紛爭的背景和連動。

　　本書有一點是較為不足的，雖名為「和戰之際的中外博奕」，但書中所稱的「外」，在此國際社會之中，應該指涉諸多國家才是，然所談多集中於日本。雖則 19 世紀至 20 世紀，中日關係為東亞最重要之衝突所在，其動靜必定牽動周遭的平衡，然而既是國際社會，中國與其他國家間的折衝，或應置入學者的視角。

　　隨著國際法與國際組織的完善，當今的國際社會已然鮮有國亡族滅的極端情事，然而在 19 世紀至 20 世紀上半葉，東亞面臨歐洲中心的西伐利亞體制與國際秩序，伴同西力東漸蔓延東亞時，學習如何融入這個新的國際體制，而不致消亡於帝國主義的侵奪，成了東亞諸國不得不應對的課題。本書以「和戰之際的中外博奕」為題，利用大量的外交文書為本，透過實證方式以個案研究的方法，希冀能為讀者思考清以來之東亞秩序與國際社會，開拓一道不同的視野。